"十三五"江苏省高等学校重点教材(编号:2016-1-029)

高等职业教育旅游与酒店管理类专业"十三五"规划系列教材

客房服务与管理实务

(第3版)

主　编　汝勇健

主　审　支海成

参　编　陈　瑶　　郭小东　　姚建园　　王则天
　　　　赵程凌云　顾新峰　　叶　明

东南大学出版社

·南京·

内 容 简 介

本教材分为服务篇与管理篇。服务篇侧重于实际操作技能的训练及客房基础知识的介绍,以客房部岗位工作任务为路径,强化客房清洁保养、对客服务、公共区域清洁保养及洗涤业务等技能的训练,培养提高学生实际操作能力,适应行业、企业对从业人员的要求。管理篇从基层管理层面入手,系统介绍了客房部组织管理、质量管理、费用控制、安全管理等管理实务及理论,旨在提高学生分析问题、解决问题的能力,使其具备客房管理的基础知识和基本能力,并能胜任酒店客房部基层管理工作,为将来从事中高层管理工作打下基础。

本教材主要适用于高职高专酒店管理与旅游管理专业学生教学用书,也可作为住宿业客房部员工及基层管理者岗位培训用书,以及客房服务员国家职业技能鉴定培训参考教材。

图书在版编目(CIP)数据

客房服务与管理实务/汝勇健主编. —3版. —南京:东南大学出版社,2017.8(2021.2重印)

ISBN 978-7-5641-7252-7

Ⅰ.①客… Ⅱ.①汝… Ⅲ.①客房-商业服务-高等职业教育-教材 ②客房-商业管理-高等职业教育-教材 Ⅳ.①F719.2

中国版本图书馆 CIP 数据核字(2017)第 149511 号

客房服务与管理实务(第 3 版)

出版发行	东南大学出版社
社　　址	南京市四牌楼 2 号　邮　编　210096
出 版 人	江建中
网　　址	http://www.seupress.com
电子邮箱	press@seupress.com
经　　销	全国各地新华书店
印　　刷	常州市武进第三印刷有限公司
开　　本	787 mm×1 092 mm　1/16
印　　张	17.5
字　　数	482 千字
版 印 次	2021 年 2 月第 3 版第 4 次印刷
书　　号	ISBN 978-7-5641-7252-7
定　　价	42.00 元

本社图书若有印装质量问题,请直接与营销部联系。电话(传真):025-83791830。

出 版 说 明

当前职业教育还处于探索过程中,教材建设"任重而道远"。为了编写出切实符合旅游管理专业发展和市场需要的高质量的教材,我们搭建了一个全国旅游与酒店管理类专业"十三五"规划建设、课程改革和教材出版的平台,加强旅游管理类各高职院校的广泛合作与交流。在编写过程中,我们始终贯彻高职教育的改革要求,把握旅游与酒店管理类专业"十三五"规划课程建设的特点,体现现代职业教育新理念,结合各校的精品课程建设,每本书都力求精雕细琢,全方位打造精品教材,力争把该套教材建设成为国家级规划教材。

质量和特色是一本教材的生命。与同类书相比,本套教材力求体现以下特色和优势:

1. 先进性:(1)形式上,尽可能以"立体化教材"模式出版,突破传统的编写方式,针对各学科和课程特点,综合运用"案例导入""模块化"和"MBA任务驱动法"的编写模式,设置各具特色的栏目;(2)内容上,重组、整合原来教材内容,以突出学生的技术应用能力训练与职业素质培养,形成新的教材结构体系。

2. 实用性:突出职业需求和技能为先的特点,加强学生的技术应用能力训练与职业素质培养,切实保证在实际教学过程中的可操作性。

3. 兼容性:既兼顾劳动部门和行业管理部门颁发的职业资格证书或职业技能资格证书的考试要求又高于其要求,努力使教材的内容与其有效衔接。

4. 科学性:所引用标准是最新国家标准或部颁标准,所引用的资料、数据准确、可靠,并力求最新;体现学科发展最新成果和旅游业最新发展状况;注重拓展学生思维和视野。

本套丛书聚集了全国最权威的专家队伍和由江苏、四川、山西、浙江、上海、海南、河北、新疆、云南、湖南等省市的近60所高职院校参加的最优秀的一线教师。借此机会,我们对参加编写的各位教师、各位审阅专家以及关心本套丛书的广大读者,致以衷心的感谢,希望在以后的工作和学习中为本套丛书提出宝贵的意见和建议。

高等职业教育旅游与酒店管理类专业"十三五"规划系列教材编委会

高等职业教育旅游与酒店管理类专业"十三五"规划系列教材编委会名单

顾问委员会(按姓氏笔画排序)

   沙　润　周武忠　袁　丁　黄震方

丛书编委会(按姓氏笔画排序)

主　任　朱承强　陈云川　张新南

副主任　毛江海　王春玲　支海成　邵万宽　周国忠
    袁　义　董正秀　张丽萍

编　委　丁宗胜　马洪元　马健鹰　王　兰　王志民
    方法林　卞保武　朱云龙　刘江栋　朱在勤
    任昕竺　汝勇健　朱　晔　刘晓杰　李广成
    李世麟　邵　华　沈　彤　陈克生　陈苏华
    陈启跃　吴肖淮　陈国生　张建军　李炳义
    陈荣剑　杨　湧　杨海清　杨　敏　杨静达
    易　兵　周妙林　周　欣　周贤君　孟祥忍
    柏　杨　钟志慧　洪　涛　赵　廉　段　颖
    唐　丽　曹仲文　黄刚平　巢来春　崔学琴
    梁　盛　梁　赫　韩一武　彭　景　蔡汉权
    端尧生　霍义平　戴　旻

修订前言

承蒙广大读者及高职院校师生们的厚爱,本教材自2007年出版发行后,由于体例新颖、实用性强,受到市场普遍欢迎,共9个印次,发行近30 000册,全国有60多所高职院校使用本教材,使原本狭小的市场获得了较好的社会效益。借此机会,我们对广大读者及高职院校师生表示衷心的感谢。

一、本教材编写思路

本教材以现代酒店职业岗位群工作任务为主线,围绕客房服务与管理实际的工作任务选择和组织课程内容,突出工作任务与知识的联系,课程内容与岗位能力的关联;教材采用项目引领、任务驱动教学法,做中学、学中做,理论与实践相结合;结构上结合职业教育的特点与学生学习认知规律,内容由浅入深、任务从简到繁、项目从单一到综合,循序渐进、进阶学习,注重学生职业能力与职业素养的培养。

二、本教材主要特色

质量和特色是教材的生命,本教材力求体现以下特色和优势:

1. 内容先进,具有前瞻性

本教材注重与行业的紧密结合,注意把握国内外住宿业的最新态势与发展趋势,力求反映本专业新产品、新知识、新技术、新方法,如智能客房设计、微服务等,并将最新课改成果、文献资料有机融入教材中。教材内容与时俱进、适度超前,案例丰富、资料翔实,专业理论指导性强、专业实践操作性强。

2. 体例新颖,彰显课改理念

本教材根据职业教育特点和学生学习认知规律,改变传统教材以知识为架构的编写方式,采用项目课程、模块教学的方式;打破以教师为主的教学方式,通过任务驱动法引导学生进行自主学习,充分调动学生学习积极性;课内学习与课外学习相结合,任务引领、案例导入、技能训练、课外实践,教学形式多样化;注重培养提高学生自我学习、创新创造、社会交往等能力。

3. 专业性强,紧贴行业实际

本教材编写团队专业素质高、教学能力强,参编教师都为"双师型"教师,均有在高星级酒店工作、学习的经历,并且邀请行业、企业人员参与编写。在教材编写过程中,编写团队充分发挥优势,深入酒店,了解掌握客房业最新动态,认真研究现代酒店企业对人才的需求。教材的选材真正是从实践中来,具有很强的实用性、时代性。

4. 编排合理,凸显高职特色

本教材分服务篇及管理篇,全书结构清晰,内容编排科学;采用项目课程模块化编写,便于各院校教师根据教学需要灵活组合教学模块及工作任务。教材立足高职层次教学,在基本技能、基础知识上注重学生管理技能的实践与培养。

三、本次修订主要工作

1. 对原有教材内容进行优化整合，删除部分过时的案例、资料，增加新案例、新资料，如微服务、服务联动制等内容，使教材资料更具时代性、内容更加丰富、表述更为严谨。

2. 深化教材改革，突出高职教育的"高"。针对高职院校饭店管理人才培养目标及酒店业对管理人才的需求，教材修订中适当增加客房管理知识与管理技能等内容，使人才培养更切合市场需求。

3. 深耕细作，不断完善教材内容。本次修订所采用标准是最新国家标准或行业标准，所引用的资料、数据准确、可靠，并且力求最新，以体现学科发展最新研究成果和行业最新态势。

4. 本次教材修订邀请部分高星级酒店管理者参与其中，校企合作，教材中吸收了来自酒店一线的实战案例，使教材内容更加切合酒店客房管理实际，突出高职教材的适用性、实践性及职业性。

四、教学建议

1. 本教材建议教学课时为108课时，由于各地区、各院校情况不同，在进行本课程的教学时可根据实际情况，合理安排教学课时和教学进程。建议充分利用学生业余时间，完成相应的工作任务，如酒店考察、资料收集、项目设计、小组讨论等。

2. 本教材采用任务驱动教学法，要求学生在一个个典型任务驱动下展开教学活动，在完成任务的过程中，培养分析问题、解决问题的能力。任务设计的质量直接影响到教学效果，教师须精心设计每一个工作任务、组织每一次教学活动。不同项目、不同性质的工作任务活动设计多样化、教学方式丰富化，以获取良好的教学效果。

3. 教师必须具备较为丰富的行业背景与专业教学经验，深入酒店一线，与行业保持紧密联系，把握客房业发展趋势；积极投身于职业教育课程改革，不断探索课程改革经验。

4. 学校校内需配有相应的实训基地，如铺床操作基地、PA实训基地、实训宾馆等，并有校外实训基地（酒店）；也可充分利用校园场所如公寓楼、教学楼、宿舍等模拟工作场景，开展教学活动。

五、教材编写/修订人员

本教材由南京旅游职业学院酒店管理学院老师编写，汝勇健老师担任主编，并负责本次修订工作。陈瑶、郭小东老师参与教材编写工作，姚建园、王则天、赵程凌云等老师，南京中心大酒店前厅部经理顾新峰、常州福记逸高酒店房务部总监叶明参与教材的修订工作。

本教材编写与修订得到了南京旅游职业学院领导的大力支持和帮助，在此表示衷心感谢。教材还参考了相关著述和文献，向这些著述和文献的作者一并表示感谢！

由于修订时间仓促，书中如有不当之处，敬请读者不吝赐教。

编　者

2018年7月于金陵

目 录

服 务 篇

项目一 客房产品及职业认知 3
  模块一 客房产品认知 3
    一、客房产品的特点 3
    二、客房产品的要求 5
    三、客房产品的定位 5
    四、客房产品的设计 6
    五、客房设备物品的配备 15
  模块二 职业认知 19
    一、客房部的业务范围 19
    二、客房部的管理目标 20
    三、客房部的组织机构 20
    四、客房部的岗位职责 23

项目二 客房清洁保养 27
  模块一 客房日常清扫整理 27
    工作任务一 工作准备 28
    工作任务二 客房清扫整理 32
  模块二 客房专项清洁保养 45
    工作任务三 专项清洁保养安排 46
    工作任务四 专项清洁保养实施 50
  模块三 客房卫生工作 56
    工作任务五 杀菌消毒 56
    工作任务六 除虫灭害 61

项目三 客房对客服务 66
  模块一 常规服务 66
    工作任务一 迎客服务 66
    工作任务二 住店服务 70
    工作任务三 送客服务 85

客房服务与管理实务

- 模块二 针对性服务 87
  - 工作任务四 特殊客人服务 87
  - 工作任务五 特殊情况处理 92
  - 工作任务六 管家服务 94

- 项目四 公共区域清洁保养 101
  - 模块一 清洁剂及清洁器具 101
    - 工作任务一 清洁剂的管理 101
    - 工作任务二 清洁器具的使用 107
  - 模块二 公共区域的日常保洁 112
    - 工作任务三 前台公共区域日常保洁 114
    - 工作任务四 后台公共区域的清洁 124
  - 模块三 面层材料的清洁保养 125
    - 工作任务五 地毯的清洁保养 125
    - 工作任务六 硬质地面材料的清洁保养 132
    - 工作任务七 墙面面层的清洁保养 138

- 项目五 洗涤业务 142
  - 模块一 洗衣场业务 142
    - 工作任务一 洗衣场认知 142
    - 工作任务二 干洗 145
    - 工作任务三 湿洗 147
    - 工作任务四 污渍的清除 150
    - 工作任务五 熨烫 153
  - 模块二 布草房业务 155
    - 工作任务六 布草的配备 156
    - 工作任务七 布草房的运行 158

管 理 篇

- 项目六 客房部组织管理 167
  - 模块一 客房部人力资源管理 167
    - 工作任务一 编制定员 167
    - 工作任务二 员工招聘与培训 175
    - 工作任务三 劳动力调配 187
  - 模块二 客房部的业务协调 190
    - 工作任务四 客房部与相关部门的业务协调 191
    - 工作任务五 部际协调常见问题及解决方法 193

项目七　客房部质量管理 ·· 199
模块一　质量管理的原则与制度 ·· 199
　　一、质量管理原则 ··· 199
　　二、质量管理制度 ··· 202
　　三、质量管理标准 ··· 203
模块二　客房部质量管理 ·· 204
　　工作任务一　客房清洁保养质量管理 ·· 204
　　工作任务二　客房对客服务质量管理 ·· 214
模块三　客房产品在线口碑提升 ·· 223
　　一、在线口碑的重要性 ··· 223
　　二、客房产品在线口碑提升策略 ··· 223

项目八　客房部费用控制 ·· 227
模块一　客房部预算编制 ·· 227
　　工作任务一　编制预算 ··· 227
　　工作任务二　预算控制 ··· 230
模块二　客房设备用品管理 ·· 233
　　工作任务三　客房设备管理 ·· 233
　　工作任务四　客房客用物品管理 ··· 244

项目九　客房部安全管理 ·· 252
模块一　客房安全设施的配备 ·· 252
　　一、客房安全设施配备的原则 ··· 252
　　二、客房安全设施的配备 ··· 253
模块二　客房楼面安全管理 ·· 255
　　工作任务一　客房钥匙的管理 ··· 255
　　工作任务二　客房安全管理 ·· 257
模块三　客房安全事故的预防 ·· 258
　　工作任务三　防盗 ··· 259
　　工作任务四　防火 ··· 260
　　工作任务五　反恐防暴及突发状况处理 ··· 262
模块四　客房部安全作业 ·· 263
　　工作任务六　洗衣场安全操作 ··· 264
　　工作任务七　布草房安全操作 ··· 265
　　工作任务八　员工日常操作安全 ··· 266

参考文献 ··· 269

服务篇

项目一 客房产品及职业认知

学习目标

- 熟悉客房产品
- 了解客房设计的趋势
- 认知客房部的业务与管理目标
- 熟悉客房部的组织机构
- 能描述客房部各岗位的职责

客房是酒店的主要产品,其基本的使用价值是满足宾客住宿及相关活动的需要。人们常说客房是客人的"家外之家""第二办公室"。从产品概念来讲,客房产品不仅包括客房的设施设备,还包括相关的服务。随着酒店业的发展,客房部在酒店中的地位和作用与过去相比已经发生了很大的变化。本项目重点介绍客房产品的构成及现代酒店客房部,拓宽人们设计客房产品的思路,用发展的眼光、用现代化酒店的要求认识客房部,了解熟悉客房部的业务范围、管理目标、机构设置和岗位职责,更新人们对客房服务与管理工作的观念。

模块一 客房产品认知

任务导入

走进客房——参观酒店及客房

1. 学生以小组为单位,参观考察本地2~3家酒店,其中一家为高星级酒店,另一家为精品酒店。具体要求:①收集客房房价表;②了解酒店不同房型;③熟悉客房功能布局及客房设备用品;④了解客房产品特点。
2. 通过网络查找客房产品相关资料,如客房类型、特色客房、客房设备用品等。
3. 以"走进客房"为题,每个小组制作PPT课件,选派代表在课堂演示介绍。
4. 教师点评,讲解客房产品相关知识点。

基础知识

一、客房产品的特点

1. 所有权相对稳定

客房作为一种特殊产品,和一般产品不同。一般产品进入流通领域成为商品,随着商品交换的实现,买者获得使用价值,卖者失去使用价值,所有权即发生转移。客房产品却不同,它不出卖所有权,只出租使用权。客人买到的是某一时间、某一阶段的使用权利。正是因为所有权是相对稳定的,所以价值补偿必须通过一个延续交换过程,在一个较长时期内通过分散、零星地出租来获得其已经消耗的价值,每一次交换只能获得价值补偿的一部分。因此,酒店客房产品的价值补偿能否实现和实现的程度怎样,关键在于客房出租率的高低。

2. 生产与消费同步

一般商品的生产过程和顾客的消费过程是分离的,顾客看到的和购买使用的就是最终产品。但客房产品的生产过程和消费过程几乎是同时、同步进行的。只有当客人到酒店消费、租用客房时,客房产品的生产才真正开始。这一特性就要求酒店应根据目标市场的大小设计接待能力,客房部则需加强员工培训,强化内部管理,增强员工质量意识,规范生产流程,提高生产效率,保证客房产品供应。

3. 不可贮存

正因为客房产品与一般产品不同,客人买到的只是某一段时间的使用权,而不是所有权,所以客房产品的价值具有不可贮存性。它不像一般产品,如一件衣服、一台电视,今天卖不出去,第二天可以继续卖,价值通常不会缺失。如以每晚房租480元的房间为例,如果全天此房租不出去,那么480元的价值就无法实现,等到第二天再租出去,前一天的价值也就永远无法收回了。所以,酒店业行家把客房产品比喻为"易坏性最大的商品""只有24小时寿命的商品"。这就是为什么酒店业普遍以"宾客至上"为经营信条、以客人满意程度为质量标准的原因所在。

4. 季节性

众所周知,旅游业具有明显的季节性,酒店业也不例外,一年之中经营有淡季和旺季之分。淡季时,客房部应做好员工培训和设施设备的维修保养,并推出一些有特色的促销活动,力争"淡季不淡";旺季时,不愁客源,客房部应做好人员调配,最大限度挖掘现有硬软件的接待能力,保证"旺季不乱",获取最大经济收益。

5. 质量不稳定性

由于客房产品的生产加工者即酒店从业人员本身的复杂性,容易造成产品质量的不稳定性;也由于客房产品具有生产与消费同步这一特点,产品质量不易控制;同时,客房产品的消费者即住客的情况千差万别,他们对产品质量的评价也很难稳定、很难统一。所以客房部应从内部管理出发,制定严格的程序规范与质量标准,从管理、培训、激励等方面着手,将客房产品质量的波动稳定在一个合理的范围之内。

6. 随机性

客房工作琐碎繁杂,从清洁整理房间、补充物品、设备用品保养与维修到客人的进店离店,都是一些事务性工作。客人在何时何地、何种情况下需要何种服务,事先都难以掌握,服务具有很强的随机性。客房部员工要善于揣摩客人的心理,用心工作,给客人提供满意加惊喜的服务。

7. 不可专利性

酒店唯一能够申请专利的只有酒店的商标与名称,酒店的设施、菜肴、装饰、布置、服务方式、氛围等是不可能申请专利的。这种产品的不可专利性带来的直接后果是各酒店之间会互相模仿和克隆在市场上销路好、受欢迎的新产品。客房产品是酒店的主要产品,因此,在客房产品设计上,必须贯彻"人无我有,人有我特,人特我优,人优我创"的竞争策略,才能在激烈的市场竞争中胜出。

二、客房产品的要求

客房是旅行者、旅游者在旅行或旅游目的地生活或工作的场所。从现代市场营销和客人对客房产品共同需求的角度看,客房产品的基本要求有以下几方面:

1. 安全

安全是客房产品最基本的要求。一家酒店无论其客房如何豪华、富丽堂皇,如果客人的安全都得不到保障,就不会有人入住了。因此酒店必须从大处着眼、小处入手,高度重视并切实做好安全工作,包括客人的人身安全、财物安全、隐私安全。安全工作越来越受到酒店业的重视,如许多星级酒店在客房内配有可存放手提电脑的小型保险箱,在卫生间设有紧急呼救(SOS)按钮等。

2. 清洁卫生

清洁卫生是所有客人对客房产品的基本要求。客人在酒店客房停留时间最长,对客房清洁卫生要求最高。无论酒店及客房档次是高是低,都必须保证清洁卫生。客房部应制定详细的清洁卫生质量标准,并严格执行。

3. 舒适方便

每个客人都希望住得舒适方便,酒店在设计客房产品时,应充分考虑功能上的舒适、使用上的便利、感官上的愉悦。客房的硬件和软件都应达到相当的规格标准,使客人获得舒适方便之感。硬件上,家具设备要齐全、完好,并达到一定的档次;客用物品的品种要齐全,数量要充足,质量要过关,布置摆放要方便客人使用。在软件上,客房服务要配套,各项服务要优质高效,保证客人的各种合理要求都能得到很好的满足。

4. 特色

在激烈的市场竞争中,没有特色的产品就没有竞争力,特色是客房产品的卖点、亮点,是客房产品的生命力。客房产品的设计和装饰布置在保证实用功能的基础上,要具有一定的特色性,以满足客人求新求异的需求,从而增强产品的吸引力和竞争力。客房产品的特色性可以从多方面加以体现,如建筑造型、设计风格、房间布局、陈设布置、文化氛围,甚至员工的服饰打扮、服务方式等。

三、客房产品的定位

随着国际酒店集团在中国的不断推进和深入,我国旅游酒店市场竞争激烈,要在激烈的市场竞争中确立自己的优势,得到长足的发展,就必须明确市场定位,分析市场,找准目标。

1. 产品定位概念

"定位"一词是由两位广告经理艾尔·里斯(Al Ries)和杰克·特罗(Jack Trout)于1972年率先提出的。他们对"定位"的定义如下:定位是以产品为出发点,但定位的对象不是产品,而是针对潜在顾客的思想。也就是说,定位是为产品在潜在顾客的大脑中确定一个合适的位置。通常情况下,无论酒店是否意识到产品的定位问题,在顾客的心目中,一定商标的产品都会占据不同的位置。例如,希尔顿酒店在顾客认识中意味着"高效率的服务",假日酒店则给人"廉价、卫生、舒适、整洁"的市场形象。

对客房产品而言,定位就是要突出客房产品的个性,塑造独特的市场形象,创造竞争的比较优势,选择相应的目标市场。

2. 客房产品的定位

客房产品定位的主要根据是酒店星级和类型,按酒店星级分,有一星、二星、三星、四星、五星和白金五星。从酒店类型上分,有政府接待型酒店、度假酒店、商务型酒店等。当然,同样的三星级酒店,有的以旅游团队作为目标市场,有的以会议为主要目标市场,还有的则以商务散客为目标市场。分属于不同目标市场的酒店相互间不能成为直接竞争者。同样以会议市场作为目标市场,五星级酒店与三星级酒店又因为会议市场划分标准的差异而使目标市场有所不同。这些都需要酒店细分目标市场,准确定位。

随着社会的不断发展,人们对酒店的需求从功能逐渐向追求全新的体验元素、追求情感个性化和服务过渡,近年来我国精品酒店(Boutique Hotel)风起云涌,成为我国酒店业发展的新趋势,正是迎合了这种市场的需求。在欧美国家,通常将精品酒店定义为拥有主题、充满时尚色彩或设计感的酒店,小而精,客房数不超过100间,多在50间以内,少到个位也很常见。一般的客户群定位为25~55岁之间,房价中等偏上,但却拥有奢华酒店的配置与服务。在我国,精品酒店定位于高端市场,目标客源范围锁定于30~50岁的具有经济基础和文化涵养的消费人群,房价通常高于五星级酒店,基本在1 000~5 000元,甚至上万元人民币不等。精品酒店是体验经济下酒店市场产品类型进一步细分的结果,我国著名精品酒店包括有W酒店、英迪格酒店、悦榕庄等。这些酒店与奢华酒店及商务酒店有很大的差异性,因其独特的属性,市场发展前景非常好。

客房产品的定位对酒店的经营有着十分重要的意义,美国20世纪60年代的经济型酒店如汽车旅馆(Budget Motels)成功的产品市场定位,对我国目前酒店行业竞争具有十分现实的指导意义。这种旅馆为大众旅行提供了满足基本需求又可以省钱的选择。它没有会议室、宴会厅及娱乐休闲设施,只提供卫生、舒适、价格低廉的客房,这对于过路、只求得到很好休息的客人来说是极具吸引力的。而我国许多中小型酒店在面临大酒店和酒店集团的竞争压力时,往往采取追加投资、对产品更新改造的方式,求上档次,求项目全,并以此作为竞争的本钱。这样做将对本已有限的资源造成更大的压力甚至浪费。实际上,我国的国内旅游正在兴起,国内旅游者将在今后一段时期内成为一个庞大市场,他们要求酒店提供与他们的经济能力相适应的产品,这种需求是一些四、五星级酒店所忽略的,而这正好是中小型酒店的市场空隙,在这样的市场中将大有可为。近年来我国经济型酒店得以蓬勃发展,正是迎合了这种市场的需求。

四、客房产品的设计

客房是酒店的核心产品,随着酒店行业竞争的加剧,如何做好客房产品的设计,提高客房产品竞争力,满足客人求新、求异、求方便、求舒适的心理需求和物质需求,从而吸引客人再次光顾,提高客房的出租率,取得良好的收益,实现酒店的经营目标,是酒店经营者必须认真思考的问题。

1. 客房产品设计原则

(1) 创新原则

酒店行业是没有专利权的行业,任何一种新产品都会很快被模仿,客房也不例外。酒店客房的设计,经营者要从观念、技术、设计、服务方式等方面创造出自己的特色和个性来。客房设计需要创新,需要发挥想象,客人一般对自己入住的酒店都会有一种"期待",这种期待对于客房更表现得十分具体和敏感。经常有客人推开自己要住的客房门的一刹那,会产生短时间的兴奋,这就是"心理期待"的作用。

(2) 市场原则

客房设计的趋势总是在满足客人需要的前提下去进行的工作。首先酒店应分析客源类型;其次各类客人的需求不同,酒店在客房产品设计、装修、布局等方面就要有所区别。市场需求对于酒店客房的设计开发起着关键性的作用。因此,酒店客房设计不仅要考虑到客人的需求也要有一定的市场意识,要进行必要的市场调研,以准确预测客人的现实需求和潜在需求,通过客房产品的设计来引导客人的消费。

(3) 文化原则

客房的设计风格应该与一个酒店的形象、品牌、文化背景紧密相连,包括地域文化、民族文化、历史文脉等都需要跟设计师进行有效的沟通,这样才能准确地把握文化底蕴和文化魅力,从而不仅给客人物质上的享受,还有精神上的升华。

(4) 绿色原则

由于全球生态环境的日益恶化,保护环境越来越受到人们的重视与关注。酒店行业作为旅游业的支柱产业,直接关系到旅游业的发展以及社会的可持续发展。客房产品在设计上不仅要本着创新、市场、文化的原则,更要注重绿色环保,为客人设计出节约节能、符合环保要求的客房产品势在必行。

2. 客房类型的设计

不同类型的客房具有不同的功能布局、档次规格等,其适应的消费群体也就不同。酒店在设计和选择客房类型时,不能简单地照搬、模仿,而是要认真研究目标市场的需求,竞争对手情况,做好投资与收益预测。

除极少数单一性的酒店如南京某套房酒店,酒店规模小,客源大多是高档的商务散客,且以长住客为主;酒店客房数量较少,房型比较单一,多为双套房或三套房的商务套房。一般的酒店,为更好适应不同类型和档次客人的需求,需设计和布置不同种类的客房。酒店客房类型通常有以下几种:

(1) 单人房(Single room)

单人房是放一张单人床的客房,适合单身客人租用。为了使客人住得更为舒适,许多酒店在单人房中放置一张双人床。单人房是酒店面积最小的客房,酒店通常将面积较小或位置较偏僻的房间作为单人房。

(2) 大床间(Double room)

大床间在客房内配置一张双人床。近年来,随着商务客人的日益增多,不少星级酒店将大床间改作商务房(Business room),房内配备相应的商务设施设备,如宽大的办公桌椅、自动熨裤架、小型传真机等。

(3) 标准双人房(Standard twin room)

标准双人房放两张单人床,可住两位客人。此类房间一般用来安排旅游团队或会议客人。一些酒店在两张单人床之间放置活动床头柜或索性不放置床头柜,在大床间供不应求时,即可将两张单人床合并为大床,作为大床间出租,灵活组合客房产品。为使客人住得更为舒适,一些酒店在标准双人房中放置两张双人床,这种客房称为 Double double room,也称为豪华双人房。

(4) 家庭客房(Family room)

随着我国休闲度假旅游的发展,携儿带女的亲子旅游者也在不断增加,不少酒店设计了家庭客房或家庭套房。家庭房主要供家庭旅游者租住,通常配备一大一小两张床,也有酒店在家庭房(通常是套房)中配备有一张大床、两张小床。

(5) 普通套房(Junior suite)

普通套房由两间房间组成,通常一间作卧室,内放一张大床;另一间为会客室或办公室。

(6) 豪华套房(Deluxe suite)

豪华套房可以是双套房,也可以是三间套,由卧室、起居室、餐厅等组成。卧室中配备大号双人床或特大号双人床。和普通套房相比,豪华套房室内布置更为豪华。

(7) 总统套房(Presidential suite)

总统套房一般三星级以上的酒店才拥有,它标志该酒店已具备接待总统的条件和能力。总统套房由多间房间组成,有总统卧室、夫人卧室、随员卧室、警卫室、会议室、书房、餐厅和厨房等。总统套房内的装饰布置极为讲究,设备用品豪华富贵。

综上所述,客房种类较多,各家酒店应根据目标市场客源结构,设计客房类型,如城市商务型酒店,主要客源为商务客人,大床间的比例应多些。而会议型酒店,接待的大多是团队客人,应考虑多设计一些标准双人房,以更好地满足客人的需求和经营的需要。

3. 客房功能布局的设计

"客房是客人在异乡的家",这不仅仅是一句销售用语,也很准确地定义了客房的功能设计原则。客房应该是一个私密的、放松的、舒适的,浓缩了休息、私人办公、娱乐、商务会谈等诸多使用要求的功能性空间。酒店在对客房的功能布局进行设计时,必须认真分析和研究消费者的消费需求与个性习惯等,从而了解客房究竟应该满足目标消费群哪些共性与个性的需求。下面以标准双人房为例,客房功能布局主要分以下几个区域:

(1) 睡眠区域

睡眠区域是整个客房中面积最大的功能区域,主要家具是床和床头柜,床头板与床头柜成为设计的核心问题。为了适应不同客人的使用需要,同时也方便酒店销售,不少酒店在两床之间不设床头柜或设可移动的床头柜。床头集中控制面板逐渐被酒店所淘汰。床头背屏与墙是房间中相对完整的面积,可以着重布置。床水平面以上 70 cm 左右的区域(客人的头部位置)易脏,不少酒店采用了防污的材料。

(2) 工作区域

工作区域以写字台为中心,传统的客房设计将写字台、行李柜、电视机柜设计为一体,称之为"三连柜"。近几年,三连柜逐渐被独立的橱柜取代。随着酒店商务客人的日益增多,书写空间的功能设计也越来越受到酒店的重视,从采光与视线角度考虑,大部分酒店客房写字台不再面壁而坐了(见图1-1)。

(3) 起居区域

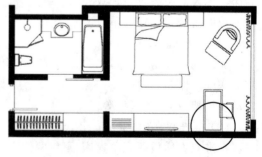

图 1-1 客房功能布局图

起居区域通常在靠近房间窗户处,放置沙发椅、茶几,供客人休息、会客、看电视等。以往标准客房设计中会客功能正在逐渐地弱化,因为从住店客人角度讲,希望客房是私人的、完全随意的空间,将来访客人带进房间有很多不便。从酒店经营者角度考虑,也希望住客使用酒店的经营场所会客,以获取经济效益。设计中可将诸如阅读、欣赏音乐等很多功能增加进去。

(4) 房内门廊区域

常规的客房建筑设计会形成入口处的一个1.0~1.2 m宽的小走廊,房门后一侧是入墙式衣橱。有条件的酒店则尽可能将衣橱安排在就寝区的一侧,以方便客人。客房面积较大的,可以在入口处设计一个更衣间,集更衣、衣橱、行李存放等功能于一体。一些投资小的经济型酒店,连衣橱门都省去不装,只留出一个使用"空腔"即可,行李可直接放入,既方便又经济。高档的商务型客房,还可以在此区域增加理容、整装台,台面进深30 cm即可,客人还可以放一些小件物品。

(5) 盥洗区域(卫生间)

卫生间空间独立,风、水、电系统交错复杂,设备多、面积小,设计时应处处遵循人体工程学原理,做到人性化设计。不少酒店卫生间干湿区分隔,避免了功能交叉与干扰。

除了一些高星级的酒店或者高档客房要求配备浴缸外,大部分酒店用精致的淋浴间代替了浴缸,以节省空间,减少投入。另外,无论是否使用浴缸,选择带花洒的淋浴区的墙面材料时,需要避免不易清洁的材料,像磨砂或亚光质地的都需慎用。

4. 特色客房的设计

客房运行成本低,收益回报丰厚,是酒店利润的重要"产地"。但是,长期以来,客房有形产品呈现千篇一律的"标准"模式,许多酒店客房从功能布局乃至家具款式、布艺,每一个细节都大同小异,甚至衣柜和小酒吧的位置及做法都惊人的一致,变成了真正意义上的"标准"客房。而从客人的需求来分析,他们更希望在客房内能够有一些新奇的享受和经历,有一些与众不同的收获和感受。因此,开发各类具有个性色彩的新概念客房,创造客房卖点,满足不同客人的偏好,是酒店业发展的必然趋势。

(1) 主题客房

为提升酒店的核心竞争力,创造酒店行业的新品牌,使消费者享受更好的自然、文化产品,得到更深的体验,在较大范围内创建主题酒店,已经成为很多酒店的自然选择。

主题客房是主题酒店的重要组成部分。酒店可根据不同客人的需求偏好设计不同的客房产品,这些客房产品包括老年客房、青年客房、女性客房、儿童客房等。也可因地制宜,通过挖掘不同的地域文化,开发各类"民俗客房",如民俗风情客房、乡村风格客房、海底世界客房、世界风情客房等。酒店还可根据不同历史时代的人文现象进行主题的选择和设计,这种人文现象既可以是现代的,也可以是历史的,甚至是远古的,抑或是未来虚拟的,如史前客房、未来主流客房等。酒店更可以形形色色的文化作为主题切入口,设计各具特色的文化客房,如电影套房、摇滚之夜套房、小说客房等。还有以某种特定环境为主题的客房,如监狱客房、梦幻客房等。

(2) 儿童客房

"如果孩子们高兴,世界将充满快乐"。随着亲子旅游者的增多,越来越多的酒店管理者意识到让孩子满意是酒店在运营成功的天平上重要的筹码。不少酒店专门设有儿童客房,此类客房主要是针对2~12岁不同年龄阶段孩子的需要设计的,房间内有特别设计的儿童床、专门的游戏区、鲜艳床品,还有儿童节目DVD、玩具、儿童读物、绘本和画笔。各种安排都是试图营造一个小小的儿童天堂。儿童客房通常设置在父母房旁边,或者与父母的房间连通。威斯汀酒店在儿童房间的细节上下工夫,入住酒店的孩子能享受儿童版本的"天梦之床"舒适床品所带来的甜美梦乡,除了享受特别的儿童用品,如喂奶器、饮料等,还可以通过手机接收酒店发送的"睡前故事"。

(3) 女性客房

随着女性地位的提高,女性客人在酒店客源中占有愈来愈大的份额,如美国30年前商务旅行者中女性仅占1%,现在将近40%。针对这一现象,为女性宾客专门设计客房将成为趋势。2001年瑞士苏黎世在世界上开出了第一家针对女性商务游客的酒店"Lady's First"(女士优先),获得了很大的成功。虽然我国单身女子消费市场细分和引导尚处于萌芽状态,但是善于捕捉商机的业界人士早已关注这一市场。在一些经济发展迅速的地区,如上海、广州、杭州等地的高星级酒店已相继开辟了"女士楼层"。

女性客房的功能布局、装修装饰、设备用品、环境氛围、服务项目、服务方式等都体现了女性化的格调,室内装饰富有浪漫情调,室内气氛温馨雅致,配有女性的专用毛巾、梳子、梳妆台、试衣镜、香皂、睡衣、女性杂志,并提供美容美发服务信息、出游最佳方案,在女士楼层内一律配备女性服务员和女性保安人员。女性客房每一处细节、每一项服务都悉心考虑女性的心理特点,充满女性气息。

(4) 老年人客房

现今,世界人口普遍向老龄化发展,老年人在酒店停留的时间较长,消费较高,"银发市场"已成为酒店新的竞争点。老年人客房的设计、装饰要注重传统的民族风格,配以字画、摆设;客房色调以暖色为主,多用调和色;绿化布置上,可多用观赏盆景和常绿植物、鲜花。健康、方便是老年人客房的考虑重点,例如:在卫生间要设置防滑把手,门把和开关位置要适宜,要设置多个召唤铃,客人可以不用移动太远,就可询问自己需要的服务。

总部设在美国亚特兰大市的假日酒店集团市场部认为,酒店在本世纪的主要客源将是中老年市场,并据此推出一项"假日老友俱乐部"优惠计划,客房服务强调安全性与舒适性,还安排员工对咖啡、客房免费早餐提供上门奉送服务。

【案例1-1】

银 发 世 界

法国戛纳的奥泰利亚酒店中,客人平均年龄83岁,这里的一切设施几乎都是为老年人尤其是80岁以上的老年人特别设计的。在这里,信号显示是大号字,沿墙有扶手,电梯里有坐椅,床是坐卧两用的,卧室里可以挂家人肖像。卫生间是用防滑玻璃纤维修造的,并设有软垫长椅,在那里可以安全洗浴。无论何时,一按铃就有人来查看。经常举办各种适合老年人的娱乐活动。而且无需预订,长住短住无妨。但有一点必须特别声明,这里接待的不是病人,而是需要关怀、照顾的老年客人。

思考:从这个案例中,我们可以得到什么启示?

(5) 智能客房

随着科技与社会的快速发展,部分酒店已经开始迈向智能化、信息化、个性化,将高科技完美融合到了酒店客房,给住客以智能化体验。

① 智能互动媒体平台:通过电视客人可以上网、玩游戏、查询信息。

② 智能 IPAD 客房中央控制:一些酒店在客房内配有一台 Ipad。点击它即可进入全新订制的酒店 APP 软件系统,多元化的信息接踵而来,酒店介绍、送餐服务、客房服务、当地线路图、本地旅游资讯等细致化服务均有展现。手中握着这台 Ipad,无论在房间内的任何位置,都能控制到客房内任何电器。

③ 客房智能控制系统:客房信息响应以及灯光、空调、服务功能集中控制于一体,多项技术实现电能节约、服务提升、安全防范,加以计算机互联技术的利用实现网络化监控,客房人员身份、客人实时服务信息、房门状态、保险箱开关状态、客房温度状态等,一切实时信息尽在掌控中。

④ 电视机智能互动媒体平台:可以将任何格式的宽频多媒体内容通过电视这个载体得以展现。简单来说,打开电视,人性化的操作界面即刻显示在屏幕上,电视、电台、电影,本地节目、卫星频道,普通话、英语、日语……各类节目分门别类,一目了然。

⑤ 智能电话接听系统:如有电话响起时,房间内的广播和电视都会自动变成静音,而且只需按个按钮就能免提接听;客人上街,客房电话还能带着出门,只要按下其中一个按钮就能直接联络到酒店工作人员。

⑥ 智能马桶:集温水洗净、按摩、暖圈、夜光等多项功能于一身,提供更佳的洁身功效和舒适的清洗体验。

【案例 1-2】

酒店智能服务机器人

近年来,部分酒店开始把智能机器人管家应用于大堂和客房,机器人管家可自动乘坐电梯,为客人引领带路,还可 24 小时为客房递送物品、搬运布草,入住酒店的客人已经能够享受酒店服务机器人管家的全新客房服务。客人需要额外的酒水、毛巾、矿泉水、拖鞋或者文具之类的物品,酒店工作人员就会在机器人管家的储物箱中放进相应物品,输入房间号,机器人管家即可出发。它能够自己乘坐电梯、拨打电话、自主移动、自主避让行人,当电梯客满时,还能绅士般礼让,等待下一班电梯。除此以外,机器人管家还可以引路,带客人到酒店会议室、健身房、餐厅等地方。同时,它也是移动的播报员,会用萌萌的声音传递酒店相关活动信息。任务完成时,机器人管家会引导客人合影、分享朋友圈以及在网上给好评等。当没有工作任务时,它还能自动回到充电桩进行充电,保护工作动力。

一些酒店还根据不同的场景给机器人管家换装打扮,给客人带来不同的体验(图 1-2、图 1-3)。

思考:从这个案例中,我们可以得到什么启示?

图 1-2 智能机器人(1)　　　图 1-3 智能机器人(2)

【案例 1-3】

点一下 iPad，就能得到你想要的服务

窗帘自动开关，灯光浪漫可调，收音机变成充电器，镜子里面暗藏电视……这是杭州湾环球酒店引入的智能化设备。

酒店客房桌子上放着一个 iPad。点击酒店的按键，就会出现"即刻体验"的画面。随后进入一个页面，出现了数字媒体、灯光、空调窗帘、信息等栏目。点击 iPad 睡眠模式，窗帘和窗纱就会自动关上，灯光也会自动关闭。如果切换成会客模式，所有的灯都会开启。点浪漫模式，大部分的灯光变暗了，切换到 30% 的光晕。数字媒体，就是电视机的控制开关。在 iPad 里，每个频道都一一列明，客人不用一个个换台。卫生间如切换水疗模式，会自动响起 SPA 音乐。浴缸的正前方有一面镜子，用遥控器一点，镜子马上"变身"，成为一个电视屏幕。一台 iPad 还可以控制客房灯的开关、空调按钮。任何服务都可以在 iPad 上进行点击，诸如客人需要换枕头或需要维修设备，信息会第一时间提交给客房中心进行处理。就算是日常客房清扫，也能在 iPad 上预约。如果客人要退房，按一下墙上的退房按键，就能减少退房的步骤，让客人充分感受到便捷服务。这样的智能客房引领时尚、便捷、数字的现代生活方式。

思考：从这个案例中，我们可以得到什么启示？

(6) 无障碍客房

此类客房是为满足残障客人的需求而推出的，残障人由于身体上或智力上的残障应该得到特别的关怀。设有无障碍设施的酒店一般具备残疾人专用进出口、残疾人专用厕位等。无障碍客房应充分考虑残障人士的特殊需求，如没有门槛；浴盆、淋浴有扶手、防滑垫；淋浴有坐处，淋浴喷头可手持；洗脸台适合残障客人使用；水龙头开关为杠杆控制式；卫生间设计便于轮椅进出；洗漱用具及毛巾等放在使用轮椅的客人方便接触的位置；镜子、开关、温度调节装置等安装在便于使用轮椅的客人接触的高度和位置。

【案例 1-4】

盲 人 套 房

针对盲人市场，美国酒店业推出了盲人套房，客房布置与众不同，书架上摆放声频的、用大号铅字排印的书籍与杂志，摆放有大型转拨电话机、会说话的温度自动调节器和闹钟，用盲文印刷的说明书摆在小厨房的炉子上。

思考: 从这个案例中,我们可以得到什么启示?

(7) 绿色客房

随着地球环境的恶化,人们更趋向于和自然和谐共处的"绿色意识"。因此"绿色客房"将是21世纪客人的向往。美国著名管理大师乔治·温特在其《企业与环境》一书中指出:"总经理可以不理会环境的时代已经过去了,将来公司必须善于管理生态环境才能赚钱。"绿色客房建立的根本目的是满足消费者对清洁、安全、健康、舒适的居住环境的要求,所包含的内容非常广泛,如:

① 客房内提供给客人使用的用品家具清洁、无污渍。

② 客房是安全的,包括客房设备安全、客房提供的仪器和饮用水安全、保险箱及门锁可靠、消防安全等。

③ 客房内无病毒、细菌等的污染;室内空气清新,无化学污染;氧含量满足人体要求等。

④ 客房家具的设计人性化、布局合理,室内无噪声干扰,采光和照明良好等。

⑤ 为满足上述要求而采用的设备设施、能源、原材料等都是环保型的。

5. 客房设计的趋势

社会在发展,客人的需求不断在变化,客房同样要"与时俱进",客房设计总体呈现以下趋势:

(1) 体现人性化关怀

随着科技的发展和社会的进步,人们的生活水平越来越高,宾客对客房的要求也随之增加,很多酒店都引进了"人性化"的概念,以求更好地满足宾客的需求。近年来新建或改建的酒店,客房正在悄悄地发生变化,即越来越注重满足客人的需求,凸现人性化设计的理念:

① 客房窗台下移,以增加视野及采光面,有的干脆采用落地窗。

② 房内灯光向顶灯、槽灯方向发展,容易损坏的床头摇臂灯、占地方的落地灯越来越少采用。

③ 房间内越来越多采用节能光源。

④ 电源插座、电话插座抬高,方便客人使用。

⑤ 房号牌设置在门铃按钮的墙上,便于住客和访客的找寻。

⑥ 房内设有"不间断电源"插座,方便客人给手机充电。

⑦ 保险箱设置于方便存取之处,箱体变宽,供客人存放手提电脑。

⑧ 卫生间面积扩大:卫生间洁具从"三大件"(淋浴间、洗脸盆、坐便器)向"四大件"(加上净身器)或五大件(加上浴缸)的方向转变,向分室、分区布置发展。

⑨ 增加紧急呼救按钮、拉绳。

⑩ 为降低噪音,卫生间排风不采用排风扇,而采用管井集中排风。

(2) 更加注重节能

人类只有一个地球,节能是一个永恒的课题。客房在节能方面采取的主要举措有:

① 将暗卫生间改为明卫生间。卫生间内侧墙改用玻璃隔断,白天可利用自然光,客人进客房或卫生间无需开灯;夜晚,客人睡觉时熄灭卫生间的灯。

② 客房内家具布局改变传统的模式,写字台面向窗口,客人工作时无需开台灯。

③ 卫生间坐便器普遍采用节水型产品,可根据需要分大小水量冲洗。

④ 客房地面不全铺地毯,可根据不同的区域用不同的材料,过渡区域(入口处)和活动区域(靠窗口处)可以用硬质地面(花岗岩或地板),睡眠区域用软地面(地毯),这样既可以降低清洁费用,又能提高客房的装潢效果。

⑤ 走道墙边的地脚板适当做高一些,以防行李推车的边撞到墙纸;不少酒店客房走道还设计了防撞的护墙板。

⑥ 卫生间内设淋浴和浴缸,当面积有限时,只设淋浴,不设浴缸;套房内设两个卫生间,客用卫生间面积可缩小,不设淋浴或浴缸;主卫生间内设淋浴和浴缸供客人选择。

(3) 轻装修、重装饰

客房一次性投入大,酒店不可能经常更新改造客房,此外建筑装饰材料更新很快,无法保证若干年之后不落后。如何满足客人常住常新的需求呢?目前酒店业流行一种新时尚:轻装修、重装饰,基础装修从简,重点在陈设装饰上下功夫。具体的做法是在客房基础装修完成之后,利用那些易更换、易变动位置的饰物与家具,如窗帘、被套、靠垫、装饰工艺品、装饰布艺等,对客房进行二度陈设与布置。

酒店更可根据客房空间的大小、形状和客人的生活习惯、兴趣爱好、文化品位,从整体上综合规划装饰方案,体现酒店产品的品位,而不会出现千"家"一面。如果装修太陈旧或过时了而需要改变时,也不必花过多的投资重新装修或更换家具就会呈现出不同的面貌,给客人新奇之感。

(4) 做足睡眠文章

睡个好觉是住客对客房最基本也是最重要的需求,2013年四季酒店集团针对来自中国、美国、英国和俄罗斯的旅行者进行深入的睡眠调查。结果显示,最影响中国旅行者睡眠体验的因素为噪音、房间异味、通风差和床品不舒适。44%的受访者表示希望酒店的睡床能够如家般舒适;92%的受访者对睡床的柔软度有独特的喜好,中国宾客尤其偏好软硬适中的床垫。全球的酒店业纷纷进入了睡眠研究阶段,有的委托床垫公司定制独家床垫,有些推出个性化的睡眠服务,拥有一张独一无二的床,已成为酒店赢得忠实住客的关键所在。

【案例1-5】
喜来登的"睡床之年"

喜来登品牌营销副总裁说,"我们围绕床提供系列配套的服务。从对回头客的调查来看,许多人就是冲着'睡得满意'而成为回头客的。"2004年,喜来登再接再厉,又推出了"睡床之年"(The Year of the Bed)的促销口号,这是喜来登2003年"香甜睡床"(Sweet Sleeper Bed)促销计划的延续。与促销相匹配,公司投资7 500万美元做足床的文章,提升床的档次,换上豪华的新床垫、舒适的枕头、柔软的绒被和雅致的布草件。

思考: 从这个案例中,我们可以得到什么启示?

做足睡眠文章在经济型酒店客房产品设计中显得尤为突出。如家、7天、城市客栈、粤海之星、锦江之星、莫泰168、速8……这些经济型酒店经营秘诀普遍为"花最少的钱满足最核心的需要"——让客人睡得好、住得舒服。除此之外,缩减一切不必要的开支。经济型酒店采用"睡觉第一"的经营策略,充分利用社会资源,他们大都采用低投入、低花费、集中精力攻客房的经营模式。

【案例 1-6】

7天酒店的大床

在7天酒店的客房里,没有衣柜,取而代之的是位于墙拐角处的衣架,也不会看到吹风筒,因为它是几个房间共用的,属于自助式服务,客人踩上的是复合木地板,看到的是非名牌彩电。但是,客人睡的床却有接近2 m×2 m的长宽比,用的被子是四星级的标准。

思考: 从这个案例中,我们可以得到什么启示?

五、客房设备物品的配备

客房设备用品是保证客房产品必不可少的物质条件,酒店需依据经济合理的原则,选择配备与客房档次相适应的设备用品。

1. 客房设备的配备

根据用途,客房设备可分为电器类、家具类、卫生洁具类、安全装置、地毯等几大类。

(1) 电器设备

客房内配备的电器设备主要有电视机、空调、电冰箱、灯具、音响等。空调有中央空调和分体空调之分,除了经济型饭店大多配备分体空调外,大部分酒店多使用中央空调,房内配有控制器,以调节室内温度。一些高档客房还配有胶囊咖啡机。

(2) 家具

客房内主要配有床、床头柜、写字台、靠背椅、茶几(圆桌)、沙发(沙发躺椅)、电视机柜、行李柜(活动行李架)、衣橱等家具。

(3) 卫生洁具

客房卫生洁具主要有淋浴器、坐便器、洗脸盆,高档客房内还配有浴缸、净身器,卫生间干湿分区。

(4) 安全装置

为了保证住客和酒店的安全,客房内必须配备相应的安全装置。如消防报警装置,有烟感器、温感器及自动喷淋,其他安全装置还有门窥镜、防盗链、防毒面罩、私人保险箱、紧急呼救按钮拉绳等。

(5) 地毯

地毯具有保暖、隔音、装饰、舒适等作用,星级酒店通常将地毯作为客房地面的主要装饰材料。

2. 客房客用物品

客房客用物品的品种较多,通常分为两大类:客用固定物品和客用消耗物品。

(1) 客用固定用品

客用固定物品是指客房内配置的可连续多次供客人使用、正常情况下短期内不会损坏或消耗的物品。这类用品仅供客人在住店期间使用,不可消耗,也不能在离店时带走,如床单被套各类布草、杯具、衣架、文具夹等。

(2) 客用消耗品

客用消耗品是指供客人在住店期间使用消耗,也可在离店时带走的物品。此类用品价格相对较低、容易消耗,所以也有人称之为一次性消耗品,如火柴、茶叶、信封、信笺、肥皂、牙具等。

实践操作

一、配备客房客用物品

表1-1 标准双人房卧室客用物品的配备

摆放位置	物品名称	数量	摆放要求	备注
门后把手	"请勿打扰"牌	1张	挂在门把上	开夜床时,可将早餐牌放在床头柜上
	"请即清扫"牌	1张		
	早餐牌	1张		
衣橱内	防毒面具	2个	各种用品摆放要整齐有序,方便客人取用	高档客房配有浴袍或浴衣
	备用被子	2条		
	备用枕头	2个		
	衣架	8~12个		
	鞋篮	1只		
	拖鞋	2双		
	擦鞋布	2块		
	鞋拔	1个		
	衣刷	1把		
	洗衣袋	2个		
	洗衣单	水洗、干洗各1份		
	礼品袋	2个		
电冰箱	软饮料	若干种		小食品也可放在吧台或茶具柜
	小食品	若干种		
吧台或茶具柜	酒杯	若干只		高档客房还配有烈性酒若干种
	杯垫	每杯1张		
	调酒棒	2根		
	餐巾纸	若干张		
	冰桶	1个		
	冰桶夹	1把		
	食品	若干种		
	账单	1份		
	酒水立卡	1张		
茶具柜	电热水壶	1个	柜面整洁,各类物品摆放有序	高档客房还可配袋装咖啡
	茶盘	1个		
	茶杯	2个		
	茶叶盅	1个		
	茶叶	红绿、茶叶各2包		

续表1-1

摆放位置	物品名称	数量	摆放要求	备注
写字台上	台灯或阅读灯	1个	各类物品摆放有序	服务指南可放在文具夹内或写字台抽屉内
	服务指南	1本		
	烟灰缸	1个		
	火柴	1盒		
写字台抽屉内	文具夹	1个	各种用品需分类摆放、整齐有序、方便客人取用	为摆放整齐,大部分的文具用品放在文具夹内
	酒店介绍	1本		
	安全须知	1份		
	信封	2个		
	信纸	若干张		
	明信片	2~4张		
	行李箱标贴	2张		
	宾客意见书	1份		
	针线包	1个		
	圆珠笔	1支		
	礼品袋	2个		
写字台旁	垃圾桶	1个(配垃圾袋)		
电视机柜	电视节目单	1份	放置在电视机上或电视机柜面	开夜床时将遥控器、电视节目单放在床头柜上
	遥控器	1个		
圆桌(茶几)	烟灰缸	1个		茶具可放置在茶具柜上
	火柴	1包		
床上(每床)	被子	1条	床上用品须按床铺整理要求和规格布置	
	被套	1条		
	枕芯	1对		
	枕套	1对		
	床单	1条		
	褥垫(席梦思保护垫)	1条		
	床裙	1条		
床头柜	便签夹	1个		非无烟客房,床头柜可放烟缸
	便笺纸	若干张		
	便签笔(多为铅笔)	1支		
	电话机	1部		
	常用电话号码卡	1份		

二、配备卫生间客用物品

表1-2　普通标准房卫生间客用物品的配置

摆放位置	物品名称	数　量	摆放要求	备　注
洗脸台上	漱口杯	2个	各种用品摆放整齐有序,摆放位置需顾及大多数人的使用习惯	为避免用品占据台面过多的位置,卫生间牙具、木梳等客用消耗品最可放在专用的盛器内
	小香皂	1块		
	肥皂碟	1个		
	小方巾	2条		
	牙具	2套		
	沐浴液	1瓶		
	洗发液	1瓶		
	浴帽	2只		
	梳子	2把		
	护理包	2个		
	润肤露	2瓶		
	剃须刀	2把		
	面巾纸	1盒		
洗脸台下	垃圾桶	1个		
	体重秤	1台		
毛巾架上(洗脸台旁)	洗脸巾	2条	洗脸巾悬挂端正、正面向上	
毛巾架上	小浴巾	2条	小浴巾悬挂、大浴巾折叠摆放	
	大浴巾	2条		
淋浴间	地巾	1条	折叠悬挂放在淋浴间门把上	
	沐浴液	1瓶	放在淋浴间小搁架上	
	洗发液	1瓶		
	防滑垫	1个	卷起摆放	开夜床时平铺在淋浴间地面
坐便器上(旁)	手纸	1卷		
	卫生袋	2个		
	手纸架	1个		
	备用手纸	1卷		

模块二 职业认知

任务导入

职业认知——熟悉客房工作，进入职业角色

1. 分小组分别考察本地2~3家不同规模的酒店，了解不同酒店客房部组织机构。
2. 通过网络查找客房部机构编制、岗位职责等相关资料，尽快进入角色。
3. 每个小组整理一套客房部岗位职责，完成一份"客房工作的认知书"。
4. 教师总结、点评，讲解必要的知识点。

基础知识

要做好客房管理工作，必须对现代酒店客房部的业务范围和管理目标有一个清晰的认识。

一、客房部的业务范围

虽然酒店性质不同，酒店类型、规模、档次、管理模式等多种多样，但各家酒店客房部的业务范围都大同小异。

1. 管理客房

管理客房是酒店客房部的基本业务和中心工作，其主要工作和基本要求是：

（1）负责清洁整理客房

客房部的核心任务是清洁保养工作，做好客房的清洁整理，为销售部门提供合格的客房产品，满足客房销售的需要，同时为住客提供良好的休息与工作环境。

（2）负责客房维护和保养

维护和保养是客房管理工作的重要内容，其目标是保持客房设施、设备完好常新，保持客房产品的质量标准，保证和延长客房设施、设备的使用寿命，减少酒店维修和更新改造的资金投入。

（3）为住客提供优质的客房服务

服务是客房产品的核心。客房部不仅向客人出租客房，还要为住客提供系列服务，使住客住得安全、舒适和方便。

2. 负责酒店公共区域的清洁保养

公共区域是酒店的重要组成部分，其清洁保养的状况往往反映出酒店的管理水平，影响着公众对酒店的感受和评价，因此，酒店必须重视公共区域的清洁保养。为统一管理，在规范化管理的酒店中，公共区域清洁保养工作主要由客房部负责，客房部一般都设有专门的分支机构，即公共区域班组，简称为PA(Public Area)组。

3. 负责布草、员工制服及客衣的洗烫

大多数酒店都配有布草房和洗衣场，店属的布草房和洗衣场通常由客房部管理。客部需负责酒店布草、员工制服和客人衣物的洗烫工作,满足酒店对客服务和客人洗衣服务的要求。

除以上三项基本业务之外,部分酒店客房部还负责酒店的园林绿化和花草养护等工作。当然,客房部的业务范围和具体任务需视各家酒店具体情况而定。

二、客房部的管理目标

客房部是酒店企业的一部分,其管理目标与酒店的总目标是一致的,即追求理想的经济效益和社会效益。

1. 保证客房的产品质量

客房销售是酒店获取收入的主要途径之一,客房销售收入的多少主要取决于客房销售的数量和价格。客房销售的数量除了受酒店的价格政策、促销措施和销售人员的推销技巧等因素的影响外,客房产品本身的质量高低,即是否能够适应市场需求和满足客人的需求是至关重要的。因此,酒店必须分析研究市场的发展变化和客人对客房产品的需求,不断提高客房管理水平,保证客房产品的质量。

2. 保证酒店清洁保养水准

清洁保养是客房部的基本职能,是客房部大部分员工的主要工作。酒店清洁保养的水准很大程度上取决于客房部的工作。清洁保养水准体现了一家酒店的管理水平和服务质量,因此,保证酒店的清洁保养水准,是客房部的管理目标之一。

3. 增收节支

增收节支、开源节流是酒店创造经济效益,实现经营目标的基本原则和做法。客房部作为酒店的一部分,也应将增收节支作为经营之道和管理目标。

(1) 增收

客房部增收主要从两个方面着手:第一,加强对客房的管理,为销售部门提供保质保量的客房,积极配合销售部门做好客房销售工作,努力提高客房销售的业绩;第二,客房部要充分利用和挖掘自身的设施设备潜力和技术优势,拓展创收途径,如对外开展清洁保养和布草洗烫业务。

(2) 节支

在酒店业经营中,有这么一句话"少花一元钱,等于多收了十元钱",这句话道出了节支的重要性。客房部在日常运营过程中需要消耗大量的人力、物力和能源,这些消耗大多是可控的。所以客房部须严格内部管理,在保证质量标准的前提下,降低费用,减少支出。

三、客房部的组织机构

客房产品是酒店最主要的产品之一,客房部是专门管理客房产品的部门,其管理机构设置是否科学、合理、高效,直接影响客房产品的质量。客房部机构设置应遵循科学合理、高效精简的原则,以适应现代酒店经营管理的要求。

1. 组织机构设置原则

扁平化和小型化是目前客房部组织机构设置的基本趋势。

（1）扁平化

组织扁平化，是一种通过减少管理层次，压缩职能机构，裁减人员，使组织的决策层和操作层之间的中间管理层级越少越好，以便组织最大可能将决策权延至最远的底层，从而提高企业的效率。扁平化组织机构在客房部体现为：不少酒店压缩管理层，将主管和领班合为一级，在楼层客房推行免检制，减少督导层岗位与人数，提高工作效率与运转效率。

（2）小型化

小型化要求机构的规模要小，其分支机构的岗位设置尽可能做到少而精，以更好地强化管理、提高效率、提升服务品质。有不少酒店客房部将客房清扫和对客服务两个岗位合二为一；取消客房中心，推出宾客服务中心（对客服务一键式），将客房中心对客联络的职能与总机合并。

需要强调的是，组织机构设置的扁平化和小型化并不是简单地减少层次和岗位，而是需要管理者重新分析业务，整合工作流程，提高工作效率，更好地为客人服务。

2. 客房部组织机构

各家酒店性质、规模、档次、客源结构、服务方式等具体情况都不同，客房部的组织机构设置也不尽相同。目前我国酒店比较常见的客房部机构形态有以下两种：

（1）大中型酒店客房部组织机构

大中型酒店客房部业务范围比较广，其组织的规模也比较大，分工比较细（见图1-2）。

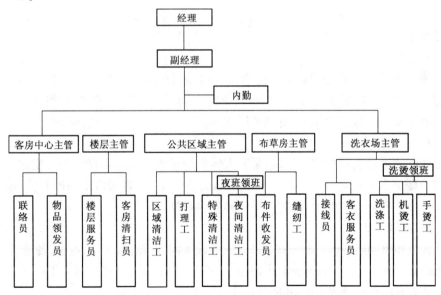

图1-2 大中型酒店客房部组织机构图

（2）小型酒店客房部组织机构

小型酒店客房部管理范围比较小，客房部一部分业务可采取外包制，如洗涤业务、公共区域清洁保养业务。客房部组织机构的层次和分支机构也比较少，要求员工一专多能，各个岗位工种往往是分工不分家(见图1-3)。

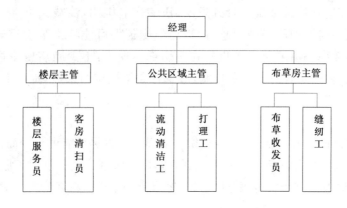

图1-3 小型酒店客房部组织机构图

考虑到酒店前厅部与客房部的联系极为密切,一些酒店将前厅部和客房部合二为一,称为"房务部"。也有少数酒店考虑到前厅部的销售功能,将前厅部划归酒店的公关销售部,而将客房部设置为独立的部门。

3. 客房部各业务机构的职能

(1) 经理室

客房部经理(办公)室主要负责处理客房部的日常事务,与其他部门的沟通协调等事宜。在设有客房中心的酒店,客房部的经理室一般与客房中心安排在一起,这样既可以节省空间,又方便管理,经理室的一些日常事务可以由客房中心的人员来承担,而无需再设专职内勤或秘书的岗位。

(2) 客房中心

客房中心是我国一部分酒店采用的客房对客服务模式。客房中心既是客房部的信息中心,又是对客服务中心,其主要职责为:负责统一调度对客服务工作,掌握和控制客房状况,负责失物招领、发放客房用品、管理楼层钥匙、与其他部门联络与协调等。

(3) 客房楼面

客房楼面由各种类型的客房组成,是客人休息的场所。每一层楼都设有供服务员使用的工作间。楼面人员负责全部客房及楼层走廊的清洁卫生,客房内用品的替换、设备的保养和简单维修工作,为住客和来访客人提供相应的服务。

(4) 公共区域(PA)

公共区域负责酒店各部门办公室、餐厅、公共洗手间、衣帽间、大堂、电梯、各通道、楼梯等公共区域的清洁保养工作。在部分酒店,还负责酒店的园林绿化工作。近几年,一些大中型酒店成立对外服务的专业清洁公司,开展对外经营服务,为酒店增加收入。

(5) 布草房

布草房主要负责酒店餐厅、客房布草和员工制服的收发、分类、保管和缝补,并储备足够的制服和布草以供周转使用。

(6) 洗衣场

洗衣场负责酒店布草、住客客衣、员工制服的洗烫工作。有条件的酒店还可承揽对外营业项目。

需要说明的是洗衣场的归属在不同的酒店有不同的管理模式,大部分酒店都归属于客房部,但在一些大型酒店,洗衣场独立成为一个部门。小型酒店规模小、洗涤业务量不大,通常不设洗衣场,洗涤业务可委托店外的洗涤公司承担。

四、客房部的岗位职责

客房部是由若干分支机构和工作岗位组成的,每一分支机构都有其专门的职能,每一工作岗位也都有其特定的职责。岗位职责又可称为"工作职责详述""主要(或关键、重大)职责"等,是关于"该职位主要做什么"的描述。按照现代管理学原理,科学合理地制定客房部各岗位的职责,是客房部人力资源管理的一项重要工作。

1. 制定岗位职责的原则

(1) 科学性原则

通过科学手段和技术进行工作分析,全面了解、获取与工作相关的详细信息,对具体岗位的工作任务、标准和要求进行收集、比较和分析,确定岗位胜任者的素质和条件,制定出详细、准确的岗位职责。

(2) 整分合原则

岗位职责需体现每个岗位的明确分工和岗位之间的有效整合,使各岗位职责清晰具体,且各个岗位上下左右之间同步协调,以发挥最大的组织效能。

(3) 对应性原则

每一专业职务岗位编制一份岗位职责,不同岗位职责的内容须充分显示岗位间的差异。

(4) 客观性原则

岗位职责要以"事"为中心,是针对岗位和任职者的,而不是针对现有岗位人员的。

(5) 规范性原则

规范性原则包括两方面的内容:一是岗位职责的格式要一致;二是描述语言要尽可能具体、规范,力求精准、干练,文字措辞应保持一致。

2. 制定岗位职责的要求

制定和描述岗位职责应该讲究一定的格式规范。一套完整、规范的岗位职责描述必须说明岗位名称、管理层级关系、基本职责、工作内容和工作时间等。

(1) 岗位名称

岗位名称又叫职务。组织机构中的每个岗位都应有其专用的名称,每个员工都有其明确的职务。在选择或确定岗位名称或职务名称时,应注意以下几点:

① 岗位名称应能准确反映该岗位的性质和基本职责。即从岗位名称上就能对该岗位是什么样的岗位、干什么工作有个基本的了解,如"客衣服务员"。

② 岗位名称对求职者具有一定的吸引力,使任职者有一定的荣誉感。

③ 岗位名称需符合行业及多数人的习惯。

(2) 管理层级关系

酒店实行严格的统一指挥和层级管理制度,在描述岗位职责时,必须说明各个岗位的直接上级和下级,必要时还应说明与之有直接业务联系的相关部门和岗位。

(3) 基本职责

基本职责是指某岗位在组织中扮演何种角色,主要承担什么样的责任,有哪些权力。

(4) 工作内容

工作内容指各岗位在其责任及权力范围内所应承担的具体工作任务。

(5) 任职资格

任职资格是指任职者必须具备的知识、技能、能力和个性等方面的要求。它常常以胜任职位所需的学历、专业、工作经验、工作技能、能力加以表达。

实践操作

由于一套客房部岗位职责描述内容较多,需占大量篇幅,本项目分别提供管理岗位与员工岗位作为范例,供学习和参考。

一、楼层领班岗位职责描述

1. 岗位名称

楼层领班

2. 管理层级关系

直接上级:客房部楼层主管

直接下级:楼层服务员、客房清扫员

3. 基本职责

检查、督导下属的工作,确保为宾客提供清洁、舒适、安全、高效的客房服务,使楼层各项工作均达到酒店要求的水准。

4. 工作内容

(1) 负责所管辖楼层人员的调配和工作安排。

(2) 负责下属员工的培训、指导和考核工作。

(3) 督促检查下属员工的工作,保证工作效率和质量。

(4) 及时处理员工工作中遇到的疑难问题。

(5) 处理客人投诉。

(6) 负责楼层设施设备及用品的管理,控制物品消耗。

(7) 负责楼层与相关部门的沟通协调。

(8) 负责楼层的安全。

(9) 了解客房用品、清洁器具和清洁剂的使用情况,并及时向上级报告。

(10) 做好交接班工作。

(11) 完成上级布置的其他各项工作。

5. 任职资格

(1) 有较强的责任心和服务意识,工作认真、踏实。

(2) 熟悉客房服务、清洁保养及基本的安全、消防知识,具有一定的客房管理知识。

(3) 具有一定的督导能力和应变能力,掌握客房服务技能,能熟练运用一门外语进行服务工作。

(4) 中专以上文化程度或同等学力,具有一年以上客房服务工作经验。
(5) 身体健康,精力充沛,仪表端庄。

二、客房清扫员岗位职责描述

1. 岗位名称
客房清扫员

2. 管理层级关系
直接上级:楼层领班

3. 基本职责
负责客房清洁保养工作,确保客房清洁保养质量标准。

4. 工作内容
(1) 负责客房日常清扫工作,保证客房清洁水准、物品配备、设备完好状况均符合酒店的标准。
(2) 正确使用清洁器具,并做好日常保养工作。
(3) 做好客房易耗品及棉织品的消/损耗控制,协助楼层服务员做好楼层物资管理工作。
(4) 注意客房的安全,发现异常情况,立即向上级报告。
(5) 保持楼层公共区域的整洁卫生。
(6) 检查客房设施设备,并报告待修项目。
(7) 协助楼层服务员做好对客服务等工作。
(8) 完成上级布置的其他各项任务。

5. 任职资格
(1) 热爱本职工作,品行端正,工作认真、踏实,富有责任心和敬业精神。
(2) 熟悉客房清扫整理的工作程序与质量标准,熟练掌握客房清扫与保养的技能。
(3) 熟悉客房各类清洁剂与清洁器具的性能特点、使用方法,掌握清洁器具日常保养的要求与方法。
(4) 具备客房安全保卫的基本常识。
(5) 能用一门外语(英语或日语)进行简单的会话。
(6) 初中文化程度或同等学力,接受过客房清扫业务培训。
(7) 五官端正,身体健康,精力充沛。

【小资料1-1】

客房部的"Runner"

一些国际品牌酒店在客房部设有Runner这个岗位,类似客房楼层服务员。主要工作为:检查走客房、跑(完成)任务,如收客衣、补充客房小酒吧物品、送租借物品等,帮助住客解决各种问题,满足客人合理的、个性化的需求。担任Runner的员工要求反应迅速、思维敏捷,有良好的职业素养,工作认真、细心,能够灵活应对突发事件。

项目小结

1. 客房产品与一般产品不同,有其自身的特点和要求。

2. 以人为本,宾客至上,是客房产品设计的基本理念。

3. 客房部业务范围广,清洁保养和对客服务是客房部的基本职能。

4. 保证客房产品质量,保证酒店的清洁保养水准,增收节支是客房部的管理目标。

5. 客房部组织机构的形态因酒店的类型、规模、档次、客源市场、建筑设备设施的功能布局、服务模式、员工素质等诸多因素的不同而各异,但组织机构的设置必须符合现代化管理的要求,即小型化、扁平化。

6. 岗位职责描述的基本内容包括岗位名称、层级关系、基本职责、工作内容、任职资格等。

项目测评

一、课后练习

1. 客房产品有哪些基本要求?
2. 酒店客房的常见种类有哪些?
3. 一间普通的客房通常有哪些空间区域?
4. 客房产品有哪些发展趋势?
5. 详述客房部的业务范围和管理目标。
6. 如何进行岗位职责描述?

二、课内／外实训

1. 参观实训宾馆,熟悉客房种类、功能布局及设备用品,画出客房功能布局平面图。
2. 熟悉客房客用物品的配备要求及摆放位置,分组练习配备客房客用物品。

三、拓展练习

1. 通过网络查找特色客房的相关资料及图片,并以"特色客房"为题制作成PPT课件,分小组在班级进行演示。
2. 在激烈的市场竞争中,没有特色的产品就没有竞争力。结合当地酒店业现状,谈谈如何打造客房产品的特色。
3. 按照一定的规范要求,整理一套客房部岗位职责。

项目二 客房清洁保养

学习目标

- 熟悉客房清扫整理工作的程序与标准
- 熟悉客房专项清洁保养的要求及项目
- 熟悉客房杀菌消毒的程序与标准
- 熟练掌握相关客房清洁保养技能,并能独立操作
- 能妥善处理客房清洁保养中的常见问题

清洁保养是客房部的主要工作。清洁保养工作的好坏直接影响到客人对客房产品的满意度,同时也直接影响酒店的形象、氛围和经济效益。客房清洁保养工作的主要评价指标是工作效率和工作效果,而工作效率和效果取决于员工技能的熟练程度、对质量标准的掌握与工作态度。本项目将重点介绍客房清洁保养工作的相关技能与知识。

模块一 客房日常清扫整理

任务导入

客房服务员的一天(1)

1. 学生以小组为单位,利用课余时间到实训宾馆或本地酒店跟班客房清扫工作,了解客房清扫员的一日工作安排。
2. 收集客房清扫的相关案例并分类汇总,小组讨论分析。
3. 以"客房服务员的一天"为题目,总结客房清扫工作的要点、选取客房清扫典型案例制作成PPT,小组代表课堂演示,教师点评总结。

住酒店,主要是住客房,有酒店管理专家曾经说过:客房是酒店的心脏,除非客房的装修完好、空气新鲜、家具一尘不染,否则你将无法让客人再次光临。美国一家机构曾经就影响宾客选择酒店的各种要素进行调查,其结果是:清洁卫生要素的得分率为63%,服务因素的得分率为42%,设备因素的得分率为35%。由此可见,在宾客选择酒店的诸多因素中,客房清洁卫生状况是"第一要求"。对客房业务不熟悉的人往往会认为客房清扫整理是一项简单的工作,其实不然,客房清扫整理是一项复杂的系统工程,其中包括准备工作、客房清扫整理、客房专项清洁保养等工作,环节多、项目多、技能多。

工作任务一　工作准备

基础知识

客房服务员清扫客房前,需要了解核实客房状态,做好相应的准备工作。

一、了解核实客房状态

客房状态是动态的,处在变化中,不同的客房状态反映了客人不同的需求。服务员整理客房前,必须先了解自己所要清扫的客房状态,从而合理安排客房清扫整理的顺序。

为方便输入及填写,酒店的客房状态通常都采用英文缩写法。常见的客房状态有以下几种:
① OCC（Occupied）,住客房,即客人已经租用的房间。
② VD（Vacant Dirty）,脏的空房,指客人已退房还没有清扫出来的房间。
③ VC（Vacant Cleaned）,可出租空房,表示已清扫完毕,可以出租的房间。
④ VIP（Very Important Person）,贵宾房,表示该客房住客是酒店的重要客人。
⑤ LSG（Long Staying Guest）,长住房,即长期由客人租用的房间,亦称"长包房"。
⑥ OOT（Out Of the Turn）,保留房,表示该客房住客临时外出几天,但不退房。
⑦ OOO（Out of Order）,待修房,表示该房间因设施设备发生故障,暂不能出租。
⑧ EB（Extra Bed）,加床,该房间有加床。
⑨ E/D（Expected Departure）,预期离店房,表示该房间住客应退房,但现在还未办理退房手续。

客房服务员在核实房态和清扫客房时,还会发现以下的房间状态:
⑩ 请勿打扰房,DND（Do Not Disturb）,表示客人因个人原因不愿服务人员打扰。
⑪ 请即打扫房,MUR（Make Up Room）,表示客人需要服务员立即打扫的房间。
⑫ 无行李房,N/B（No Baggage）,该房间的住客无行李,应及时通知总台。
⑬ 轻便行李房,L/B（Light Baggage）,住客行李很少的房间,应及时通知总台。
⑭ 客人外宿房,S/O（Sleep Out）,表示该房已出租,但客人昨夜未归。为防止发生逃账等意外情况,服务员应及时通知总台。

二、安排客房清扫顺序

客房服务员应按什么顺序清扫客房？有些服务员以房号为序,挨间进行清扫,从走廊的这一端到走廊的另一端,看起来好像是最方便、最高效的方法,但是没有考虑酒店和客人的需求:酒店要先将走客房清扫出来以供出租,一些客人不想受到打扰,他们可能不愿最先清扫或最后清扫。因此服务员在安排客房清扫顺序时,需考虑两个方面的问题:一要满足客人的需要,二要尽可能加快客房的周转。

1. 旅游旺季

旅游旺季,客房出租率比较高,房间往往是供不应求,清扫客房的顺序一般安排如下:
(1) 总台急需房(此类房通常是总台为将抵店的预定客人预排的客房)。

(2) 走客房。
(3) 空房。
(4) 挂有"Make Up Room"的房间或客人口头上提出要求打扫的房间。
(5) VIP 房。
(6) 普通住客房。
(7) 待修房。

2. 旅游淡季

旅游淡季客房出租率不高，房间需求量不大，应尽量先考虑满足客人的特殊需求，客房清扫顺序一般作如下安排：

(1) 挂有"Make Up Room"的房间或客人口头上提出要求打扫的房间。
(2) VIP 房间。
(3) 走客房。
(4) 普通住客房。
(5) 空房。
(6) 待修房。

在实际工作中，服务员还需应根据客房出租率、客源的不同及客人的具体情况灵活调整。

3. 其他客房的清扫

(1) 长包房客人起居生活有一定的规律性，清扫时间应与客人协商。
(2) 当日预期离店房如客人没有特别需求，一般待客人退房后再安排清扫。

4. "请勿打扰"房的处理

发现房门有"请勿打扰"的标志或房间上了双锁，服务员可主动将相应告示条从门缝中塞进客房，以提示客人。

告 示 条

尊敬的宾客：

非常抱歉，因为下列原因未能及时为您提供清扫/夜床服务：

☑ 门上挂了"请勿打扰"牌

☐ 双锁

☐

若您需要，请拨打电话 ___7___，我们将随时为您服务。

谢谢！

客房部

个性化的告示条

尊敬的<u>李先生</u>：

非常抱歉，因为下列原因未能及时为您提供清扫/夜床服务：

☑ 门上挂了"请勿打扰"牌

☐ 双锁

☐

若您需要，请拨打电话__7__，我们将随时为您服务。
谢谢！

服务员　王丽

日期　6月5日　时间　8：00时

三、布置房务工作车

房务工作车是客房服务员整理、清扫房间的主要工具。房务工作车使用是否方便，工作车上的用品是否齐全，都会直接影响工作效率。房务工作车一般在前一天下班前布置好，服务员第二天进房工作前，还应作一次检查，做到车辆内外清洁、完好，布草、客用品和文具用品齐全、摆放整齐，清洁剂和清洁工具充足。

房务工作车摆放的物品及规格应作统一规定，管理者需为客房服务员提供一份清洁设备和物品的清单，这些设备和物品是维持客房清扫工作所必不可少的，下面提供某五星级酒店房务工作车物品配备及布置的要求，供学习和参考（见图2-1）。

		空　　　置		
美容中心介绍	酒店介绍书	女宾袋		请勿打扰及请即打扫牌
	酒水价目卡5个	信纸50张		
地图5张	维修卡、意见卡各5个	信封30个		
明信片两款各10张	电话记录本10本	擦鞋纸10张		旅游指南5本

垃圾袋2个	红茶　15包 花茶　15包 普洱茶15包 龙井茶15包 洗发液15支 洗浴液15支	浴帽12盒	铅笔10支	圆珠笔10支	火柴14盒	大香皂小香皂各12块	茶杯8个 冷水杯 漱口杯各7个
		擦鞋布10块			电线胶2个	订书机1个	请送卡行李胶贴杯垫各20张针线包10个	

		备　品　箱		杯　具		
垃圾袋	回收袋	浴巾16条　黄枕袋23个 白枕袋8个		洗衣袋、礼品袋各10个	脏布袋	布草袋
		面巾纸8盒 卷纸5卷	地巾10条	面巾30条 方巾10条		
	清洁篮	黄色床单30张 白色床单3张				

图2-1　房务工作车布置规格

四、准备清洁器具

1. 将清洁工具和清洁剂放进清洁篮中,清洁篮放在工作车上合适的位置。清洁工具须分区摆放。

2. 抹布是清洁整理客房的必备用品,通常需要准备3~5条抹布,干湿分开,分区使用。不同用途的抹布应用不同颜色加以区分。抹布须干净、卫生。

3. 吸尘器是客房清扫不可缺少的清洁工具,使用前需检查是否有漏风、漏电现象,部件是否齐全、配套,集尘袋内的垃圾是否已倒掉,保证吸尘器使用正常。

实践操作

一、布置房务工作车

表2-1 房务工作车的布置

操作步骤	操作要领	质量标准
1. 清洁工作车	(1) 用半湿抹布将工作车内外擦净、擦干 (2) 检查工作车有无损坏	工作车整洁、完好
2. 挂放布草袋和垃圾袋	将布草袋和垃圾袋分别挂在车旁的钩上	挂钩不能脱落
3. 准备布草	(1) 按标准配备数量将布草放入工作车中 (2) 床单、被套、枕套放下层,毛巾类放中层	布草单口朝外,方便取用
4. 准备客用品	将各种客用物品(主要是客用消耗品)放在架顶,按规定位置摆放整齐	客用物品摆放美观整齐、方便拿取
5. 准备清洁篮	清洁篮放在工作车上合适的位置	清洁工具用品齐全
6. 停放工作车	将工作车推至规定的摆放位置	按规定摆放

二、准备清洁篮

表2-2 清洁篮的准备

操作步骤	操作要领	质量标准
1. 检查	检查清洁篮,保证里外清洁	清洁篮整洁、完好
2. 摆放清洁剂和清洁用品	将清洁剂、脸盆刷、恭桶刷和浴缸刷等清洁工具及用品放入清洁篮中	清洁工具、用品有序摆放

【小资料2-1】

目前,一些高星级酒店客房部取消了传统的工作车,推行提篮操作的方法,即将客房清扫所需要的一些客用物品放在手提工作篮中(见图2-2)。其好处是,可以避免推动工作车时楼层墙体受损、地毯受重压,影响楼层美观整洁。弊处是,手提篮只能摆放一部分清洁整理客房时所需的物品,服务员清扫房间时,需要多往返于工作间与客房之间,补充拿取被套、毛巾等物品,会影响客房清扫的速度。客房部可根据本酒店具体情况,

图2-2 工作篮

考虑是否需要采用提篮操作法。有些酒店采取了灵活的做法：早班客房清扫工作量大，要补充、更换的物品较多，可继续保留工作车；中班主要提供开夜床服务，工作量较小，所需更换、补充的客用物品也较少，可采用提篮操作法。

上海华尔道夫酒店采用了拉杆车的做法，将清洁整理客房时所需的消耗品、清洁用品及部分布草放在拉杆车内（见图2-3～图2-4），清洁用品放在拉杆车后侧（见图2-5），既方便操作，又不需要来回到工作间取拿物品。

图 2-3 拉杆工作车(1)

图 2-4 拉杆工作车(2)

图 2-5 拉杆工作车(3)

学生实训

一、布置房务工作车

实训地点：客房操作基地。
实训要求：
1. 学生分组布置房务工作车。
2. 小组自评、互评，教师点评。

二、配备工作篮

实训地点：实训宾馆。
实训要求：分组按一定要求配备清洁篮。

工作任务二 客房清扫整理

基础知识

一、客房清扫整理的要求

不同的客房状态清洁整理要求不尽相同。

1. 简单清洁的房间

空房、保留房等房间因前一天没有客人住，只需进行简单清洁整理，一般只进行吸尘、擦拭灰尘、放掉水龙头积存的陈水等工作。

2. 一般清扫的房间

一般清扫的房间需要清洁整理客房和卫生间、补充客用物品,续住房和长包房属于这一类房间。

3. 彻底清扫的房间

房间需要彻底的清扫整理,走客房属此类房间。

4. 临时性的简单整理

根据酒店接待规格和客人要求,客房部需提供临时性的简单整理,主要工作有:整理客人动用过的床铺和卫生间,必要时补充肥皂、火柴等客用消耗品。临时性简单整理的目的是恢复客房的原状,保持客房处于良好的状态。VIP房通常提供此项服务。

二、客房清扫整理的方法

客房清扫整理需按照一定的方法进行,以求合理高效。

(1) 走客房通常先清扫卫生间后清扫卧室,其目的是让卧室和席梦思床垫通风透气。住客房则相反,先清扫卧室后清扫卫生间,原因是在清扫过程中,如果客人中途回房,可以有一个整洁干净的卧室以便休息。

(2) 环形整理,清扫客房时应按同方向的顺序从左到右或从右到左环形进行,以免重复或遗漏。

(3) 从上到下,从里到外,先铺后抹,依次进行。即清扫整理客房时应先铺床后擦拭(抹)浮尘,以避免铺床时灰尘扬起落在房间家具、床铺上;擦拭客房浮尘时应从上到下、由里及外、循序进行。

(4) 干、湿分开。干湿抹布分开使用,干抹布用于擦拭镜面、电器、床头柜上方等处,半湿抹布用于擦拭家具等处。

实践操作

一、清扫整理走客房

走客房需彻底检查、全面清扫整理。

表2-3 走客房清扫整理程序

操作步骤	操作要领	质量标准
1. 进入客房	按进房程序进入客房	规范操作
2. 停放工作车	工作车挡住房门,开口向着房内	防止闲杂人员进入客房
3. 检查电源开关	(1) 检查灯具有无损坏 (2) 熄灭多余的灯	发现损坏灯具及时更换
4. 开窗户或开空调	打开窗户,注意风沙大的天气或阴雨天不能开窗,可将空调通风系统调至酒店规定的档位	保证客房内空气清新、无异味
5. 拉开窗帘	厚薄两层窗帘都要拉开	注意窗帘挂钩有无脱落
6. 检查客房	检查客房是否有客人遗留物品、是否有被客人带走或损坏的物品	检查需仔细

续表 2-3

操作步骤	操作要领	质量标准
7. 检查客房小酒吧	检查客房小酒吧有无消耗。若有,及时补充	认真检查,无漏查
8. 收集烟缸及杯具	(1) 将脏烟缸放入卫生间备洗 (2) 杯具最好更换	杯具采用更换的方式更为卫生、时效
9. 收集垃圾	(1) 将垃圾倒入工作车上大垃圾袋中 (2) 清洁垃圾桶 (3) 更换垃圾袋	严格执行酒店有关节能降耗和绿色酒店的质量标准
10. 撤床	按撤床程序撤床	动作快捷
11. 清洁卫生间	按卫生间清扫程序清洁卫生间	卫生间清洁、无异味
12. 铺床	按铺床程序铺床	床铺美观平整
13. 除尘除迹	(1) 按同一方向顺序,从上至下,从里至外擦拭房间浮灰 (2) 注意逐项检查设备是否好。若有损坏,立即报修 (3) 记住需更换或补充的客用品 (4) 特别要注意抽屉、衣橱的清洁	(1) 注意边角处,避免遗漏 (2) 干湿抹布须分开使用 (3) 彻底清洁
14. 补充房间用品	根据酒店规定的房间用品量及摆放位置补充用品	一次性补齐放好
15. 吸尘	(1) 由里到外进行吸尘 (2) 边吸边检查地毯有无破损、污迹 (3) 边吸边调整家具 (4) 注意边角处的吸尘	地面干净无杂物
16. 关窗户、拉窗帘	轻轻将纱窗帘拉上,将遮光窗帘拉至刚好遮住窗框的位置	纱窗帘须合拢
17. 自我检查	环视客房,检查有否遗漏之处	确保客房清扫质量
18. 关闭空调	将空调关闭	执行酒店有关节能降耗标准
19. 关门离房	关灯后退出	关门后注意回推一下,确保房间门锁上
20. 填写《客房服务员工作日报表》(见表2-4)	按要求逐项填好	填写及时、准确

表 2-4 客房服务员工作日报表

楼层_____　　　　姓名_____　　　　日期___月___日

房号	状况	人数	清扫时间		维修项目	备注	当日专项清洁保养:
			入	出			
01	OCC	2					
02	VIP	1					
03	OOO						
04	LSG	1					
05	VC						
06	OCC	1					

续表2-4

房号	状况	人数	清扫时间		维修项目	备注	上级指令：
			入	出			
						其他事项：

【特别提示】入住一家酒店的客人绝对不希望在自己的房间里看到任何会使他们联想到有人曾在此处居住过的痕迹。一般来说，最令客人反感的痕迹包括：留在卫生间洗脸盆和浴缸里、卫生间地面上的毛发丝，有污渍的地毯和布草，抽屉里前一位客人忘了拿走的个人用品等。因此，走客房需彻底整理，尤其要注意床底、衣橱、抽屉内，不能留有前一个客人留下的痕迹。

【案例2-1】

一张名片的风波

某天，住客王先生投诉，他上午离开酒店，晚上回房后，发现床头柜上多了一张名片，名片上的姓名他并不熟悉，怀疑是有外人光顾他的房间了。酒店了解，原来是服务员当天清扫该客房时，发现床底下有一张名片，以为是住客王先生掉落下来的，就捡起来放在床头柜上了。接到王先生投诉后，才发现这张名片可能是上一个住客留下来的。

点评：走客房未仔细检查、彻底清扫，导致了不该出现的投诉。

二、清扫整理住客房

走客房清扫整理主要是为了尽快提供给前台出租，住客房清扫整理则需考虑住客的需要。一般安排在客人外出时进行。如果客人整天都不出门，需根据客人的方便，抽空清洁。住客房的清扫整理与走客房要求基本相同。

表 2-5 住客房清扫整理程序

操作步骤	操 作 要 领	质 量 标 准
1. 进入客房	按进房程序进入客房	规范操作
2. 停放工作车	(1) 工作车挡住房门,开口向着房内 (2) 在客房门把上挂上"清洁中"的牌子(见图 2-6)	防止闲杂人员进入客房
3. 检查电源开关	(1) 检查灯具有无损坏 (2) 熄灭多余的灯	发现损坏灯具及时更换
4. 开窗户或开空调	(1) 打开窗户,注意风沙大的天气或阴雨天不能开窗,可将空调通风系统调至饭店规定的档位 (2) 如果客人在房,则需征求客人的意见	保证客房内空气清新、无异味
5. 拉开窗帘	厚薄两层窗帘都要拉开	注意窗帘挂钩有无脱落
6. 环视客房	检查客房是否有异常情况	发现问题及时上报
7. 检查客房小酒吧	(1) 检查客房小酒吧有无消耗。若有,及时补充 (2) 通过电话将账款输入电脑,填写账单	认真检查,无漏查
8. 收集烟缸及杯具	(1) 将脏烟缸放入卫生间备洗 (2) 杯具最好更换	杯具采用更换的方式更为卫生、时效
9. 收集垃圾	(1) 将垃圾倒入工作车上大垃圾袋中 (2) 清洁垃圾桶 (3) 更换垃圾袋	严格执行酒店有关节能降耗和绿色酒店的质量标准
10. 撤床	按撤床程序撤床	动作快捷
11. 铺床	按铺床程序铺床	床铺美观平整
12. 除尘除迹	(1) 按同一方向顺序,从上到下,从里至外擦拭房间浮灰 (2) 注意逐项检查设备是否完好。若有损坏,立即报修 (3) 记住需更换或补充的客用品 (4) 特别要注意抽屉、衣橱的清洁	(1) 注意边角处,避免遗漏 (2) 干湿布须分开使用 (3) 彻底清洁
13. 补充房间用品	根据酒店规定的房间用品量及摆放位置补充用品	一次性补齐放好
14. 清洁卫生间	按卫生间清扫程序清洁卫生间	卫生间清洁、无异味
15. 吸尘	(1) 由里到外进行吸尘 (2) 边吸边检查地毯有无破损、污迹 (3) 边吸边调整家具 (4) 注意边角处的吸尘	地面干净无杂物
16. 关窗户、拉窗帘	轻轻将纱窗帘拉上,将遮光窗帘拉至刚好遮住窗框的位置	纱窗帘须合拢
17. 自我检查	环视客房,检查有否遗漏之处	确保客房清扫质量
18. 调空调	(1) 将空调调至酒店规定的温度 (2) 客人在房则需征求客人的意见	温度适宜
19. 关门离房	(1) 关灯后退出房间,关上房门 (2) 客人在房,需礼貌向客人道别,然后退出房间,关上房门	关门后注意回推一下,确保房门锁上
20. 填写《客房服务员工作日报表》(见表 2-4)	按要求逐项填好	填写及时、准确

【特别提示】清扫整理住客房时需要特别注意：

1. 尽量避免打扰客人，最好在客人外出时打扫或客人特别吩咐才去做。

2. 征求客人意见。进入客人房间前先按门铃或敲门，房间无人方可进入房间，房间有人时，需得到客人允许。

3. 服务员须养成随时检查那些客人未作交代、不急于处理的事情的习惯。

4. 先清理卧室，再清理卫生间。由于住客随时可能回来或住客在房间里，因此应先把卧室整理好，让客人有一个清爽干净的环境。

图 2-6 "清洁中"的挂牌

5. 住客房内的抽屉不需抽出清洁，衣橱平时只需做面上的清洁，以免引起客人误会。

6. 小心整理客人物品，要特别留意，尽量不触动客人的物品，更不要随意触摸客人的照相机、计算器、笔记本和钱包等贵重物品。

7. 房间整理完毕，离开房间时，若客人不在房间，需关好总电开关，锁好门。若客人在房间，要礼貌地向客人表示谢意，然后退出房间，出去后轻轻关上房门。

【案例 2-2】

重要的便笺

某四星级酒店，实习生小张正在清扫一间客房。她收垃圾时，看到床头柜上有一张揉成一团的便笺纸，认为是客人不要的废纸，就顺手丢进了垃圾袋中。此房间整理完毕后，她就去整理其他房间了。不久，该房间的客人回房了，急匆匆地找到小张问："服务员，你有没有看到一张小纸条？小纸条上有电话号码。"

小张一听就傻眼了，问道："您的电话号码是不是在床头便笺纸上写的？"客人说："我记得好像是在床头柜那儿。"

"对不起，我马上去找。"小张边说边来到工作车的垃圾袋旁，翻了半天，总算找回了客人记有电话号码的小便笺。

经此事后，小张懂得了住客房内无论是什么物品，哪怕是张小纸片，只要是客人的东西，都不能随便当垃圾处理，否则不仅会引起投诉，而且会给客人带来很大的麻烦。

点评：清扫整理客房必须按规范操作，清洁住客房时，对属于客人的物品，服务员只能是稍加整理，不能随意挪动位置，更不能将客人的物品擅自进行处理，哪怕是空瓶、空盒，只要客人没有扔入垃圾桶中，就需谨慎对待。"细微之处见功夫"，员工养成细心负责的工作作风，认真按规范去操作，才能保持酒店的服务水准，避免此类事情的发生。

三、进入客房程序

"客房是客人的"，服务员进入客房前，都应养成敲门（或按门铃）通报的习惯。

表2-6 进入一间客房

操作步骤	操作要领	质量标准
1. 观察门外情况	(1) 有无"请勿打扰"标志,若有,则不能按门铃(敲门) (2) 有无客人在房的迹象,客人是否可能允许进房	避免打扰客人
2. 按门铃(敲门)	(1) 站立在门前适当位置,姿势要规范 (2) 按门铃,或以左手或右手指的中关节在门上轻敲三下 (3) 敲门时轻重适当,声响适度,节奏不宜过快	(1) 用铃声(敲门声)通报客人 (2) 不能连续按门铃或敲门
3. 等候	(1) 注意房内有无发问声,如客人问:"谁?"可回答:"服务员,可以进来吗?"外宾房,则用外语,如:"House-keeping, May I come in?" (2) 若房内无发问声,等候3~5秒钟后,第二次按门铃(敲门)	(1) 切勿立即开门 (2) 给客人反应或准备时间
4. 第二次按门铃(敲门)	(1) 与第一次按门铃(敲门)应间隔3~5秒钟 (2) 按门铃(敲门),方法同第一次,只是敲门适当加重一些	不能连续按门铃(敲门)
5. 第二次等候	同第一次等候	给客人充足的时间
6. 开门通报	(1) 将门打开一条缝隙后在门上轻敲三下 (2) 自报家门,征求客人意见。如:"早上好!我是客房服务员,可以进来吗?"说话声音要平稳、清晰	(1) 通知客人你已进房 (2) 开门后发现客人在睡觉或洗漱,则不能进房
7. 进入客房	(1) 将门打开并靠定,房内有客人工作车挡住房门1/3,无人则挡住房门 (2) 轻步进入客房	开门勿用力过猛

四、铺床

铺床是客房服务员进行客房清扫时的一项重要内容,铺床方法是否科学,不仅影响床铺效果及客人睡觉时的舒适程度,而且影响服务员的工作效率,进而影响客房部人力资源的使用和酒店的经济效益。

科学的铺床方法应符合美观整洁、舒适方便、高效快捷的原则。上世纪90年代后,酒店都采用中式铺床方式,西式铺床已经基本被淘汰。

1. 中式铺床及撤床

表2-7 铺床

操作步骤	操作要领	质量标准
1. 整理床垫	(1) 将床垫放平,留意床垫角落所做标记是否符合本季度标记 (2) 注意席梦思保护垫是否干净、平整,四角松紧带是否套牢在床垫四角	保护垫干净、平整,若有污染及时更换
2. 抛单	站在床侧(或床尾甩单),将折叠的床单正面朝上,两手分开,用拇指和食指捏住第一层,其余三指托住后三层,将床单向前抖动,待其降落时,利用空气浮力调整好位置	床单正面朝上,中折线居中,两侧下垂长度均等
3. 包边包角	用直角手法包紧床头、床尾四角,将床单塞至床垫下面	四角包式角度一致、包角均匀紧密

续表 2-7

操作步骤	操作要领	质量标准
4. 套被套	(1) 将被套打开 (2) 将被子两头塞入被套两个角内,整理好 (3) 将被子另两头塞入被套内 (4) 抖动被子,使其平铺在床垫上。被子两侧下垂均等 (5) 被子与床头平齐,再反折45厘米作被头,被套开口在床尾	(1) 被套四角饱满、平整 (2) 被面平整、美观
5. 套枕套	将枕芯塞入枕套	枕头四角饱满
6. 放枕头	将枕头放在与床头平齐的位置,与床两侧距离相等	居中摆放,外形平整

图 2-7 中式铺床床面效果图

表 2-8 撤床

操作步骤	操作要领	质量标准
1. 卸下枕套	(1) 双手执枕头套角,将枕芯抖出 (2) 注意检查有无夹带客人物品 (3) 检查枕芯是否干净,随脏随洗	保持枕芯干净
2. 卸下被子	一手执被套,一手拿住被子,将被子从被套中抽出	注意勿用力过猛
3. 撤床单	(1) 将床单四个角拉出,拆下床单 (2) 注意检查席梦思保护垫是否干净,随脏随洗	席梦思保护垫干净、平整
4. 收脏布草	将撤下的布草放入布草袋中	脏布草不能放在地上

【特别提示】撤床时需要注意枕套、床单、被套中有无夹带客人物品。

【案例 2-3】

500 元钱"不翼而飞"

住某四星级酒店的王先生一天下午办完事情回到酒店,打开他住的 502 房间,发现房间已经清扫过了,床上被套等棉织品也撤换了。他突然想起来昨夜将 500 元钱临时藏在枕套中的,于是赶紧去翻看枕头,一看枕套已经换过了,500 元钱不翼而飞了。王先生立即向酒店报失了。客房部接报后,向当班客房服务员了解了情况,服务员说做房时没有发现什么 500 元钱的。500 元钱是不是还在枕套里呢? 当天撤换下来的脏布草已经送到洗衣场了,于是客房部马上组织人手到洗衣场中翻找脏布草,终于在一个枕套中找出客人的 500 元钱,交回了客人。

点评:还算幸运,从客人房间撤换下来的脏布草还没有清洗,500 元钱得以完璧归赵了。本案例提醒客房服务员在撤床时需要细心,注意检查枕套、床单、被套中有无夹带客人物品。

2. 西式铺床及撤床

表 2-9 铺床

操作步骤	操 作 要 领	质 量 标 准
1. 拉出床铺	屈膝蹲下,双手将床慢慢拉出至易整理位置	便于操作
2. 整理床垫	(1) 将床垫放平,留意床垫角落所做标记是否符合本季度标记 (2) 注意席梦思保护垫是否干净、平整,四角松紧带是否套牢在床垫四角	席梦思保护垫干净、平整,若有污染及时更换
3. 铺垫单	站在床侧(或床尾甩单),将折叠的床单正面朝上,两手分开,用拇指和食指捏住第一层,其余三指托住后三层,将床单(垫单)向前抖开,待其降落时,利用空气浮力调整好位置	垫单正面朝上,中折线居中,两侧下垂长度均等
4. 包边包角	用直角手法包紧床头、床尾四角,将床单塞至床垫下面	四角角式角度一致、包角均匀紧密
5. 铺衬单	方法同操作步骤3"铺垫单"	垫单反面朝上,中折线居中,两侧下垂长度均等
6. 铺毛毯	(1) 站在床侧(或床尾)将毛毯抛出,铺平在床面上 (2) 将毛毯连同床单反折25厘米作被头	毛毯正面朝上,与床头并齐,两端下垂部分匀等,商标置于床尾右下角
7. 翻边包角	用直角手法包紧床头、床尾四角,将床单及毛毯塞至床垫下面	四角角式角度一致、包角均匀紧密
8. 套枕套	将枕芯塞入枕套	枕头四角饱满
9. 放枕头	(1) 将枕头放在与床头平齐的位置,与床两侧距离相等 (2) 枕头开口理顺,开口背向床头柜	枕头居中摆放,外形平整
10. 铺床罩	从床尾开始,将床罩铺在床面上。床罩两侧下垂均等,床罩床尾两角垂直、挺直,离地1~2厘米,床罩盖没枕头,不露白边,枕线美观	床面平整美观

图 2-8 西式铺床床面效果图

表 2-10 撤床

操作步骤	操 作 要 领	质 量 标 准
1. 卸下枕套	双手执枕头套角,将枕芯抖出	(1) 注意检查有无夹带客人物品 (2) 检查枕芯是否干净,随脏随洗
2. 揭下毛毯	将毛毯连同床单四个角拉出	(1) 注意勿用力过猛 (2) 毛毯床需一条一条拆除
3. 撤床单	逐条撤除床单	注意检查席梦思保护垫是否干净,随脏随送洗
4. 收脏布草	将拆下的布草放到布草袋中	脏布草不能放在地上

五、清扫整理卫生间

卫生间的清洁卫生是客人特别注重的。客房服务员清扫卫生间时,清洁工具及抹布须分开使用,地漏和水龙头下水塞易藏污纳垢,须每天洗刷干净。

表 2-11 卫生间清扫整理程序

操作步骤	操作要领	质量标准
1. 开灯、准备清扫	(1) 检查灯具有无损坏 (2) 将小地毯放在卫生间门口 (3) 清洁篮放在卫生间适当之处	(1) 灯具完好 (2) 方便操作
2. 恭桶放水	(1) 掀起恭桶盖板,轻按放水掣 (2) 待水抽完后,喷适量清洁剂在恭桶中	使清洁剂充分溶于水中
3. 撤出垃圾	撤出垃圾,放进工作车上的大垃圾袋中	严格执行酒店有关节能降耗和绿色酒店的质量标准
4. 收布草	撤走用过的毛巾,放入工作车上的布草袋内	脏布草不能放在地上
5. 清洗垃圾桶、烟缸、皂碟	用清水冲洗干净、擦干	清洗干净、擦干
6. 擦洗脸盆及水龙头等金属器件	(1) 先用湿抹布擦洗,再用干抹布擦干 (2) 注意下水塞、下水口的清洁	无污迹、无水迹,光亮
7. 清洗淋浴房	(1) 用温水冲洗淋浴房玻璃及玻璃门 (2) 用玻璃刮自上而下擦拭玻璃表面。按顺序从上部开始不断地从左至右擦洗,然后反过来,从右到左,一直往下擦洗到底部。必要时使用玻璃清洁剂 (3) 用温水冲洗淋浴房墙壁,海绵块蘸少许中性清洁剂擦除金属器件的皂垢、水斑 (4) 将墙壁和金属器件用干抹布擦干、擦亮 (5) 用专用抹布擦净淋浴房地面	(1) 无污迹、无水迹 (2) 设备完好有效
8. 清洗浴缸	(1) 关闭浴缸活塞 (2) 放少量热水和清洁剂在浴缸中,用浴缸刷清洗浴缸内外、墙壁、浴帘、金属器件 (3) 打开活塞,流走污水 (4) 用温水冲洗墙壁、浴缸,抹布擦干、擦净	(1) 无污迹、无水迹 (2) 设备完好有效
9. 清洗恭桶	(1) 用恭桶刷刷洗恭桶内壁,冲洗干净 (2) 用专用的抹布将恭桶内外壁及盖板擦干擦净	须用专用的清洁工具、抹布清洁恭桶
10. 擦净电话机	将电话机听筒、机身、电话线擦干净,放好	定期用酒精棉球消毒
11. 除尘除迹	(1) 用干抹布将洗脸台四周瓷壁擦干擦净 (2) 用干湿抹布擦拭镜面,再用干抹布擦净擦亮	注意边角处,无遗漏
12. 补充毛巾	补充干净毛巾,并按规定折叠、摆放	补充齐全
13. 补充用品	将用品按规定补齐,摆放整齐	一次性补齐放好
14. 擦拭地面	(1) 用专用抹布从里到外,沿墙角平行擦净整个卫生间地面 (2) 注意边角和地漏处	地面洁净
15. 吸尘	用吸尘器从里到外吸尘	地面干净无杂物
16. 自我检查	检查有否遗漏之处	保证卫生质量
17. 关灯关门	(1) 将卫生间门虚掩(留一个拳头空隙) (2) 撤走清洁用具	便于卫生间通风透气

【小资料 2-2】

"一抹净"抹布

为避免服务员在清扫客房时混用抹布，一些酒店客房部专门配有一块"一抹净"抹布，每个房间配 1 块，客房服务员一个班次如果清扫 12 间客房，就配 12 块一抹净，专用于卫生洁具和地面的清洁。使用时要求服务员将已洗刷过的脸盆、浴缸（淋浴房）、恭桶和地面依次从上到下用"一抹净"擦干擦净，用过的"一抹净"放入工作车送洗衣场洗涤，清扫第二间客房时，就另用一块干净的"一抹净"，给服务员工作提供必要的帮助。

六、清洁整理空房

空房长期处于空闲的状态，地面上可能有脚印，房间有灰尘、异味。为保持空房处于良好的、随时可出租的状态，客房服务员每天须对空房进行简单的清洁整理。主要工作为：擦拭浮尘、检查房内设备设施、给房间通风换气、水龙头放流水，连续几天空房，则需吸尘；卫生间毛巾若因干燥失去弹性，需在客人入住前进行更换。

表 2-12 空房清洁整理

操作步骤	操作要领	质量标准
1. 进入客房	根据进房程序进入客房	规范操作
2. 检查电源开关	(1) 检查灯具有无损坏 (2) 关闭多余的灯	发现损坏灯具及时更换
3. 开窗户或开空调	打开窗户，注意风沙大的天气或阴雨天不能开窗，可将空调通风系统调至饭店规定的档位	保证客房内空气清新、无异味
4. 除尘除迹	(1) 按顺时针或逆时针方向，从上到下，从里至外擦拭房间浮灰 (2) 注意逐项检查设备是否完好。若有损坏，立即报修	(1) 注意边角处，避免遗漏 (2) 干湿布须分开使用
5. 清洁卫生间	(1) 洗脸盆水放流 1 分钟 (2) 检查卫生洁具使用是否正常 (3) 卫生间除尘除迹	水质洁净，设施完好
6. 吸尘	(1) 由里到外进行吸尘 (2) 边吸边检查地毯有无破损、污迹	地面干净
7. 自我检查	检查是否有遗漏之处	确保卫生质量
8. 关窗或关闭空调	关上窗户或将空调关闭	按照酒店规定操作
9. 关门离房	将门轻轻关上	关门后注意回推一下，确保房门锁上
10. 填写《客房服务员工作日报》（见表 2-4）	按要求逐项填好	填写准确、及时

七、简单清洁整理客房

客房简单清洁整理的主要工作有：整理客人动用过的床铺和卫生间，恢复客房的原状，必要时补充茶叶等客用消耗品。对客房进行简单清洁整理，可以使客人每次外出回到房间都有一个清洁舒适的环境，给客人留下良好印象。VIP 客房通常提供此项服务。

表 2-13 客房的简单清洁整理

操作步骤	操作要领	质量标准
1. 进入客房	按进房程序进入客房	规范操作
2. 检查电源开关	打开电源开关,检查灯具	发现损坏灯具及时更换
3. 开窗户或开空调	(1) 打开窗户,注意风沙大的天气或阴雨天不能开窗,可将空调通风系统调至饭店规定的档位 (2) 客人在房,则需征求客人的意见	保证客房内空气清新、无异味
4. 收集垃圾	(1) 将垃圾倒入工作车上大垃圾袋内 (2) 清洁垃圾桶 (3) 更换垃圾袋	严格执行酒店有关节能降耗和绿色酒店的质量标准
5. 补充冷热饮用水	根据需要补充	补充齐全
6. 检查房内小酒吧	(1) 检查房内小酒吧的消耗情况,如有消耗,及时补充 (2) 通过电话将账款输入电脑,填写账单	检查仔细,无遗漏
7. 整理床铺	整理客人动用过的床铺	保持床铺美观整洁
8. 整理房间	对房间进行小整理,视情况擦拭浮灰、更换用过的杯具,补充饮用水等	房间美观整洁,物品齐全
9. 补充房间用品	按照酒店规定的房间用品量和摆放位置补充用品	一次性补齐放好
10. 清洁卫生间	(1) 清洗并擦净客人用过的面盆、浴缸、恭桶,擦亮镜子 (2) 擦净卫生间地面水迹、污渍 (3) 补充客用消耗品	卫生间清洁无异味
11. 自我检查	检查有否遗漏之处	保证卫生质量
12. 调空调	将空调调至客人设定的温度	温度适宜
13. 关门离房	(1) 如果客人不在,关灯后退出 (2) 如果客人在房间,向客人致谢后退出	关门后注意回推一下,确保房门锁上
14. 填写《客房服务员工作日报》(见表 2-4)	按要求逐项填好	填写及时、准确

八、清洁整理长包房

酒店通常都会有些长包房,这部分客房一类用作公寓,一类用作其他用途,如当办公室用。长包房客人大多为国内外的商务客人,他们的起居生活通常有一定的规律性。服务员需善于观察,提供个性化的服务。长包房如何清扫、一天清扫几次需按酒店有关协议做。长包房清洁整理程序要求与普通住客房(见表 2-5 住客房的清扫整理)基本一致,清洁整理长包房时还需特别注意以下事项:

1. 清扫时间最好与客人协商,尽量安排在客人不在房的时间内进行。
2. 房内用品摆放要兼顾长住客的爱好、习惯。
3. 清扫时尽量不要动用客人物品及办公设备,谨慎处理房内垃圾。
4. 根据酒店与长住客所属公司签订的合同要求,为其提供客房用品和饮料。
5. 房间常用的办公用品需配备齐全。
6. 床上棉织品及客用消耗品等按有关合同的规定和要求进行更换和补充。

7. 注意收集客人的信息资料,提供个性化的服务。
8. 注意客人有无违反协议和酒店的有关规定,发现问题及时上报。

【案例2-4】

给客房拍照

某饭店住了一位台湾来的长包房客人章先生,章先生随身带的物品比较多,房间里到处都是章先生的私人物品。平时客房服务员清扫客房时只能做简单整理,一些边角及专项清洁保养很难彻底清扫。临近中秋节,章先生回台湾休假几天,客房保留。饭店客房部随即安排对章先生住的房间进行彻底清扫,为避免客房大清扫时物品遗失、放错位置,客房部员工列出客人物品的清单、摆放位置,并拍下照片,用于比对。客房彻底清扫后,章先生的物品都还是摆放在原来的位置。

点评:优质服务需要员工多从客人角度考虑问题,将工作做细、做实。

九、清洁整理贵宾房

贵宾是酒店的重要客人,贵宾房的清洁整理程序要求与住客房基本相同,需特别注意的是:

1. 合理安排清洁整理的时间,基本原则是及时、方便、不打扰客人。
2. 房间清扫要特别仔细,保证客房处于最佳状态。
3. 为体现对贵宾的接待规格,酒店通常要求贵宾离房一次,及时清洁整理一次客房,保证客房始终处于清洁、整齐、美观的状态。
4. 每天更换贵宾房的床单、枕套、被套、毛巾等棉织物,及时更换和补充客用消耗品,一些高级别的贵宾房要求做到用过即换,以此来体现对宾客的高规格礼遇。
5. 客房内增配和馈赠的物品,需按酒店贵宾接待规格补充摆放。
6. 特别重要的贵宾,客房清扫整理需安排专人负责。
7. 平时应多征求贵宾的意见,对贵宾提出的房间清扫整理要求尽量给予满足。

【小资料2-3】

以宾客的视线来清洁客房

客人入住酒店,在客房内逗留时间最长。"站在客人的立场考虑问题",这是所有服务工作的总则,它要求酒店人员能设身处地去想去做,甚至把自己设定为宾客。

客房卧室和卫生间镜子的清洁要求,是要把镜面擦得非常光亮,没有一点污迹。可那么大的镜面要擦得完美无瑕是非常困难的,最大的盲点就出现在视线的差异上。服务员总是习惯从正面擦,一直擦到最后。实际上,客人从侧面看镜子的机会很多,比如,客人开门进房,很容易看见的是卫生间门口的大衣镜和写字台前化妆镜的侧面。

同样,浴缸边沿高处的墙壁、天花板和浴帘靠浴缸的一面都是清扫的盲点。因为清洁浴缸时,服务员会集中精力注意浴缸内不要留下污渍、毛发等。可实际上,各人在淋浴时,可以不费劲地看到天花板、墙壁和浴帘。服务员的注意力和客人的注意力竟然有180°的差距!但是,客房清扫必须在短时间内高效率地完成,每做一间客房都须从宾客的角度来观察是不太现实的,这就要求领班在查房时需要特别注意一些细节的问题。

服务员在做卫生时不仅需要站着、蹲着,甚至需要跪着。跪下来做卫生是为了确认针头线脑儿、玻璃碎片或头发等不容易发现的细小灰尘有没有藏在地毯中。若是站着,从上往下看,就不会看得这么真切,不跪下来,不用自己的手摸一摸是不会弄明白的。而且,做完卫生站起来的时候,自己的裤腿几乎无灰尘才算是真本领。有一位质检员检查一间客房时,跪下来查床底,无意中看到床头柜和床沿的地毯上有许多指甲屑和瓜子壳。由此可以想到,客人会坐在床沿,在床头灯灯光下剪指甲,或者躺在床上边看电视边嗑瓜子,床头柜和床沿的角落也是清扫的一个盲点。

　　总之,对酒店来说,客房是酒店最重要的商品,服务员清洁房间不仅是打扫卫生,而且是制作新的产品。平时不能光靠操作程序来规范服务工作,更要从客人的视线,站在客人的角度来清洁客房。

学生实训

一、铺床训练

实训地点:客房操作基地。

实训要求:

1. 分解进行抛单、包边包角、套被套、套枕套练习。
2. 整合练习中式铺床。

二、进入一间客房

实训地点:实训宾馆。

实训要求:

学生分组角色扮演,设置场景,练习如何进入一间客房。

三、清扫整理走客房

实训地点:实训宾馆。

实训要求:教师指导下,跟班顶岗清扫整理走客房。

模块二　客房专项清洁保养

任务导入

客房服务员的一天(2)

1. 教师指导下,学生以小组为单位,调查并列出实训宾馆客房专项清洁保养工作项目。
2. 列出学生宿舍清洁卫生项目并拟定周期。
3. 学生分组制订"实训宾馆专项清洁保养项目"。
4. 师生现场考察实训宾馆及宿舍,熟悉客房专项清洁保养项目,拟定宿舍清洁卫生要求。

工作任务三 专项清洁保养安排

客房服务员日常工作量比较大,不可能每天将客房的每一处都彻底清扫干净,如天花板、高处的灯管、门窗、玻璃等处。此外,一些地方也没有必要每天都进行清扫,如恭桶水箱里部、空调出风口等,这些地方通常列入客房专项清洁保养项目,需要进行阶段性、定期性清洁保养。重视并做好此项工作,可以提高客房清洁保养水准,保证客房设备设施处于良好的状态。

基础知识

一、客房专项清洁保养项目

客房专项清洁保养项目较多,时间空间限制条件不同,客房档次、规格及卫生要求不同,清洁间隔时间也不同。表2-14为某星级酒店客房部分专项清洁保养项目。

表2-14 客房专项清洁保养项目

项 目	工 具	质量标准	注意事项
1. 吸房间边角位置	吸尘器、抹布、毛刷	地毯疏松无物	不能用扫把扫地毯
2. 清洁电话并消毒	多功能清洁剂、抹布、酒精棉球	清洁无污染、无异味	注意擦拭电话线
3. 擦窗户及窗台外	玻璃刮、抹布、毛刷	玻璃明亮无水渍、窗台框无灰尘	注意安全操作
4. 除去墙面天花板浮尘	除尘扫把	无灰尘、无蜘蛛网	无明显污迹
5. 清洁小冰箱	水桶、多功能清洁剂、海绵、抹布	干净无异味	先切断冰箱电源
6. 擦拭空调	干湿抹布	干净无灰尘	注意检查空调出风口
7. 翻转席梦思床垫	吸尘器	定期翻转、吸尘	四角编号,有记录备查
8. 清洁电源插座	多功能清洁剂、抹布	洁白、无污渍	切断总电源,防潮
9. 擦拭床头灯及金属部分	抹布、擦铜水	光亮无污迹	勿用湿抹布擦拭
10. 擦拭地脚线	干抹布	干净、无尘	注意衣柜后及门后地脚线的擦拭
11. 擦拭抽风机	抹布、刷子	干净、无灰尘、无污渍	先切断电源
12. 刷洗恭桶	恭桶刷、洁厕剂	无水痕、无锈渍	先关水掣,将水位降到最低部。清洗每层盖缝、恭桶外部和底座
13. 清洁浴缸	海绵、浴缸刷、酸性清洁剂	洁净、无水迹、无污迹	空房浴缸也需清洁
14. 清洁淋浴房	海绵、玻璃刮、玻璃清洁剂	洁净、无水迹、无污迹	空房淋浴房也需清洁
15. 刷洗瓷砖墙面	牙刷、海绵、中性及酸性洗涤剂、抹布	洁白、无水渍、无皂渍	注意瓷砖拼接缝

续表 2-14

项　　目	工　　具	质量标准	注意事项
16. 清洗卫生间地面	牙刷、洗涤剂、酸性洗涤剂	洁白、无污渍、无水渍	注意地漏、恭桶底部地板及地面的清洁
17. 擦金属配件	擦铜水、抹布	光亮无手印	浴帘杆、毛巾架、浴巾架、浴缸扶手、水龙头

二、客房专项清洁保养质量控制

客房专项清洁保养工作涉及范围广,有些项目劳动强度大、清洁卫生要求高,管理难度比较大。

1. 加强计划性

客房专项清洁保养工作安排通常有如下三种方式:

(1) 客房服务员每天大清洁一间客房

例如,要求客房服务员在他(她)所负责的 14 间客房中,每天彻底大扫除 1 间客房,14 天即可对他(她)负责的所有客房作一次专项清洁保养。

(2) 每天对客房的某一部位或区域进行彻底的大扫除

除日常的清扫整理工作外,可规定客房服务员每天对客房的某一部位进行彻底清洁。这样,经过若干天对不同部位和区域的彻底清扫,即可完成全部房间的大扫除。

(3) 季节性大扫除或年度大扫除

季节性大扫除或年度大扫除,是指集中在淡季对所有客房分楼层进行全面的大扫除,一个楼层通常要进行一个星期,必要时,可与前厅部沟通,对该楼层实行封房,并与工程部联系,请维修人员利用此时对设备进行定期的检查和维修保养。

上述专项清洁保养的组织方式可根据情况配合使用。

2. 加强检查落实

(1) 客房部将客房专项清洁保养工作项目安排表贴在楼层工作间的告示栏内或门背后,楼层领班还可在《客房服务员工作日报表》(见表 2-4)上每天写上专项清洁保养的项目,以便督促服务员完成当天的专项清洁保养工作。

(2) 服务员每完成一个项目或房间后即填上完成的日期和本人的签名(见表 2-15),领班、主管等根据客房周期清洁表予以检查,以保证计划的落实和卫生质量。

表 2-15　客房专项清洁保养控制表

楼层:

项　　目	房号	01	02	03	04	05	06	07	08	09	10	11	12	13
1. 清洁空调网	日期／签名													
2. 房号牌擦铜	日期／签名													
3. 壁橱(灯、回风口)	日期／签名													
4. 顶板四周缝隙	日期／签名													

续表 2-15

项　　目	房号	01	02	03	04	05	06	07	08	09	10	11	12	13
5. 房间家具打蜡	日期													
	签名													
6. 清洁墙纸	日期													
	签名													
……														

3. 重视安全管理工作

客房专项清洁保养工作，有不少是需要高空作业的，如通风口、玻璃窗、天花板等。因此，在做客房专项清洁保养工作时，客房部必须培训员工规范操作，加强员工安全教育，防止出现各种工伤事故。如，清洁天花板、墙角、通风口或其他高处物体时，需用脚手架或使用凳子；站在窗台上擦外层玻璃时须系好安全带等。

4. 配备必要的清洁物料

要做好客房专项清洁保养工作，就需重视清洁工具及清洁剂的准备工作。如果这一环没抓好，不仅会浪费清洁剂和降低工作效率，而且往往达不到预期的清洁、保养效果，甚至带来额外的麻烦。例如，给木质地板上蜡，本应用油性蜡，如果误用水性地面蜡，不仅不美观，而且会给木质地板造成损坏。

【案例 2-5】

电热水壶中的水垢

王先生刚入住某饭店客房，就拿了电热水壶准备烧开水，打开水壶一看，水壶底部全是水垢，看上去很脏。王先生非常生气，当即就电话投诉并要求退房。后来在大堂副理道歉并更换了电热水壶、赠送一份免费水果后，王先生才勉强住了下来。

点评：不少酒店客房的电热水壶成为服务员日常清洁及管理者日常检查的盲点，也没有列入客房专项清洁保养项目中。本案例提醒我们除了需重视客房日常清扫整理工作，还需认真做好客房专项清洁保养工作。

实践操作

一、确定客房专项清洁保养项目

就一间客房来说，究竟哪些区域应当划为专项清洁保养，哪些区域划为日常卫生，应首先加以确定。通常日常卫生工作难以触及的区域和卫生死角、需要移动大型家具设备方可进行清扫的区域、费时费工区域、金属用具家具的保养等都作为清洁保养的项目，如人体触及不到的四壁、天花板、房顶吊灯以及护墙板、卫生间地漏除尘等；床底、电冰箱底、组合柜、控制柜底除尘等；玻璃、窗、窗帘轨、电视机外壳散热孔除尘等；床裙、床垫、窗帘的定期清洗，等等。

二、拟定循环周期

客房专项清洁保养项目较多，根据循环周期的不同，可分为周计划、月计划、季计划、年计划。

1. 周计划,如软面家具吸尘、清洁空调出风口等,见表2-16《客房专项清洁保养安排表(周计划)》。

2. 月计划,如房间家具打蜡、清洗备用被子的被套等,见表2-17《客房专项清洁保养安排表(月计划)》。

3. 季计划,如翻转床垫,干洗地毯、沙发、床头板等。

4. 半年计划,如清洗窗户纱帘、灯罩等。

5. 年计划,如清洗遮光帘、抽洗地毯等。

表2-16 客房专项清洁保养安排表(周计划)

星 期	专项清洁保养项目
一	清洁空调出风口(网格)、空调器开关、日光灯挡网、房间背景音乐喇叭
二	擦拭床腿、家具不外露的地脚线、挂画、衣橱挂衣杆及衣架,擦拭家具侧面及背面,床底吸尘,软面家具吸尘
三	彻底清洁卫生间地面、清洁地漏及喷药,彻底清洁恭桶出水口及水箱,清洁洗脸盆、浴缸内外及出水口、下水塞
四	彻底清洁各类水龙头、淋浴喷头、浴帘,清洁保养房门
五	电话机消毒,擦净所有电器的电线并缠好,清洁吹风机,各种金属器件上光擦亮
六	擦拭玻璃窗(内窗)、窗框、窗凹槽
日	彻底清洁垃圾桶、茶盘、电冰箱内外,大理石台面上蜡抛光

表2-17 客房专项清洁保养安排表(月计划)

项目\月份	1月	2月	3月	4月	5月	6月	7月	8月	9月	10月	11月	12月
清洁空调网												
房号牌擦铜												
清洁电话												
清洁墙纸												
清洁冰箱												
吸灯罩浮尘												
吸房间边角												
房间家具打蜡												
清洁阳台												
清洁出风口												
清洁电线板												
……												

注:主管将计划完成的日期填在规定的格子里即可,注意保存和交接

学生实训

制订客房专项清洁保养项目

实训地点:实训宾馆。

实训要求:

1. 划定实训宾馆客房专项清洁保养的项目。
2. 制定实训宾馆客房专项清洁保养循环周期。

工作任务四　专项清洁保养实施

客房专项清洁保养项目多，员工应按操作规范进行各项工作，下面是客房部分项目的操作程序及质量标准。

实践操作

一、清洁保养房门

表2-18　房门的清洁保养

操作步骤	操 作 要 领	质 量 标 准
1. 清洁房门	(1) 用干抹布擦拭房门 (2) 将清洁剂喷洒在房门上 (3) 用干净抹布将房门擦净	无尘、无污迹
2. 清洁门下边角	将门框、门镜、门链等门边角处的灰尘清洁干净	无尘、无污迹
3. 铜器抛光	用擦铜水将房门上的铜器部件抛光清洁	清洁光亮
4. 打蜡	(1) 将家具蜡喷在软抹布上，将蜡水均匀抹在门面、门框各处 (2) 用干净抹布将房门擦净擦亮	房门光亮、干净
5. 房门检查及报告	(1) 检查房门开启是否轻松自如，房门油漆是否均匀，门锁、门镜是否完好 (2) 发现异常现象及时填写派工单 (3) 将需修理的房门房号在工作单上注明	房门完好，使用正常

二、清洁保养木质家具

表2-19　木质家具的清洁保养

操作步骤	操 作 要 领	质 量 标 准
1. 准备工作	备好干净抹布、稀释的清洁剂及家具蜡	备齐清洁用品
2. 检查	(1) 检查家具油漆是否完好，抽屉抽拉是否灵活，抽屉拉手是否完好、稳固，如有问题应立即报维修 (2) 检查抽屉内有无杂物和遗留物品，如有应立即清理杂物，将遗留物品交客房中心	保证家具完好，使用正常
3. 清洁	用干净抹布擦拭家具上的灰尘，按同一顺序方向进行擦拭	家具表面干净、无尘
4. 喷蜡	(1) 将适量家具蜡喷在家具上 (2) 按同一顺序方向进行擦拭	均匀喷洒
5. 擦拭	从左到右顺方向进行擦拭	家具光亮、干净

三、清洁保养卫生洁具

表 2-20 卫生洁具的清洁保养

操作步骤	操作要领	质量标准
1. 准备工作	备好干净抹布、稀释的清洁剂和清洁工具	备齐清洁用品
2. 清洁洗脸盆	(1) 将清洁剂喷在洗脸盆及台面上 (2) 用干净的脸盆刷清洗盆面及台面 (3) 用清水将清洁剂冲洗干净 (4) 用干抹布将水迹擦干 (5) 用金属除迹剂及金属上光剂擦拭水龙头 (6) 清洁下水塞	(1) 洗脸盆及台面洁净,无毛发、无污迹、无水迹 (2) 水龙头完好、无漏水,擦拭光亮
3. 清洁恭桶	(1) 将清洁剂倒入恭桶中,将恭桶刷洗干净 (2) 如有水锈迹可加少许酸性清洁剂进行清洁 (3) 将清洁剂冲洗干净 (4) 用干抹布将水迹擦干,用消毒剂对恭桶消毒一次 (5) 擦干地面水迹,擦净地面	恭桶洁净,无污迹、无堵塞
4. 清洁水箱	(1) 关闭进水箱的阀门,放尽水箱内的水 (2) 打开水箱盖,将水箱盖放在合适的地方 (3) 将少量的酸性清洁剂倒入水箱内 (4) 用刷子洗刷水箱内壁四周 (5) 打开进水阀门,用清水将箱内污水冲洗干净 (6) 将水箱盖盖好	水箱干净,使用正常,无漏水
5. 清洁浴缸	(1) 将清洁剂喷在浴缸内 (2) 用干净的浴缸刷清洗浴缸 (3) 用清水将清洁剂冲洗干净 (4) 用干抹布将水迹擦干净 (5) 用金属除迹剂及金属上光剂擦拭水龙头 (6) 清洁下水塞	(1) 浴缸洁净,无毛发、无污迹、无水迹 (2) 水龙头、淋浴喷头完好、无漏水,擦拭光亮
6. 清洁淋浴房	(1) 用温水冲洗淋浴房玻璃及玻璃门 (2) 喷适量玻璃清洁剂在玻璃及玻璃门上,按顺序从上部开始不断地从左至右擦洗,然后反过来,从右到左,一直往下擦洗到底部 (3) 用温水冲洗淋浴房墙壁,海绵块蘸少许中性清洁剂擦除金属器件的皂垢、水斑 (4) 将墙壁和金属器件用干抹布擦干、擦亮 (5) 清洁下水槽与地漏 (6) 用专用抹布擦净淋浴房地面	(1) 无污迹、无水迹 (2) 设备完好有效 (3) 下水通畅

四、清洁卫生间地面砖

表 2-21 卫生间地面砖的清洁

操作步骤	操作要领	质量标准
1. 准备工作	(1) 准备清洁工具和清洁剂 (2) 清除地面上的杂物	(1) 备齐清洁物料 (2) 地面无杂物
2. 清洗	(1) 按比例稀释清洁剂 (2) 擦拭清洁地面	地面清洁干净
3. 擦拭	用干净抹布将地面擦干、擦净	地面干净无水迹

五、清洁空调出风口

表 2-22 空调出风口的清洁

操作步骤	操 作 要 领	质 量 标 准
1. 掸尘	用干抹布将出风口的灰尘掸去	无灰尘
2. 去除污迹	用多功能清洁剂将灰尘污迹清除掉	无污迹
3. 擦拭	用干净抹布将出风口擦净,并将出风口周边擦净	干净

六、清洁保养电器设备

客房的电器设备主要有冰箱、电视机和空调等,酒店必须重视电器设备的保养工作,以延长电器设备的使用寿命。

表 2-23 电冰箱的清洁保养

操作步骤	操 作 要 领	质 量 标 准
1. 保养	(1) 阴雨潮湿季节,由于湿度大,空气中的水分会凝结成水球吸附在箱体外壳,要用柔软干布擦拭 (2) 电冰箱体内外部应经常清理,可用温水或中性清洁剂擦洗 (3) 电冰箱使用要保持连续性,不可采取日开夜停的方法 (4) 尽量减少开、关冰箱门的次数,缩短开门的时间	尽力维护
2. 彻底清洁	(1) 将冰箱内的物品搬出 (2) 进行除霜 (3) 将适量稀释后清洁剂喷洒在冰箱内壁 (4) 从里至外用干净抹布擦洗冰箱 (5) 冰箱外部用干净抹布擦净	确保冰箱内无异味、无污迹
3. 检查	发现电冰箱有异常声响或制冷效果不好,及时报工程部检修	保证电冰箱正常运行

【特别提示】

1. 电冰箱长期不用时,需拔下电源插头,切断电源,取出食品,清理干净冰箱内部。
2. 电源一旦中断,需等 5 分钟后再接通电源。
3. 电冰箱除霜时,切不可用尖硬刀子或金属物件刮剥,以免损坏蒸发器和其他部件。

表 2-24 电视机的清洁保养

操作步骤	操 作 要 领	质 量 标 准
1. 维护	(1) 电视机若长期不用,需拔下电线插头 (2) 若有液体或异物落入机箱内,应立即拔掉电源线,请专业人员检查后方可使用 (3) 电视机长期不使用,夏季应每月通电 1 次,时间 2 小时以上;冬季三个月通电 1 次,时间 3 小时以上	尽力维护
2. 清洁	(1) 用柔软的干布擦净机壳外表的灰尘 (2) 若机壳较脏,需用清洁剂,应选用中性清洁剂	干净无污迹
3. 遥控器的使用	(1) 遥控器不能正常使用,大都是因电池电力不足的原因,应及时更换新电池 (2) 遥控器如果长期不使用,应取出电池	保证正常使用

【特别提示】
1. 非专业人员切勿打开电视机机箱后盖,否则有电击危险。
2. 若有液体或异物落入机箱内,应立即拔掉电源线,并请专业人员检查后才可使用。
3. 电源线要注意保护,避免受损伤。
4. 电视机长期不用时,应用布罩套好,以避免灰尘,定期请维修人员清理。

表 2-25　电热水壶的清洁保养

操作步骤	操 作 要 领	质 量 标 准
1. 收集热水壶	(1) 以10间房间为单位收集到指定地方 (2) 或用干净的热水壶替换房间需要清洗的热水壶	不能影响客人正常使用
2. 准备清洁剂	(1) 将专用的清洁剂稀释后倒入每一个水壶中 (2) 等候10分钟后清洗操作	按清洁剂说明书要求进行稀释
3. 清洗	(1) 用长柄刷,刷洗水壶内、外部污垢,再用抹布除去顽固的污迹 (2) 用清水漂净清洁剂 (3) 用干净的牙刷清洁水壶底座及电源线上的污迹	水壶内外无污迹,无清洁剂味道,底部无水垢
4. 归位	(1) 将清洁好的电热水壶放在阴凉处晾干 (2) 晾干后将电热水壶放回房间	及时归位

七、清洁保养席梦思床垫

表 2-26　席梦思床垫的清洁保养

操作步骤	操 作 要 领	质 量 标 准
1. 日常保养	(1) 在床垫上加铺保护垫。保护垫要用松紧带固定在床垫上,否则容易打滑。保护垫脏了后及时更换 (2) 定期翻转床垫,使床垫各处受力及磨损度相同 (3) 经常注意检查床垫弹簧的"固定钮"是否脱落,如果脱落,必须及时报修 (4) 注意通风散热,避免床垫受潮 (5) 避免凹凸或倾斜,延长其使用寿命	保证床垫处于良好的状态
2. 吸尘	定期进行吸尘工作,保持清洁	干净无尘

表 2-27　翻转席梦思床垫

操作步骤	操 作 要 领	质 量 标 准
1. 作标号	在床垫上作标号。使用前所有床垫按标准做好标号,正面为单数,反面为双数:正面左下角标号为"1",正面右上角标号为"3",反面左下角标号为"2",反面右上角标号为"4"	(1) 所有床垫都统一标号 (2) 标号要清楚
2. 放床垫	第一个季度将所有床垫调整为标号"1"在左下角,标号"3"在右上角	方便翻转及检查
3. 翻转床垫	(1) 第二个季度第一周将所有床垫从右向左翻转180°,使标号"2"置于左下角 (2) 第三季度第一周将所有床垫从床头向床尾翻转180°,使标号"3"置于左下角 (3) 第四个季度第一周将所有床垫从右向左翻转180°,使标号"4"置于左下角。以此类推,循环进行	定期翻转床垫可使床垫受压均匀,延长其使用寿命

【特别提示】

1. 床垫应有良好的通风性能,否则受潮后易发霉。

2. 床垫的散热孔不能堵塞。

3. 床垫的弹力要适中,用手下压时手感不强硬、不软,压下后手放开弹簧立即弹回原位。

4. 出现凹凸应及时报修或更换。

【小资料2-4】

席梦思床垫编号

客房席梦思床垫一般一个季度翻转1次,一年翻转4次,为便于检查,每翻转一次,通常都需作记号一次,操作比较麻烦。一些酒店在订购席梦思床垫时,就要求供货商在床垫上做好月份的标识(见图2-9),以方便操作和检查。

图2-9 席梦思床垫月份标识

八、清洁保养墙纸、墙布

表2-28 墙纸、墙布的清洁保养

操作步骤	操作要领	质量标准
1. 吸尘	定期用吸尘器吸尘	保持干净整洁
2. 检查	(1) 每天检查墙纸、墙布的清洁和完好情况 (2) 发现污迹,立即用清洁剂清除。清除时,要先摇匀清洁剂,然后将清洁剂喷在污渍处,并用干净的干抹布轻轻擦拭。擦拭时,注意不要将水渗进接缝处 (3) 发现破损、接缝开裂,及时报修	及时去污、修补,保证完好无损
3. 上报	(1) 如果无法清除的污渍面积较大,明显影响美观,需及时上报 (2) 领班确认后,与工程部协商更换 (3) 将需修补的墙纸、墙布部位记录在报表上,待工程部维修人员修补后,取消记号	及时上报,进行维修

【特别提示】

1. 注意防止硬物撞击和摩擦墙面,工作车、茶水车、布草车、行李车等推车应有橡胶防护装置(防护轮或防护带,见图2-10),服务员平时使用推车时,需特别留意,避免碰撞墙体。

2. 为保护墙体,有些酒店在楼层及客房走廊拐角的墙体下方加装防护材料(见图2-11)。

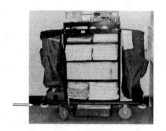

图2-10 工作车上的防护轮(箭头所指之处)

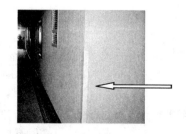

图2-11 墙体的防护处理(箭头所指之处)

九、清洁保养灯具

客房各类灯具除日常擦拭其表面外,还需定期进行清洗,每次清洗都要做好周密的计划。

表2-29 灯具的清洁保养

操作步骤	操 作 要 领	质量标准
1. 准备工作	准备好清洁器具。清洁高处的灯具,如顶灯需准备梯子、螺丝刀、抹布、水桶等工具	清洁器具备齐
2. 检查	(1) 灯罩是否有裂痕变形 (2) 安装灯具的天花板和墙壁,其安装部位是否有不稳及松弛的现象 (3) 是否有异常的臭味、噪音、过热等情况 (4) 照明灯具的寿命是否接近使用寿命	保证灯具处于完好有效的状态
3. 清洁	(1) 关闭电源,架好梯子,站在梯子上,一手托起灯罩,一手拿螺丝刀,拧松灯罩的固定螺丝,取下灯罩 (2) 先用湿抹布擦拭灯罩内外污迹,再用干抹布擦干水 (3) 将擦拭干净的灯罩装上,并用螺丝刀拧紧固定螺丝 (4) 清洁日光灯灯具时,应先将电源关闭,取下盖板,取下灯管,然后用抹布分别擦拭灯管和灯具及盖板,重新安装好	清洁后的灯具,灯管无灰尘、灯具内无蚊虫,灯盖、灯罩明亮清洁

【特别提示】

1. 高空作业时须注意安全。
2. 清洁灯具前需先关闭灯具电源,以防触电。
3. 人在梯子上作业时,应注意防止灯具和工具掉下碰伤行人。
4. 用螺丝刀拧紧螺钉,固定灯罩时,应将螺钉固定到位,但不能用力过大,防止损坏灯罩。

十、清洁保养客房装饰物件

客房装饰物件品种较多,客房部需要根据不同物件的性质或特性,选用不同方法进行清洁保养。

1. 玻璃饰物、玻璃门窗

选用玻璃清洁剂以及玻璃清洁工具,在保证定期清洁的情况下,要做到随脏随清洁。

2. 不锈钢饰物

选用不锈钢保养剂进行清洁保养。

3. 纯铜器饰物

用省铜剂擦拭,进行清洁保养。

学生实训

一、客房专项清洁保养操作

实训地点:实训宾馆。

实训要求:

1. 教师指导下,学生分组练习完成一间客房(卧室)专项清洁保养工作(分项目进行)。

2. 教师指导下,学生分组练习完成一间客房(卫生间)专项清洁保养工作(分项目进行)。

二、学生宿舍大清扫

实训地点:学生公寓(宿舍)。
实训要求:
1. 列出宿舍专项清洁保养项目。
2. 以宿舍为单位,彻底清扫宿舍。

模块三 客房卫生工作

任务导入

客房服务员的一天(3)

1. 学生以小组为单位,利用课余时间通过网络等渠道查找客房卫生方面的资料及案例。
2. 分组调研住客对客房卫生的需求,可以通过网评,也可发放调研表。
3. 以"我对客房卫生工作的认识"为主题,分组制作PPT在课堂演示,教师点评总结。

工作任务五 杀菌消毒

做好各项预防工作,确保客房卫生,是客房部的一项重要工作内容。客房部每位员工都必须明白此项工作的意义和重要性,熟悉客房及其物品的消毒要求,掌握常用的消毒方法。

基础知识

客房杀菌消毒是指灭杀和清除外环境中的病原体,使其减少致病的程度。

一、客房常用的消毒方法

客房常用的消毒方法有两类:
1. 物理消毒法
物理消毒法是指用湿热、干热、紫外线等物理因素达到消毒目的的方法。
2. 化学消毒法
化学消毒法是利用化学药物作用于病原体,使其蛋白质产生不可逆转的损伤,从而起到杀菌的作用。常用的化学消毒剂有漂白粉、氯亚明、高锰酸钾、"84"消毒液、来苏水等。

二、常用消毒液剂的配制

消毒剂配制是客房部有效进行消毒的一项基础工作,只有使用不同性质特点的消毒剂才能达到消毒的目的。不同的消毒剂具有不同的功能效果,客房部员工必须掌握各种消毒剂的特性及使用方法,才能有效完成各种环境、物品的消毒工作,保证为客人提供清洁、卫生、无污染的客房。

1. 漂白粉消毒剂的配制

漂白粉又称含氯石灰,呈灰白色粉末状,有氯气味。漂白粉消毒液使用广泛,配制浓度为3‰的溶液,均匀搅拌溶解后即可用用于客房茶具、棉织物和房间的消毒,同时也可用于水果的消毒。另外还可配制5‰的溶液,用于卫生间消毒。漂白粉消毒液需现配现用,不宜久放,放置时间过长容易失效。另外漂白粉消毒液不适宜用于对金属制品的消毒。

2. 氯亚明消毒液的配制

氯亚明又称氯胺,呈白色或微黄色粉末状,配制浓度3‰的溶液,适用于客房内空气及物品表面的消毒,也可用于食物的消毒。如遇患肠道或呼吸道疾病的病人住过的房间可配制浓度为1%的溶液进行反复消毒。

氯亚明消毒液同样不宜久放,放置时间过长容易失效,一般配好的溶液只能使用一天,不适宜用于对金属制品的消毒。

3. "84"肝炎消毒液的配制

"84"肝炎消毒液是一种高效、速效、无毒、去污力强的消毒液,能快速杀灭甲、乙型肝炎、骨髓炎病毒和细菌芽孢等各类病菌,配制浓度为2‰~5‰的溶液,适用于茶具、酒具、蔬菜、水果、家具、玻璃、塑料制品的清洗和消毒。

"84"肝炎消毒液原液对棉织品、金属有腐蚀性,易伤皮肤,使用时必须先稀释。

三、员工个人卫生

为保证客人的健康,防止疾病的传播,客房部员工应定期检查身体,持健康证上岗,并严格执行上下班更换工作制服制度。清洁卫生间时,应戴上胶皮手套。每天下班前,应用消毒剂对双手进行消毒。

实践操作

一、客房的消毒

客房应定期进行预防性消毒,保持卫生,预防疾病的传播。消毒的主要工作有:每天通风换气、日光照射或化学消毒剂杀虫灭菌。

表2-30 客房的消毒

消毒方法	操作要领
1. 通风换气	(1) 室外日光消毒,利用阳光的紫外线作用消灭室内的病菌 (2) 通风,改善室内空气质量,防止细菌、螨虫滋生
2. 擦拭消毒	(1) 定期使用2%的来苏水溶液、1%的氯亚明溶液或0.5%的"84"肝炎消毒液擦拭房间家具、设备,进行消毒 (2) 消毒完毕紧闭门窗约2小时,然后打开窗户通风
3. 喷洒消毒	定期用1%~5%的漂白溶液对房间死角进行消毒,或用空气清新剂等进行喷洒
4. 特殊工作	遇到住客患传染性疾病或死亡,及时对房间进行消毒,保持房间卫生,防止疾病的传播

二、卫生间的消毒

卫生间的清洁卫生是住客特别重视的,而卫生间的设备用品易被病菌污染。卫生间必须每天彻底清扫、定期消毒,确保处于清洁卫生的状态。

表 2-31 卫生间的消毒

消毒方法	操 作 要 领
1. 通风换气	打开换气扇,改善卫生间的空气环境,防止细菌、螨虫等滋生
2. 消毒	(1) 日常清理卫生间时用含消毒功效的清洁剂擦洗卫生洁具,用清水冲净并用专用抹布擦干 (2) 定期使用 5%的漂白粉澄清液擦拭;使用 2%～3%的来苏水擦拭消毒;使用比例为 1∶200 的"84"肝炎消毒液进行擦拭消毒 (3) 消毒完毕要紧闭门窗约 2 小时,然后进行通风
3. 特殊工作	如住客患肠道或呼吸道疾病,应用以上方法对卫生间进行多次消毒

【特别提示】
1. 不同的清洁用具应用明显的标识区分,严禁混用。
2. 各类抹布送洗衣场洗涤、消毒。
3. 按要求配置各类消毒剂,安全使用、妥善存放消毒剂。

三、客房杯具消毒

客房楼层每层应设有专用消毒柜和保洁柜,房间杯具须采用更换的方式,集中到消毒间进行清洗和消毒处理。杯具消毒主要有消毒剂消毒和消毒柜消毒两种方法。

表 2-32 杯具的消毒(消毒剂消毒)

操作步骤	操 作 要 领	质 量 标 准
1. 准备工作	(1) 在洗涤盆或茶水间的洗涤槽内注满清水 (2) 按一定比例兑入消毒剂,为泡洗杯具做准备	准备充分
2. 清洁杯具	(1) 将杯具内残留物沥出,倒入垃圾桶内 (2) 用清水冲洗杯具 (3) 根据杯具脏污情况,可加适量洗涤剂洗涤	杯具须洗干净
3. 杯具消毒	(1) 将杯具浸泡在准备好的消毒液中 (2) 消毒时间根据消毒剂的使用说明而定	(1) 清洁液必须完全浸泡杯具 (2) 保证消毒时间
4. 洗净擦干	(1) 用清水冲洗干净、滴干 (2) 用专用抹布擦净杯具	(1) 清洁液完全冲净 (2) 杯具洁净
5. 存放	取出已消毒茶杯、口杯,储存到封闭的保洁柜里备用	摆放整齐
6. 登记	在消毒记录表上做好登记,记录消毒时间和操作者姓名	记录及时准确

表 2-33　杯具的消毒（消毒柜消毒）

操作步骤	操 作 要 领	质量标准
1. 准备工作	检查消毒柜	准备充分
2. 清洁杯具	（1）将杯具内残留物沥出，倒入垃圾桶内 （2）用清水冲洗杯具 （3）根据脏污情况，可加适量洗涤剂洗涤	杯具须洗干净
3. 杯具消毒	将已冲洗干净的杯具放入干净的消毒柜中消毒，到规定时间后方可再使用	保证消毒时间
4. 登记	在消毒记录表上做好登记，记录消毒的时间和操作者姓名	及时准确

【特别提示】

1. 擦拭杯具的抹布必须清洁卫生，专布专用。
2. 使用的消毒剂须符合国家卫生许可。

四、电话机的消毒

电话机使用频率高，听筒上易沾上细菌，因此电话机须定期消毒，走一客消毒一次。

表 2-34　电话机的消毒

操作步骤	操 作 要 领	质量标准
1. 清洁电话机	用干布擦拭电话机机座、话筒及电话线	干净无尘
2. 除污、消毒	（1）在电话机机座后上喷上少量清洁剂 （2）将电话机机座擦拭干净 （3）用酒精棉球酒精擦拭电话机话筒，注意不能用清洁剂，以避免话筒潮湿而影响电话机的正常使用	清洁无污染、无异味
3. 清洁电话线	将电话线拉出，并用喷过清洁剂的干抹布擦拭电话线	干净、无细菌
4. 结束工作	（1）试用电话机，保证使用正常 （2）按规定将电话机摆放好	摆放美观、方便客人使用

五、电视机遥控器的消毒

电视机遥控器与电话机一样，使用频繁，但不少酒店忽略了对遥控器进行消毒。有研究发现，70%遥控器含病菌，接触后会使手部残留病菌，易诱发感冒、过敏等疾病。因此遥控器也须定期清洁消毒，走一客消毒一次。

表 2-35　电视遥控器的消毒

操作步骤	操作要领	质量标准
1. 清洁遥控器	用软干布沾少许清洁剂擦拭遥控器外壳	干净无污迹
2. 日常消毒	（1）用酒精棉球擦拭遥控器外壳 （2）用医用棉棒或者棉棒沾酒精擦拭遥控器按键	（1）不能用"84"消毒液消毒遥控器，因为腐蚀性太强，容易损坏物件 （2）干净无细菌
3. 结束工作	（1）试用遥控器，保证使用正常 （2）将遥控器摆放在规定位置	摆放美观，方便使用

【案例 2-6】
苏州南园宾馆客房消毒制度

南园宾馆是苏州主城区一家五星级园林别墅式国宾馆,2014年底,被江苏省旅游局评为"省级诚信旅游企业",经济效益得到了快速增长。

南园宾馆建立了一整套严格的客房消毒制度,宾馆规定的消毒方法非常细致:客房内杯具集中收取,送到消毒间进行清洗消毒;客房电视遥控器也做到一客一消毒,毛巾、遥控器消毒过用专用袋包好;不被人们注意的席梦思床垫,也每两个月用床垫消毒机进行消毒;卫生洁具如何清洗、使用什么工具都规定得一清二楚。虽然成本增加了,但宾客的卫生安全得到了保证。

图 2-12 遥控器消毒

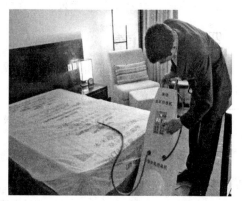

图 2-13 床垫消毒

点评:酒店卫生管理涉及面广、难度大,需要管理层强化卫生安全意识,落实工作措施,真正做到以客人为中心,让宾客在酒店安全消费。

学生实训

一、配制消毒剂

实训地点:实训宾馆消毒间。
实训要求:教师指导下,学生练习配制消毒剂。

二、消毒杯具及电话机、遥控器

实训地点:实训宾馆消毒间。
实训要求:教师指导下,学生分组对客房杯具及电话机、遥控器进行消毒。

工作任务六 除虫灭害

基础知识

除虫灭害是指消灭酒店的蚊子、苍蝇、蟑螂、蚂蚁、老鼠等害虫。

一、定期喷杀虫剂

定期喷杀虫剂,按说明比例配置杀虫剂,保证杀虫效果。

二、毒杀虫害

对虫害的滋生地,如地毯下、床下、墙角、卫生间需施放药物进行毒杀,被杀灭的害虫须及时清除干净。

三、堵洞

对老鼠经常出没的地方须堵洞,防止其进入房间。

四、灭杀

在冬春季节更替时,需提前对虫害可能出没之处进行灭杀工作,防止天气转暖后出现虫害。

实践操作

下面以某星级酒店为例介绍除虫灭害工作的具体做法。

一、计划

1. 根据客情合理安排房间数(一天不超过 24 间)。客房部事先应需与前厅部联络确定房间,以便夜间喷杀虫剂。
2. 前厅部须在电脑中将房间状况改为待修房(次日早晨恢复)。
3. 将需灭虫的房号和空房号抄写在灭虫报告上。

二、灭虫

1. 由 PA 组大夜班将要求灭虫报告表上的房号逐一喷杀虫剂。
2. 沿着房间、卫生间墙边喷洒药水。
3. 如果在检查房间时发现蚊虫,客房服务员应及时喷杀虫剂。
4. 将杀死的蚊虫清理干净,并用干净抹布擦拭喷射面(如家具抽屉、衣橱等)。

三、善后工作

1. 房间开窗或打开空调,进行通风换气。

2. 及时将杀虫剂归位，单独存放，注意不得与其他客用品混放。

【小资料2-5】

酒店客房的卫生隐患

1. 空气混浊不新鲜

服务员每天打扫好房间后，都习惯把门窗关紧，并拉上窗帘，让房间处于封闭之中。房内空气无法流通，房外阳光也无法晒入。客人入住时，会明显感到房内空气混浊不清新。如遇淡季，入住客人往往会闻到一股很浓的霉变气味。建议：服务员每天打扫好房间后，如果是空房可以将门窗打开一定的时间，让房内空气流通；晴天时还应让阳光晒进房间，保持房内有清新空气。

2. 地毯潮湿不清爽

客人在客房喝水、喝饮料、吃瓜果等，会将地毯弄湿弄脏。时间一长，地毯不仅潮湿，易生细菌，而且脏痕斑斑。服务员用吸尘器可以吸去灰尘、杂物，但无法把脏湿的地毯吸干清洁干净。脏湿地毯长时期得不到处理，很容易发生霉变，梅雨季节还会产生一股难闻的气味。

3. 床上用品不干净

客人直接接触的床上用品，除床单、被套、枕套能每天换洗之外，其他如枕芯、背靠垫、被子等则长时间不更换。从卫生角度要求，这些物品也需要不定期洗晒消毒。

还有大部分酒店客房床头靠板是软包材料，一些客人习惯靠在床头靠板上，看电视看书，时间一长，床头靠板变黑、变脏。因此床头板软包也应制订定期的清洁计划。近年来，不少酒店客房床头靠板改为木质材料了，便于清洁保养。

4. 卫生间内不清洁

卫生间是客人使用率最高的地方之一，也是卫生隐患最多的地方。卫生间内用水较多，特别是洗澡时热气、水气蒸发，湿度很大。洗脸盆下更是阴暗潮湿，往往还要摆放垃圾桶，更是容易孳生细菌。客房部需加强对淋浴房、洗脸盆、恭桶、地面的清洗消毒外，还需时常检查排气扇是否完好、使用正常。

项目小结

客房清洁卫生是客房部的主要工作任务之一，无论酒店的档次高低，客房清洁卫生工作都应合理安排，严格要求，做到工作高效率、质量高标准。

项目测评

一、课后练习

1. 客房房态有哪些？请分别写出其中英文表示法。
2. 清扫整理住客房需要特别注意哪些事项？
3. 什么是客房专项清洁保养？如何安排？
4. 常见的消毒方法有哪些？

二、课内／外实训

1. 练习布置一辆房务工作车。
2. 练习中式铺床。
3. 设置情景,角色扮演,练习如何进入客房,进行对话训练。
4. 清扫整理一间走客房。
5. 实训宾馆,分组完成各项专项清洁保养工作。
6. 练习配制消毒剂,在教师指导下对杯具进行消毒。
7. 分组对宿舍和教室进行一次大清洁工作。

三、拓展练习

1. 收集客房清扫相关案例,并进行分析。
2. 走访2～3家酒店,比较使用传统工作车和提篮操作法清扫整理客房的利弊。

四、技能测试

中式铺床技能测评表

项　　目	细节要求及评分细则	实得分
套枕头 (10分)	四角饱满,外形平整、挺括	
	枕芯不外露	
抛单、定位 (20分)	一次到位	
	中线居中	
	床单正面向上	
包边角 (20分)	四个角角式、角度一致	
	四个角均匀、紧密	
	床两侧及床头、床尾床单下垂均等,包边紧密、平整	
套被套、放被子 (30分)	被子四角饱满、平整	
	被子开口在床尾;被子与床头平齐,再反折45厘米做被头	
	被子两侧下垂均等	
	床面平整、美观	
放枕头 (10分)	与床头平齐,与床两侧距离相等	
	开口背向床头柜	
总体印象(10分)	操作规范、动作轻松、不忙乱、不重复	
违例扣分	铺床过程中,不能跑动,每跑动一次扣2分	
	铺床过程中,不能绕床转,每违例一次扣2分	
满分　100分		

注:时间要求3分钟。

走客房清扫整理技能测评表

负责人：_____ 房号：_____ _____年_____月_____日 评核人：_____

项目	细则	定分	评分	项目	细则	定分	评分
仪容仪表	着装整洁，发型整齐，化好淡妆，站姿端正	0.5			喷碧丽珠家具蜡在抹布上，揉开	0.5	
进 3.5 分	工作车推放在客房门口，吸尘器摆放在工作车一侧	1			从门铃开始抹起（按顺时针方向由上而下，由里到外抹一圈）	0.5	
	先轻敲门两次，每次三下，相隔三秒按门铃三次，每次均要报"housekeeping"	1			抹房门框及房门正、背面	1	
	缓缓把门推开，挂"正在打扫"牌在门把手上	0.5			抹衣柜内外，百叶门	1	
	填写进房时间	0.5			抹行李柜	1	
撤 9 分	把小垫毡放在卫生间门口上	0.5			抹梳妆镜（镜面、镜框）	1	
	用垃圾袋收卫生间内的垃圾并把垃圾袋放在卫生间门口的地面上	0.5			抹组合柜面（抹台灯并开亮，抹电视机、酒板等）	2	
	把用过的毛巾、浴衣检查后放入工作车布草袋内	1			抹冰箱内外	1	
	用清洁剂喷洒三缸，以便清洁剂与污渍反应	0.5			抹小挂画	0.5	
	将空调开大，关上门内电灯分开关	0.5		抹 18 分	抹圈椅（检查垫底有否杂物）	1	
	拉开窗帘	1			抹咖啡台（托盘、冰壶、冷、热水壶、台脚），抹落地灯（灯泡、灯杆、灯盘）及抹后开亮	2	
	收房内垃圾及烟灰缸	0.5			抹玻璃窗、窗台扶手板、地脚线	1	
	备用棉被放回衣橱内	1			抹床头板边沿	1	
	将二张床拉出离床头板约50厘米后，先B床，后A床逐张撤床上布草	1			抹床头灯（灯头、灯杆）抹后开亮	1	
	床上用品按规定摆放于圈椅和B床上	1			抹床头柜（电话、电话簿、应急电筒、抽屉和柜内外）	1	
	把垃圾袋、脏布草撤到布草车分放好，同时将用过的杯具撤、冰瓶放至卫生间云石台面	1			抹靠卫生间镜上的挂画	0.5	
	把干净的烟灰缸放进卫生间	0.5			抹空调调节器	0.5	
铺 22.5 分	带床单、枕套进房放于B床和圈椅上	0.5			抹卫生间门框及门板	0.5	
	先铺A床，床单、被套、枕套三线重叠，床面平整	6			抹过的家具要按标准规格复原	1	
	床单正面向上，四个角角式，角度一致，包角均匀，紧密	2			将洗发液、浴液空瓶放进清洁篮	1	
	床沿摺入紧密平滑	2			倒冰桶水并抹干净、清洁烟灰缸、洗抹布	2	
	包角成直角，紧密、对称、饱满（每个角0.5分）	4			再用清洁剂全面喷洒三缸	0.5	
	枕套边沿重叠，枕芯不外露，枕头开口与床头柜方向相反	2		洗 22.5 分	清洁工具分用，全面洗擦三缸和浴缸上方墙壁，洗防滑垫（面盆、浴缸用手刷，恭桶用专门毛球，防滑垫用洗衣刷）	2	
	床面美观平整	4			检查冲水系统水龙头、花洒	1	
	操作规范，动作轻松，不忙乱、不重复	2			面盆干净，活塞拉起	1	
	B床和A床铺法一致（各占11分）				浴缸干净，活塞提起，防滑垫干净无积水	1	
					恭桶干净无污渍	1	
					云石台面干净，无渍、无尘	1	
					墙面抹干净，无污渍，无水迹	2	
					镜面干净明亮	1	
					小五金发亮无水渍	2	

续 表

项目	细 则	定分	评分	项目	细 则	定分	评分
洗 22.5分	地面干净、无杂物(用湿抹布抹地面)	2		补 14分	火柴	0.5	
	卫生间干净无异味	1			茶叶	0.5	
	浴帘洗抹干净并按规定摆放,浴帘杆无尘	2			电话留言纸、铅笔	0.5	
	收走清洁篮和小垫毯,并放回工作车上	1		吸 4分	先从窗台地板吸起(吸地板时要把毛刷拔起)	1	
补 14分	卫生间:方巾、面巾按规定摆放	1			吸房间地毯边角位(咖啡台、窗帘下、床边和床底、梳妆凳下)、走道、门后、衣柜内	2	
	浴巾按规定摆放	1					
	防滑垫和地脚巾按规定摆放	1			将耙头毛刷起,吸卫生间边角位及门后地板	1	
	补充大小香皂、洗发液、浴液、浴帽、牙刷	1		检 6.5分	检查电器,电视机、床头灯、台灯、落地灯、夜灯、走道灯、衣柜灯、音响是否正常使用	1	
	补充漱口杯	1					
	藤篮摆设整齐	1			房间:拉合窗纱	1	
	卷纸、面巾纸补齐并按规定折口	1			把空调器调回规定位置	0.5	
	套垃圾桶胶袋	0.5			喷空气清新剂	0.5	
	房 间:房门锁上挂放的请勿打扰牌、请打扫牌、衣柜藤篮物品齐全(拖鞋、擦鞋盒等)衣架杆,12个衣架,洗衣袋(单)	2			关总开关	0.5	
					取正在打扫牌	0.5	
					关房门	0.5	
	文具补充齐全	1			填写离房时间及其他情况	2	
	购物袋、擦鞋布、针线包	1					
	杯具(水杯、漱口杯、茶杯)	1		操作时间:	合计分数:		

注:时间要求30分钟。

项目三 客房对客服务

> **学习目标**
> - 熟悉客房对客服务的程序和标准
> - 能规范灵活做好各项对客服务工作
> - 能根据客人需要提供个性化服务
> - 能妥善处理相关的特殊情况

客人住店期间,不仅要求客房清洁、舒适,还要求提供相应的服务。客房对客服务是指客房服务人员面对面地为客人提供各种服务,满足客人提出的各类符合情理的要求。掌握各项对客服务工作的程序和标准,才能更好地输送客房服务,提高客人的满意度。

模块一 常规服务

任务导入

明明白白你的心——宾客客房服务需求调研(1)

1. 设计宾客需求调研表,进行调研,了解宾客对客房服务的需求。

2. 以"明明白白你的心——宾客客房服务需求调研"为题目,制作成PPT,小组代表课堂演示介绍调研的成果,教师点评总结。

客房部提供哪些服务项目,服务质量如何,会在很大程度上影响住客的满意程度。各家酒店星级高低不一,目标客源市场需求不同,再加上其他诸多因素,酒店需根据自身的具体情况,考虑多种因素,确定所需提供的服务项目。对客房服务员来说,只有熟悉和掌握客房服务的具体内容及标准,不断摸索规律,才能灵活自如地做好服务工作。

工作任务一 迎客服务

基础知识

客房楼层迎客服务工作主要包括:宾客抵店前的准备工作、客人的迎接及其他相关服务工作。

一、宾客抵店前的准备工作

宾客抵店前的准备工作是服务过程的第一个环节,这个环节对以后接待工作能否顺利开展有很大关系。准备工作主要有:了解客人情况、接待规格、布置客房。所有准备工作须在来宾到达之前完成。

1. 了解客情

认真阅读《客情通知单》(见表 3-1)、《特殊要求通知单》(见表 3-2)等表单,了解宾客姓名、人数、国籍、身份、抵离时间和房号安排等基本情况。

2. 了解接待标准

对不同的客人酒店接待标准也有所不同(见表 3-2),客房服务员需了解具体的接待要求,如是否按贵宾接待、是否是常客,并尽可能多了解客人的风俗习惯、宗教信仰、生活特点和特殊要求等,做到情况明、任务清。

表 3-1　×日客情通知单

制表人_____　制表时间___月___日___时

VIP	团队代号	团队名称	抵日期 车次/航班	离宁日期 车次/航班	国籍	人数	用房	自订房单位

表 3-2　特殊要求通知单

制表人_____　制表时间___月___日___时

宾客姓名		国籍		人数	
抵店时间					
房号					
VIP 等级	请于　　月　　日　　时前按　　VA　　VB　　VC　　布置				
其他特殊要求					

二、宾客抵店时的迎接服务

宾客抵店时的迎接服务工作时间短,影响却很大,往往会给宾客留下深刻的印象,客房服务员需提供热情、礼貌、周到服务。

三、其他服务

1. 陪送用膳

客人初来乍到,人地生疏,第一次去餐厅时,客房服务员应视情况主动陪送,并向餐厅人员作简单交代,如有可能还要向来宾介绍餐厅菜肴特色、收费方式等情况。

2. 接待团体来宾

团体来宾一般行李先到,服务员必须检查清楚,再按行李上行李牌标明的房号,逐一将行李分送入房。若行李标记不清,则排列在安全的地方,待来宾到达时辨认,切勿自作主张将行李放进房间。当团体客人抵达楼层时,需热情招呼。宾客出示房卡后,按房号分别引领客人进房。

实践操作

一、宾客抵店前的准备工作

表3-3 宾客抵店前的准备工作

操作步骤	操作要领	质量标准
1. 了解客情	认真阅读《客情通知单》,了解宾客姓名、职务、抵达时间、离店时间、入住房号等情况	熟悉客情,提供针对性服务
2. 了解接待规格和要求	认真阅读《客情通知单》,了解接待规格和要求	熟悉酒店接待规格和要求
3. 布置客房	(1) 房间按酒店要求布置,例如开音响、调节空调温度等 (2) 检查有无不妥之处,若有立即修正	按接待规格及要求布置客房
4. 迎客准备	关上房门,到电梯口迎候	准备工作充分

二、迎宾服务

表3-4 迎宾服务

操作步骤	操作要领	质量标准
1. 站立迎接	(1) 着装规范,按标准站姿站在电梯口迎接客人 (2) 面带微笑,目光平视前方,随时准备迎接客人的到来	(1) 仪表仪容规范 (2) 精神饱满
2. 迎候	客人出电梯后,主动问候客人、自我介绍,视情况询问客人是否需要帮助提拿行李	热情礼貌
3. 引领客人进房	(1) 在客人左前方或右前方约一米处引领客人,途中介绍酒店情况,回答客人的问题 (2) 到房门口后,告知客人这就是他的房间,用客人的钥匙按程序将门打开 (3) 打开房门后,退到门边,请客人先进房	主动介绍、礼让客人

续表 3-4

操作步骤	操作要领	质量标准
4. 介绍房内设备设施	(1) 视情况向客人简单介绍房内设施设备及使用方法（如客人比较疲劳或熟悉客房设施设备，则不需介绍） (2) 告诉客人客房中心电话，以便有事联系 (3) 祝客人住得愉快，面向客人关上房门，退出房间	介绍恰到好处
5. 作记录	回到工作间在《楼层服务员工作日报表》（见表3-5）上作好相关记录	记录及时、准确

表 3-5 楼层服务员工作日报表

楼层_____　　姓名_____　　日期___月___日

房号	状况	人数	夜床入	夜床出	报纸	饮料消耗	遗留物品	维修项目	贵重物品	备注	交班事宜
01											1. 借用物品
02											
03											
04											
05											
											2. 特殊要求
											巡楼时间

电话记录	结账	离店	进店	对客服务	其他	当日工作

【特别提示】

1. 设客房中心的酒店,通常由行李员引领客人进房,楼层服务员只需做好准备工作并协助行李员工作即可。

2. 如酒店要求实行"三到"服务(客到、茶到、毛巾到),则需按要求做。一般国内的 VIP 都需提供此项服务。

【案例 3-1】

四季酒店的个性化服务

四季酒店的个性化服务做到极致,只要有来客信息,酒店都事先充分准备到位。如美国 CNBC 电视台总裁来沪,酒店马上与上海专业机构联系,专门给 CNBC 一行的下榻的客房加上 CNBC 的频道播放,并精心印制专门的节目单;百事可乐的总裁来,房间就全换上百事公司的产品;得知来店夫妇携带一个六岁孩子,酒店客房部马上配上儿童浴袍、儿童拖鞋和气球等小玩具,加床也符合孩子的身高。

而诸如称呼客人名字此类的服务,则是最基本的。客房服务员口袋里都有一张纸,上面写着今天楼面客人名字,见到客人就尊称客人姓名问候致意。世界上各语系的发音都有不同的特点,酒店尽力做到不同国籍客人都能听懂。

思考: 从这个案例中,我们可以得到什么启示?

学生实训

一、客房布置

实训地点:实训宾馆。

实训要求:设置特定的接待对象及接待要求,如商务客人、女性客人,要求学生分组布置客房。

二、迎客服务

实训地点:实训宾馆。

实训要求:分组进行角色扮演,练习迎客服务。

工作任务二 住店服务

宾客住店期间的服务涉及面较广,要使宾客住得满意,服务员必须善于察言观色,时时处处事事当个有心人,做好每一项服务工作。

实践操作

一、送茶、饮料服务

送茶、饮料服务是客房对客服务输送较多的服务工作,需认真仔细做好相关工作。

1. 送茶服务

表 3-6 送茶服务

操作步骤	操作要领	质量标准
1. 准备	(1) 接到送茶水服务要求时,需询问清楚客人要几杯茶,是红茶、花茶还是绿茶(酒店必备三种茶),记清房号 (2) 在最短的时间内做好准备,泡好茶,盖上杯盖。将泡好的茶杯放在托盘内	(1) 问清要求 (2) 茶具干净,无破损;茶叶放适量,开水冲泡,七成满即可
2. 进入客房	按进房程序进入客房	规范操作
3. 上茶	(1) 将茶水按先宾后主或先女士后男宾的顺序放在客人方便拿取的地方,如茶几上、床柜上、梳妆台上等,视宾客坐的位置而定 (2) 从托盘内拿出茶水时应先拿外面的,后拿靠里的,同时说"先生/小姐,请用茶"	(1) 轻拿轻放 (2) 礼貌用语
4. 结束语	茶水全部放下后,询问客人是否有其他吩咐	主动征求客人意见
5. 离房	离开房间,轻轻关上房门	礼貌告退

2. 饮料服务

表 3-7 饮料服务

操作步骤	操作要领	质量标准
1. 准备	(1) 接到送饮料服务要求时,询问清楚要饮料品种、数量、是否需要加冰块,记清房号 (2) 在最短的时间内做好准备,将饮料、杯子、冰桶放在托盘内	(1) 问清要求 (2) 杯具干净
2. 进入客房	按进房程序进入客房	规范操作
3. 上饮料	按先宾后主或先女士后男宾的顺序将杯子放在客人方便拿取的地方,如茶几上、梳妆台上等。征求客人意见,倒上饮料,加入冰块	(1) 动作要轻 (2) 礼貌用语
4. 结束语	询问客人是否需要其他帮助	主动征求客人意见
5. 离房	离开房间,轻轻关上房门	礼貌告退

【特别提示】

1. 无论送几杯茶、几听饮料都要使用托盘。
2. 使用托盘的方法一定要正确,防止泼洒。
3. 根据客人情况,确定是否在送茶/饮料时,同时送上热毛巾。
4. 客房服务员看到客人送客,或是客人电话要求,需及时进房整理。

二、微型酒吧服务

2010 版《旅游饭店星级的划分与评定》(GB/T 14308—2010)(简称星评标准)规定四星级以上的酒店须提供客房微型酒吧服务,客房内配备小冰箱(见图 3-1),提供适量酒、饮料及佐酒食品,供客人自由取用。客房微型酒吧服务既方便了客人,又可增加酒店的收入。

1. 住客房小酒吧的检查,通常由服务员在每次例行进房时进行,如清扫客房、做夜床时。如发现小酒吧有消费,应立即输入账款,并作补充。如果客人已填好《客房微型酒吧账单》,应收取并补充新账单并

图 3-1 客房微型酒吧(1)

注意查对账单填写是否正确。

一些酒店开通了电话输入酒吧消费的功能,服务员可通过客房内的电话立刻将客人的小酒吧消费情况输入电脑。日本一些酒店使用了小酒吧自动计费系统,只要客人使用了饮料,其消费情况就会立刻计在客人的总账单上。

2. 对离店客人,国内大部分酒店要求总台收银员在客人退房结账时通知客房部,由服务员检查客房内饮料消耗等情况,并通知总台收银处。由于查房需要一定的时间,客人会因等待时间过长而引发不满。近年来,不少酒店采用了结账免查房方法,即在客人结账时收银员询问客人当天是否消耗了房内的酒水饮料,根据客人的回答进行结账,从而加快结账速度。当然,不同档次、不同客源、不同地区的酒店应从实际出发,根据本酒店微型酒吧损耗的多少作出相应的决策。

3. 团队客人,微型酒吧内酒水、饮料、小食品通常需撤出(撤吧),待团队客人退房后再放入客房。撤吧工作量较大,而且从小冰箱撤出来的软饮及食品也没有办法进行冷藏,可能会导致软饮及食品的变质,造成损耗。一些酒店的客房小冰箱加了上锁的功能(如图3-2箭头所示),如果有需要只需将小冰箱的上锁即可,即可省却撤吧之累。

图 3-2 客房微型酒吧(2)

表 3-8 微型酒吧服务

操作步骤	操作要领	质量标准
1. 布置小酒吧	按酒店规定品种、数量、摆放位置摆放酒水、佐酒食品、酒具、酒单	(1) 数量齐全,摆放整齐 (2) 冰箱清洁无异味
2. 检查	(1) 住客房通常每日检查两次(白天清扫客房和开夜床时) (2) 客人退房时需立即检查 (3) 空房需检查有无过期、变质酒水、食品	(1) 认真、及时补充 (2) 确保小酒吧内的酒水、饮料和食品在有效期限内
3. 查核填写账单	(1) 酒水单一式四联,由客人自己根据饮用数量填写此单 (2) 服务员整理客房时进行核点,无误后签字并输入电脑或送总台收银处 (3) 四联单据第一联与补充酒水一起派入房间,二联和三联交收银处作为发票和记账凭证,四联作为楼层补充酒水、小食品的凭证	认真查核,准确无误
4. 填写报表	按要求填写《楼层服务员工作日报表》(见表3-5)	填写及时、准确

表 3-9 客房微型酒吧账单

房号 ROOM NO.	日期 DATE	时间 TIME

1. 尊敬的客人,您在客房小酒吧取用饮品后,请将此表格填妥并签名或由服务员在每天补充饮品时结算。
2. 您在客房小酒吧取用饮品的金额将记入贵账户内。
3. 如果您在退房当日取用客房小酒吧的饮品,请在结账前将此表格带到总台结账处办理。
4. 如果您需要再补充饮品,请拨电话_____。

1. Please fill in the quantity consumed and sign on this bill, otherwise the consumption will be charged according to our count at the time of stock replenishment each day.
2. Please do not pay cash. This bill will be collected daily and charged to your account.
3. If any items is consumed on the day of your departure, please hand in this bill to the Front Office Cashier at check-out time.
4. For replenishment please call housekeeping on _____.

贮备量 Stock Quantity	品　种 Items	单　价 Unit Price	消费数量 Consumed	金　额 Total Amount
		总金额 Grand Total		

三、开夜床服务

开夜床服务是一种高雅而又亲切的对客服务形式，目的是为客人准备惬意而愉快的休息和睡眠环境。夜床服务包括三项工作：房间整理、开夜床、卫生间整理。开夜床时间要求在17～21时，最好是趁客人不在房如客人到餐厅用晚餐时进行。

表 3-10　开夜床服务

操作步骤	操作要领	质量标准
1. 进入客房	(1) 按进房程序进入客房 (2) 如客房有"请勿打扰"标志，不能进房	避免打扰客人
2. 停放工作车	工作车挡住房门，开口向着房内	防止闲杂人员进入客房
3. 开灯	如果客人不在房间，逐一开亮房间灯具，检查是否正常	保证灯具完好有效
4. 拉窗帘	拉上厚薄两层窗帘	窗帘需完全合拢
5. 开夜床	(1) 双床间住一位客人，一般开临近卫生间那张床的靠床头柜一侧；住两人则各自开靠床头柜的一侧 (2) 单人间或大床间住一位客人，开有电话的床头柜一侧 (3) 大床间住两人则各开靠床头柜的一侧	折角开向床头柜
6. 放置晚安卡、早餐牌等物品	将晚安卡、早餐牌、遥控器、拖鞋放在规定的位置	方便客人使用
7. 打开背景音乐	打开背景音乐至低档音量	音量适中
8. 打开电视开关	检查电视频道设定是否正确，音像是否清晰，并将其调至规定的频道	(1) 电视机使用正常 (2) 音量适中
9. 检查客房微型酒吧	检查客房微型酒吧有无消耗。若有消耗，及时补充	饮品齐全
10. 收集烟缸及杯具	(1) 将脏烟缸放入卫生间备洗 (2) 杯具最好采用更换的方式	客人新沏的和客人自带茶叶沏的茶水不能倒
11. 收集垃圾	(1) 收集房内垃圾，将垃圾倒入工作车上大垃圾袋内 (2) 清洁垃圾桶，更换垃圾袋	严格执行酒店有关节能降耗和绿色酒店的质量标准
12. 整理客房	整理客房内零乱的物品，使之归位	保证房间美观整洁

续表 3-10

操作步骤	操作要领	质量标准
13. 补充用品	(1) 补充房间客用消耗品 (2) 如有加床,需按规定添加客用物品	用品齐全
14. 整理卫生间	(1) 清洗烟缸等用过的器皿,擦干后归位 (2) 清洁客用用过的卫生洁具 (3) 将防滑垫平铺在淋浴房地面上。浴缸将浴帘拉开三分之二,浴帘底部放入浴缸内。将地巾展开,平铺在紧靠浴缸的地面上 (4) 补充卫生间消耗品	卫生间整洁无异味,用品齐全
15. 自我检查	检查有否遗漏之处	确保卫生质量
16. 关灯离房	(1) 客人不在房间,关灯(床头灯、地灯),关门离房 (2) 客人在房间,则需礼貌地向客人道晚安后退出房间	关门后注意回推一下,确保房门锁上
17. 填写报表	按要求填写《楼层服务员工作日报表》(见表 3-5)	填写及时、准确

一些酒店的晚安卡设计得很有特色(见图 3-3),还有一些饭店用毛巾叠出小动物,富有情趣(见图 3-4)。

图 3-3　晚安卡

图 3-4　毛巾叠出的小动物

四、洗衣服务

星评标准规定三星级以上的酒店须提供洗衣服务。对客人来说,洗衣是他们很重视的一项服务。从客人对客房的投诉来看,对洗衣服务的投诉已占有相当的比例。因此,提供优质的洗衣服务对提高客人的满意度有着重要的意义。

1. 收取客衣

客房部可通过以下几种途径收取客衣:

(1) 客人打电话通知洗衣场客衣组,由客衣服务员上楼层收取客衣,这是国际上大部分酒店的例行做法。客衣服务员在电话中往往需提醒客人填写洗衣单并将所需洗的衣物一同装入洗衣袋,放于客房内。客人有时会有一些特别要求,服务员应询问清楚并作记录。

(2) 客人将送洗的客衣装入洗衣袋内,客房服务员清扫客房时取出交给洗衣场。注意,如果客人没有填写洗衣单则不能收取。

2. 返送客衣

返送客衣有三种方式：

（1）由洗衣场客衣服务员直接送回客人房间。

（2）客衣服务员将客衣送至楼层，再由楼层服务员将客衣送入客房。

（3）客衣服务员将客衣送至楼层，由行李员将客衣送入房，体现一种高规格的服务。

表 3-11　洗衣服务

操作步骤	操作要领	质量标准
1. 收客衣	（1）客房服务员清扫房间时，应留意客人是否有待洗衣物。一旦发现，应立即收取，并进行查对 （2）客房中心联络员接到要求洗衣服务的电话后，立即通知客房服务员。服务员应在规定的时间内到客人房间收取客衣	及时收取
2. 检查客衣	（1）按进房程序进入客房 （2）认真查对洗衣单填写是否清晰、衣物的件数，是否有客人的签名、房号，干湿洗要求是否清楚，检查口袋是否有物品，衣物是否有破损等问题 （3）发现问题，需及时与客人沟通	（1）如房门上有"请勿打扰"的标志，应先通过电话与客人联系，征得客人同意后，再进门取衣 （2）认真核查客衣
3. 交接	（1）将收来的客衣放于工作间内规定的地方，在工作单上作好收衣记录 （2）洗衣场人员定时上楼层收取客衣，与客房服务员当面清点，做好交接 （3）如是快洗衣物或贵宾衣物，需在洗衣单上作好标志，单独摆放，并立即通知洗衣场员工前来收取	交接无差错
4. 返送客衣	（1）衣物洗好后，洗衣场员工将洗好的衣物按楼层顺序放在客衣车内，在规定的时间内送回楼层，与客房服务员当面核对 （2）客房服务员应尽快将洗衣送回客人。如客人在房内，请客人查点洗衣。如客人不在房间，将挂件放入衣橱内，衣包放写字台上	如果房门上有"请勿打扰"标志，则附上留言条，洗好的衣物可暂时放在工作间或客房中心妥善保管
5. 做好相应记录	各班交接时，需做好洗衣交接工作，并在工作单上做好记录	准确、无遗留

【特别提示】

收送客衣时需特别注意以下几个事项：

1. 凡是放在床上、沙发上，没经客人吩咐、未放在洗衣袋内的衣服不能收取，可给客人留言（见《洗衣留言单》）。

2. 检查洗衣袋内是否有洗衣单，洗衣单上的房号是否与房间的房号一致，单上的有关项目是否填写，衣服的数量是否正确，发现问题及时通知客人（见《客衣通知单》）。

3. 洗衣分快洗服务和普通服务，费用通常相差50%，所以如客人需要快洗服务，需向客人说明。

4. 准确无误是返送客衣工作中需要特别注意的问题。常见的错误是送错楼层和送错房号，如716的客衣送到617，或716的客衣送到706等等。

5. 如遇"请勿打扰"及双锁房的客房，暂时不能进房，可将客衣存放在楼层工作间或客房中心，并给客人"衣服已洗妥"的提示卡，注意记下客人房号。

DRY CLEANING & LAUNDRY & PRESSING LIST
干洗、水洗及净熨登记表

Name 姓名 _____

Room Number 房号 _____   Date 日期 _____   Guest Signature 客人签名 _____

☐ Regular Service 普通服务
Garments collected before 10:00 a.m. will be returned the same day while after 10:00 a.m. will be returned the next day except those marked "Express Service". The last collection is 10:00 p.m.
早上十时前收取之衣物将于当日送回；早上十时后不注明快洗的第二天送回。最后收衣时间为晚上十时。

☐ Express Service 特快服务
Garments will be returned within 3 hours from the time of collection. With 50% Surcharge (order between 9:00 a.m. and 3:00 p.m.).
衣服由收衣时间起三小时内送回，(早上九时至午后三时)加收50%。

Special Instruction 特别要求指示
☐ Repairs 修补
☐ Buttoning 缝扣
☐ Stain Removing 去污
☐ Folded 叠
☐ Hangers 挂
☐ Starch 浆

Available from 7 a.m to 6 p.m. 服务由早上七时至晚上六时 (Please tick 请作标记 ☑)

DESCRIPTION 项目	DRY CLEANING 干洗			LAUNDRY 水洗			PRESSING ONLY 净熨		
Gentleman 男士	Unit Price 价目¥	Guest Count 客人核数	Hotel Count 酒店核数	Unit Price 价目¥	Guest Count 客人核数	Hotel Count 酒店核数	Unit Price 价目¥	Guest Count 客人核数	Hotel Count 酒店核数
Suit (3pcs) 礼服一套	80.00			/			50.00		
Suit (2pcs) 西服一套	70.00			/			30.00		
Jacket 短装上衣	40.00			/			25.00		
Sweater/Pullover 羊毛外套	30.00			/			/		
Dress Shirt 礼服衫	/			32.00			/		
Sport Shirt (2pcs) 运动衫	/			30.00			/		
Silk Shirt 丝衬衫	40.00			35.00			25.00		
Normal Shirt 衬衫	35.00			30.00			15.00		
T-Shirt T恤衫	30.00			20.00			15.00		
Tie 领带	15.00			/			10.00		
Overcoat 外衣	70.00			/			30.00		
Waistcoat/vest 西服背心	20.00			/			10.00		
Cotton Jacket 棉质短外衣	/			35.00			/		
Trousers 西裤	35.00			30.00			20.00		
Shorts 短裤	/			20.00			/		
Undershirt 内衣	/			10.00			/		
Underpants 内裤	/			10.00			/		
Socks (pair) 短袜	/			10.00			/		
Handkerchief 手帕	/			8.00			/		
Pyjamas (2pcs) 睡衣	/			30.00			/		
Overall Suit 工装裤	35.00			35.00			20.00		
Jeans 牛仔裤	35.00			30.00			20.00		

续　表

DESCRIPTION 项目	DRY CLEANING 干洗			LAUNDRY 水洗			PRESSING ONLY 净熨		
Ladies 女士									
Dress (1pc) 衫裙	60.00			/			25.00		
Coat (Shirt) 短装外套	40.00			/			25.00		
Sweater/Pullover 羊毛外套	30.00			/			/		
Cotton Dress 棉衣衫裙	/			50.00			/		
Coat 外衣	/			35.00			/		
Silk Shirt 丝衬衫	40.00			35.00			25.00		
Normal Shirt 衬衫	35.00			30.00			15.00		
T-Shirt T恤衫	30.00			20.00			15.00		
Shirt 短裙	35.00			35.00			18.00		
Shirt (Full pleated) 全褶裙	60.00			/			50.00		
Shirt-Pleated 短裙-有褶	50.00			40.00			/		
Scarf 围巾	/			12.00			/		
Scarf 丝巾	16.00			/			10.00		
Jeans 牛仔裤	/			30.00			/		
Slacks 长裤	35.00			30.00			20.00		
Stockings 袜	/			10.00			/		
Handkerchief 手帕	/			8.00			/		
Shorts 短裤	/			20.00			/		
Pyjames (2pcs) 睡衣	/			30.00			/		
Morning Gown 晨衣	/			25.00			/		
Brassieres 胸罩	/			10.00			/		
Undershirt 内衣	/			10.00			/		
Underpants 内裤	/			10.00			/		
Panty-hose 裤袜	/			12.00			/		
Slips 衬裙	/			10.00			/		
Basic Charge 基本费	Express Service Charge 特快服务费			15% Service Charge 加收15%服务费			Grand Total 总计		
							Total Pieces 衣服件数		

洗衣留言单

尊敬的宾客：

  我们注意到您可能有些衣物要洗，但您未填写洗衣单，故未将衣物送洗，如您需要，请拨电话"7"与客房部联系。

客房部

  谢谢合作！

洗衣提示卡

亲爱的宾客：

  您的衣服已洗妥，请拨"7"，随时与我们联系，当即送回，谢谢。

客房部

Guest Laundry Service Notice

客衣通知单

房号 Room Number _____ 日期 Date _____

尊敬的 Dear _____

敬请您注意，您送洗的衣物，有下列情形需确认：

Sorry to return your laundry, please be aware that the garment/s have the following fault/s:

☐ 我们实收衣物件数与您所填单数不符，欠（　）件。
  There are a number of clothing piece/s (　) missing.

☐ 您的衣物有染色/退色/漂点/反光现象。
  The garment colour has faded/damaged.

☐ 您的衣物有破损。
  The garment has been damaged.

☐ 您的衣物上的纽扣/拉链遗失/损坏。
  The button/zipper on your garment was found missing/has been damaged.

☐ 您未填写洗衣单。
  We were not notified that laundry service was requested.

请您确认后与客房中心联系，分机"7"。我们将会以普洗服务收费，快洗服务处理。

If you are aware of the above faults, please contact Housekeeping at extension "7". For your convenience we will conduct an express service, normal charges will apply.

在处理您的洗衣时，有发现下列情形：

Please note the following fault/s were found when processing your laundry:

☐ 特别污迹经处理仍未去除。
  The stains cannot be removed.

☐ 衣物袋中有遗留物品。
  Some articles left in the pockets.

☐ 此衣物不宜洗涤。
  Not suitable for washing.

Guest Signature　　　　　　Handled By
宾客签名_____　　　　　经手人_____

【案例 3-2】

缩水的衣服

  有一天，某酒店住进了一位客人张先生，想将外套洗一下，于是他就接通客房洗衣场服务电话。过了一会儿，客房部派人上来收取要洗的衣服，服务员请张先生填写洗衣单。张先生可能比较疲劳，于是让这位服务员帮助填写，服务员就代客人填写，填到选择水洗、干洗时,客人不假思索地说是水洗。后来,服务员就将衣服送去洗了。

当天下午,衣服送回了房,张先生一穿才发现,这件衣服小了一圈,变得不合身,他十分沮丧,于是向酒店提出了投诉。酒店经仔细检查,发现这件衣服应该干洗,洗衣场按洗衣单上填的要求,进行水洗处理了,导致衣服缩水。

点评:洗衣单原则上应由客人自己填写、签字,若客人没有填,服务员可以帮助客人填写,但一定要让客人签字认可,以避免不必要的麻烦。此外,洗衣场员工在处理客衣时也需特别留意。

五、访客服务

访客是酒店潜在的客人,做好访客服务,既可以给住客留下良好印象,又能为酒店争取潜在的客源。

表3-12 访客服务

操作步骤	操作要领	质量标准
1. 询问	礼貌询问来访者的情况、要拜访的住客姓名及有否预约	访客是酒店潜在客人,注意礼貌热情接待
2. 联系住客	通过电话与该被访住客联系 (1) 如果住客同意会见,按住客要求为访客引路,并根据需要提供茶水等服务 (2) 如果住客不愿接见访客,应先向访客致歉,然后委婉地请其离开,不得擅自将住客情况告知访客 (3) 如果住客不在房内,向访客说明,并询问客人是否需要留言	未经得客人同意,不能将住客房号随便告知访客
3. 填写报表	按要求填写《楼层服务员工作日报表》(见表3-5)	填写及时、准确

【特别提示】遇到来访客人找住店客人不在时,要特别注意:
1. 未经住客同意,楼层服务员不能将访客带入房间。
2. 如果住客事先有交代,根据客人要求办。
3. 住客不在,请访客到咖啡厅或大堂等候或留言,留言由服务员转交客人。

六、擦鞋服务

根据2010版星评标准,四星级以上的酒店须为住客提供擦鞋服务,房内备有擦鞋工具。客房内配有鞋篮(见图3-5),内置提示卡(见图3-6)。客人将需擦的鞋放在鞋篮内,或电话通知,或放在房内显眼处,服务员应及时收取。

图3-5 擦鞋篮

For complimentary service, please place shoes in the bag provided and call Butler for prompt pickup. For overnight service, shoes will be delivered as requested, or to your room prior to 7:00 A.M. the following morning.

如需免费擦鞋服务,请将鞋子放于提供的袋子内并通知专职管家立刻前去提取。如果是隔天服务,会根据要求或于第二天早晨7点前将鞋子送达您的房间。

图3-6 擦鞋服务提示卡

表 3-13 擦鞋服务

操作步骤	操作要领	质量标准
1. 收取皮鞋	(1) 接到客人要求擦鞋的电话或通知后,及时到客人房间收取皮鞋 (2) 在住客房工作时发现脏皮鞋,应主动询问客人是否需要擦鞋服务。如果客人不在,可先将皮鞋收回,留一张擦鞋单在门底缝隙处 (3) 如果皮鞋放在鞋篮里,可直接收取到工作间	若遇雨、雪天气,客人外出归来,服务员应主动提供擦鞋服务
2. 做记号	收取皮鞋时,应在小纸条上写明房号放入皮鞋内,以防送还时出现差错	避免搞错
3. 擦鞋	(1) 在鞋下垫上一张废报纸 (2) 将皮鞋表面的尘土擦去 (3) 根据皮鞋的面料、颜色选择合适的鞋油,仔细擦拭、抛光	(1) 注意不要搞混皮鞋颜色 (2) 擦净擦亮
4. 将鞋送回客房	(1) 将擦净的鞋送至客人房间 (2) 如果客人不在,应将皮鞋放在鞋篮旁,取出鞋内小纸条	及时送还
5. 填写报表	按要求填写《楼层服务员工作日报表》(见表 3-5)	填写及时、准确

【特别提示】

1. 不可将鞋送错房间。
2. 对没有相同色彩鞋油的待擦皮鞋,可用无色鞋油。
3. 电话要求服务的客人,通常是急用鞋,所以要尽快提供服务,并及时将鞋送回。
4. 收送客人鞋子,需使用鞋篮,特别要注意做好标记,防止出错。

【小资料 3-1】

管家服务箱

香港半岛酒店、上海半岛酒店与苏州亚致精品酒店等酒店为避免打扰客人,减少进出住客房的次数,提高员工工作效率,在客房衣橱内设有一个管家服务箱,箱门有两扇,一扇在衣橱内,一扇在房门外。住客如需擦鞋、洗衣服务,将鞋子、洗衣袋放在服务箱内,按下电源按钮,服务员巡楼发现服务箱灯亮,即可打开外面的箱门,悄悄地将客人皮鞋、洗衣袋收走。皮鞋擦好、衣物洗净后再放入服务箱;报纸也通过管家服务箱送进客房。这种服务方式,较好地诠释了现代服务业"无干扰服务"的理念。

七、租借物品服务

客房部除提供给客人最基本的住宿条件以外,还需购置一定数量的常用物品以满足客人的需求。客房部可供客人租借的物品有:旅游洁具包、电熨斗、烫衣板、插头、变压器、针线包、烫发卷、防过敏枕头、羽绒被、婴儿床、加床、轮椅、传真机等。这些物品的储备品种和数量需根据酒店的档次及服务水准而定,此外还需考虑酒店的规模和接待经验,常用的物品应多配备一些。一般而言,酒店星级越高可供客人租借的物品越多。

下面提供某五星级酒店客房租借物品(部分)名称:

加床 Rollaway beds　　　　　　婴儿浴缸 Baby bathtub
婴儿床 Baby cribs　　　　　　温奶器 Bottle Warmer
加床板 Bed boards　　　　　　文具 Stationery
毛毯 Extra blankets　　　　　　指甲钳 Nail Clipper
加枕/硬枕 Extra pillows/Foam pillow　　空气净化器 Air Purifier
浴袍 Extra bathrobes　　　　　　加湿器 Humidifier
熨斗/熨板 Iron/ironing board　　　干燥器 Dehumidifier
拖线板 Extension cords　　　　　剪刀 Scissors
计算器 Calculator　　　　　　　插头转换器 Adaptors

表 3-14　租借物品服务

操作步骤	操作要领	质量标准
1. 做好记录	问清客人要求租借的用品，在《客房服务工作日报表》上注明物品名称、编号和租借时间	记录及时准确
2. 将物品送进客房	(1) 将客人需租借的物品送至客人房间 (2) 询问客人归还时间 (3) 根据情况向客人演示物品的使用方法	服务快捷、演示正确
3. 填表	填写《客人借用物品登记表》(见表 3-15)	及时、准确
4. 收回被借物品	(1) 至归还时间，通过电话主动与客人联系，礼貌询问客人是否继续使用。征得客人同意后，前往该房收回租借物品 (2) 如果房间挂有"请勿打扰"牌，要特别注意。一旦客人取消"请勿打扰"或遇到该住客时，应礼貌地询问客人是否需要继续使用	(1) 注意语言技巧 (2) 注意检查物品是否完好 (3) 如果发现客人损坏或遗失租借物品，应向上汇报
5. 清洁、消毒租借物品	租借物品清洁、消毒后，放回原处	保证物品卫生
6. 做好记录	在《客房服务工作日报表》(见表 3-5)及《客人借用物品登记表》(见表 3-15)上注明此物归还情况	记录及时、准确

表 3-15　客人借用物品登记表

日期	房号	物品名称	数量	借出时间	收回时间	经手人	备注

续表 3-15

日期	房号	物品名称	数量	借出时间	收回时间	经手人	备注

八、加床服务

加床服务是客房部提供的服务项目之一,有时客人会直接向服务员提出加床服务要求,服务员应礼貌地请客人到总台办理有关手续,不可随意答应客人的要求,更不得私自给客人提供加床服务。加床服务同时需加配相应的房用品。一些酒店服务细心周到,客房内加婴儿床及婴儿用品同时,还在卫生间内配一个婴儿洗澡盆(见图3-7、图3-8),真正诠释了"宾至如归"的服务理念。

图 3-7 加床(婴儿床)

图 3-8 婴儿洗澡盆

表 3-16 加床服务

操作步骤	操作要领	质量标准
1. 做好记录	服务员接到客房中心有关提供加床服务的通知后,立即在工作单上做好记录	记录及时准确
2. 准备物品	将添加的物品送至客房: (1) 如客人在房内,主动询问客人要求,按客人要求摆放好加床 (2) 如客人无特别要求,将加床放在规定的位置	物品配备齐全
3. 铺床	按铺床程序铺好床	床铺美观整洁
4. 添补用品	按要求添补杯具、茶叶及卫生间客用消耗品	物品添补齐全,无短缺
5. 关门离房	将门轻轻关上	关门后注意回推一下,确保房间门锁上
6. 填写报表	按要求填写《楼层服务员工作日报表》(见表3-5)	填写及时、准确

表 3-17 婴儿床服务

操作步骤	操作要领	质量标准
1. 做好记录	(1) 接到有关提供婴儿床服务的通知后,应立即做好记录 (2) 若客人直接向服务员提出婴儿床服务要求,应请客人与总台联系,办理有关手续,不得私自向客人提供婴儿床服务	婴儿床服务必须得到总台的通知或认可
2. 加放婴儿床	(1) 将婴儿床放在房间适当的位置 (2) 按要求铺床	铺床美观整洁
3. 补充客用品	提供婴儿床服务的客房应增加以下客用品: 　儿童香皂　　1块 　沐浴液　　　1瓶 　小方巾　　　1条 　脸巾　　　　1条 　爽身粉　　　1瓶	客用品补充齐全,摆放在规定位置
4. 填写报表	按要求填写《楼层服务员工作日报表》(见表 3-5)	填写及时、准确

九、婴儿看护服务

为方便带婴幼儿的客人不因孩子的拖累而影响外出,高星级酒店客房部为客人提供婴儿看护服务,并根据时间的长短收取相应的服务费。

表 3-18 婴孩看护服务

操作步骤	操作要领	质量标准
1. 接受客人申请	接到客人托婴服务要求后,服务员应请客人填写《婴儿看护申请单》,并就有关特别事项向客人说明	记录及时准确
2. 上报	报告上级,由上级在申请单上签字,并安排专门人员看护婴幼儿	应安排有照看婴幼儿经验的员工看护
3. 看护	看护者在接受工作任务时,必须了解客人的要求及婴幼儿的特点,提供针对性服务	在规定区域内照看婴幼儿,严格遵照家长和酒店的相关要求
4. 结束工作	托婴服务完成后,立即将《婴孩看护申请单》送到总台收银处	避免漏账
5. 填写报表	按要求填写《楼层服务员工作日报表》(见表 3-5)	填写及时、准确

【特别提示】

1. 18 个月以下的婴儿不提供此项服务。
2. 客人要求看护服务一般应提前 3 小时提出。
3. 看护婴孩的员工应经专业培训。
4. 严格按照家长和酒店的要求,在规定的区域内照看婴幼儿;不得擅离职守。
5. 照看期间,若发现婴幼儿突发疾病,要立即报告上级,以便妥善处理。

婴孩看护申请单

客人姓名　　　　　　　　　　　　　　　　房号
Guest's Name _____　　　　　　　　　Room No. _____

尊敬的宾客:
　　应您的要求,我们安排____于____日____时至____日____时为您提供看护婴孩的服务。

Dear Guest:
　　As requested by you, we have arrange for:
Name of Baby Sitter ____ to report to you from ____ to ____ on ____.

请您在所需要的项目上打"√"
Tick (√) in the appropriate box:

早餐 Breakfast	是 Yes	□
午餐 Lunch	是 Yes	□
晚餐 Dinner	是 Yes	□

托婴服务的最初两小时，按_____收费，此后每超过一小时加收_____，所有费用都在总台收银处直接结算，酒店将不承担看护者疏忽造成的事故而引起的任何赔偿。

Kindly note that there is a minimum charge of _____ for the first 2 hours of babysitting. A fee of _____ is charged for each additional hour. All payment should be made direct to the Hotel Cashier. Under no circumstances shall the Hotel be liable to compensate the hotel guest for any accident negligence caused by the babysitter on purpose.

申请人愿意接受以上全部条款。
I fully accept the above terms and conditions.

客房部经理签名　　　　　　　　　　　　　　　　客人签名
Executive Housekeeper Signature _____　　　　Guest Signature _____

注：1. 一式三联　客人一联，总台收款一联，客房留存一联。

十、房内用膳物品的处理

房内用膳通常由餐饮部负责，客房部员工配合餐饮部做好收取餐具、餐车等工作。

表3-19　房内用膳物品的处理

操作步骤	操作要领	质量标准
1. 收餐具	(1) 在工作过程中，发现客房内、走廊上有客人用过的餐具和餐车，应立即将之移出房间或走廊，放在工作间内 (2) 如客人在场，应先征得客人同意 (3) 客人未用完的食物由房内用膳服务员带回处理，客房服务员不得私自留用	及时收取，保证房间整洁
2. 通知房内用膳服务员	通知房内用膳服务员将餐具等物品及时收回，以免丢失	及时通知
3. 妥善保管	发现遗留在楼层的贵重餐具，要妥善保管，并督促房内用膳服务员尽快收回	避免餐具流失

学生实训

对客服务演练

一、开夜床服务及夜床创意设计

实训地点：实训宾馆。

实训要求：

1. 学生分组进行提供开夜床服务。
2. 学生分组拟定开夜床的主题，进行创意设计。

二、客房对客服务演练

实训地点：实训宾馆及客房操作基地。

实训要求：
学生分组进行角色扮演，练习送茶服务、洗衣服务等对客服务工作。

工作任务三　送客服务

送客服务是客房服务全过程的最后一个环节，此项工作做得好，能加深来宾的印象，使客人高兴而来，满意而归。送客工作主要包括：送别服务、查房等。

实践操作

一、送别服务

表3-20　送别服务

操作步骤	操作要领	质量标准
1. 准备工作	(1) 掌握客人离店准确时间 (2) 得知客人的离店日期后，要记住客人房间号码，了解客人结账离房的准确时间 (3) 检查代办事项，是否还有未完成的工作 (4) 注意检查账单，如洗衣单、饮料单等，账单必须在客人离店前送到总台收银处，保证及时收款 (5) 主动询问客人离店前还需要办理的事项，如是否要用餐、叫醒服务、帮助整理行李等 (6) 征求即将离店客人意见，并提醒客人检查自己的行李物品	(1) 准备工作充分，代办事项落实 (2) 账单及时送总台收银处
2. 送别客人	(1) 协助行李员搬运客人行李 (2) 主动热情地将客人送到电梯口，代为按电梯按钮，以敬语向客人告别 (3) 对老弱病残的客人，要专人护送	主动热情，礼貌周到
3. 善后工作	(1) 迅速进房，仔细检查。如有遗留物品，立即报总台送还客人。来不及送还的，交客房中心登记处理。同时，还应检查客房设备和用品有无损坏和丢失。如有损坏和丢失现象，应及时通知总台 (2) 处理客人交办事项	(1) 查房仔细 (2) 认真处理好客人交办的事项

二、处理宾客遗留物品

表3-21　宾客遗留物品处理

操作步骤	操作要领	质量标准
1. 检查及报告	检查走客房时发现客人遗留物品，应及时与总台联系，将物品交还客人；如客人已经离店，则应及时交客房中心	仔细检查，及时报告
2. 登记	客房中心联络员收到客人遗留物品时，都应记录在"客人遗留物品登记表"上，写明拾获日期、地点、物品名称、拾获者姓名	记录及时、准确
3. 分类	遗留物品可分两类： (1) 贵重物品：珠宝、信用卡、支票、现金、相机、手表、商务资料、身份证、回乡证、护照等 (2) 非贵重物品：眼镜、衣物等日常用品等	分类清楚

续表 3-21

操作步骤	操作要领	质量标准
4. 保管	(1) 所有遗留物品都必须保存在失物储藏柜 (2) 贵重物品与非贵重物品分开存放,贵重物品应由专人管理	妥善保管,避免丢失
5. 认领	(1) 如有失主认领遗留物品,需验明其证件,且由领取人在遗留物品登记本上写明工作单位并签名;领取贵重物品需留有领取人身份证件的影印件,并通知大堂副理到现场监督、签字,以备查核 (2) 若客人打电话来寻找遗留物品,需问清情况并积极查询。若遗留物品与客人所述相符,则要问清客人来领取的时间。若客人不立即来取,则应把该物品转放入"待取柜"中,并在中心记录本上逐日交班,直到取走为止	认领手续齐全

【特别提示】 遗留物品管理必须制定制度,统一管理规范。

1. 归口管理

遗留物品必须归口管理,以方便客人查找。此外,物品的管理需要一套严密的程序,归口管理可提高工作效率。大部分酒店由客房部负责遗留物品的管理。

2. 明确专人管理

设有客房中心的酒店,一般由客房中心联络员负责登记和保管,并定期对遗留物品进行一次清点和整理。

3. 配备必要的贮存柜

酒店要视自身的规模和星级,配备放置遗留物品的橱柜,大型酒店甚至要设专门的遗留物品贮存室。

4. 确定保管期

酒店业对遗留物品的保管期没有硬性规定,一般规定贵重物品和现金的保管期一般为 0.5~1 年,一般物品 3 个月~半年,水果、食品 2~3 天,药物 2 周左右。衣物保存前应先送洗衣场洗净。

5. 确定保管期后的处理方式

酒店应对遗留物品过保管期后如何处理做出统一规定。

遗留物品登记单

编号:_____

拾获地点_____

物品名称_____
物品特征_____

拾获日期_____ 拾获时间_____ 拾获者_____

以上物品已悉数完好收妥,特签此据

日期_____ 签收_____(客房中心)

学生实训

一、送客服务演练

实训地点：实训宾馆。

实训要求：学生分组，角色扮演，练习送客服务。

二、检查走客房

实训地点：实训宾馆。

实训要求：练习检查走客房。

模块二　针对性服务

任务导入

明明白白你的心——宾客客房服务需求调研(2)

1. 学生以小组为单位，分组收集客房优秀服务案例10个、客人投诉案例10个。
2. 收集网络住客对酒店的评论、了解住客对客房服务的需求。
3. 以"明明白白你的心——宾客服务需求调研"为题目，制作成PPT，小组代表课堂演示介绍调研的成果，教师点评总结。

随着酒店业竞争的日益加剧，越来越多的酒店管理者认识到：要想在激烈的竞争中保持优势，就必须了解宾客的兴趣、需求，提供针对性服务，妥善处理客人的特殊要求，建立、保持并发展与宾客的良好关系。

工作任务四　特殊客人服务

每家酒店都有机会接待一些特殊的客人，如VIP客人、伤病客人、残障客人，这些客人都需要酒店给予特别的照顾。

实践操作

一、VIP客人服务

VIP是英语Very Important Person的简称，又称贵宾。通常列入VIP行列的有：对酒店业务发展有极大帮助或可能给酒店带来业务者；知名度高的外交家、艺术家、政界和经济界的要人、社会名流，同系统的机构负责人或高级职员，酒店业同行单位的负责人或高级职员等。VIP因身份特殊，酒店应给予特殊的关照。

一般酒店会根据 VIP 客人的不同身份地位，制定相应的接待规格。

1. 贵宾房布置

通常，酒店会根据 VIP 客人的不同身份地位，制定不同的接待规格，表 3-22 为某酒店 VIP 接待规格供学习参考。客房部接到 VIP 接待通知后，记录好 VIP 客人入住的日期及房间号，并根据接待计划布置贵宾房。

（1）配合工程人员检查贵宾用房，确保贵宾房设施设备处于良好状态。

（2）安排专人（中级以上客房服务员）负责贵宾房的清扫整理。

（3）贵宾房清扫并布置完毕后，须经领班、主管、经理等按规格标准逐级检查，发现问题立即改进。

（4）贵宾入住前 2 小时按贵宾等级及酒店接待规格摆设好鲜花和果篮。

（5）根据需要提前补入客人需要物品（如接线板、充电器等）。

（6）贵宾为外籍，应按照贵宾国籍送该国语言报纸，如没有，则送英文报纸。内宾送当日当地政府报纸。可能的话，将电视调至贵宾母语频道，在电视中设置显示中英文对照的欢迎词。

（7）贵宾抵店前 30 分钟，打开空调，使客房处于人体适宜、感觉舒适的温度，打开室内照明灯（小通道灯）。

（8）楼层工作间应备好欢迎茶（托盘、上等茶叶或咖啡、糖包、糖盅等）及小方巾（方巾质量好、质地佳）。

表 3-22 VIP 接待规格

等级规格	迎送规格	房内用品配备规格	餐饮规格	安全保卫规格
A 等	总经理率酒店管理人员及部分员工在大厅门口列队迎送客人	① 房内摆放盆花、插花（卧室或客厅）和瓶花（卫生间） ② 赠送酒店纪念品、工艺品 ③ 每日一篮水果（四色）、四种小糕点及水果刀叉等物品 ④ 房内客用品一律是豪华包装、布草特供 ⑤ 房内放总经理欢迎信及名片 ⑥ 每天摆放两种以上报纸	① 客人抵店第一餐由总经理引领客人进贵宾餐厅 ② 在专门的贵宾餐厅用餐 ③ 每餐开专用菜单 ④ 安排高级服务员专人服务 ⑤ 厨房安排技术精的人员烹制菜点	① 事先保留车位 ② 酒店四周有警卫巡视 ③ 客人上下设有专用客梯 ④ 楼层、公共区域设固定安全岗
B 等	总经理、大堂副理在大厅门口迎送客人	① 房内摆放插花（卧室或客厅）和瓶花（卫生间） ② 每日一篮水果（两色）、两种点心及水果刀叉等物品 ③ 房内放总经理欢迎信及名片 ④ 每天摆放两种以上报纸 ⑤ 赠送酒店特别纪念品	① 客人抵店第一餐由总经理引领客人进贵宾餐厅 ② 在专门的餐厅用餐 ③ 安排中级服务员专人服务 ④ 每餐开专用菜单	① 事先保留车位 ② 视情况设专用客梯 ③ 视情况设安全岗
C 等	视情况由总经理或副总经理、大堂副理在大厅门口迎送客人	① 房内摆放插花（卧室或客厅）和瓶花（洗手间） ② 每日放水果（两色）及水果刀叉等物品 ③ 房内放总经理欢迎信及名片 ④ 每天摆放一至两种报纸 ⑤ 做夜床时赠送一枝鲜花或一块巧克力	① 客人抵店第一餐由总经理或大堂副理引领客人到专门餐厅 ② 有专门的厅或餐厅留座 ③ 每餐开专用菜单或根据总经理要求而定	

2. 贵宾服务

（1）安排服务技能娴熟的服务员对客服务。服务员应熟悉和掌握客人的各种生活习惯、喜好和禁忌。

（2）了解客人的行程安排，对贵宾入住到退房全程安排做到心中有数。

（3）对级别高的贵宾根据需要安排24小时专人服务。

（4）贵宾抵达楼层时，由客房部经理和专职服务人员在客房走廊通道迎候客人，准备级别较高的迎宾茶服务。

（5）客人进房后，服务员应准确称呼贵宾的姓氏和职务，并送上具有地方特色的迎宾茶。

（6）客人离房一次，客房要进行一次小整理，以保持客房始终处于良好的状态，此类服务须在客人外出后立刻进行。

（7）对贵宾的针对性服务重点在于满足客人高层次的精神需求。如本地籍文化名人对乡土人情的怀念尤为突出，服务员就应选本地员工，让客人耳边萦绕着亲切的乡音，房间摆放一些当地风情照片，让客人感受到浓郁的故乡之情。

（8）相关服务人员应该具备为贵宾保密的意识，客人的个人资料、生活习惯都不可随便泄露。

（9）接到贵宾退房的信息，楼层服务员及负责接待的客房部主管、大堂副理，行李员，应站立于楼层中厅恭候，为贵宾候电梯，与客人告别。

（10）待贵宾乘电梯走后，应立即检查客房，特别要注意贵宾房内是否有遗留物品，要求动作快速、检查准确，并将查房结果报告总台。

（11）将本次贵宾接待工作的记录进行总结，备档入案（包括姓名、国别、抵、离店日期，房号、人数，习俗特点，宗教信仰，特殊要求，住店期间的投诉或表扬及建议）。

【特别提示】

1. 每次接待VIP，客房部应预先制定接待方案，调动业务能手，一班到底。
2. VIP离店后，需及时将相关信息提供给前厅部，做好客史档案。
3. VIP的入住登记通常在楼层或房间办理。
4. 掌握VIP的客房状态，如卫生、客用物品和设备情况，出现问题及时解决。
5. 为VIP具体服务的人员要尽快熟记客人姓名，以客人姓氏称呼客人。
6. 特别重要的VIP客人须加强安全和保密工作。

【案例3-3】

"早晨好，大师兄"

著名武侠小说家金庸先生曾下榻某知名五星级酒店，对这里无微不至的服务倍感满意。一天清晨，他刚出门，遇上服务员小沙，她轻声称呼道："早晨好，大师兄。"精神矍铄的金先生为之一愣，旋即开心笑了。因为这是他最喜欢的称呼，但他不明白小沙是如何知道的。原来这家酒店客房部的领班花了两个晚上时间上网查询他的资料，得知他笔下的"大师兄"均是集高强武艺、侠肝义胆、乐于助人为一身的英雄人物，于是，要求服务员用"大师兄"来称呼他，给了金庸先生一个小小的惊喜。

思考： 从这个案例中，我们可以得到什么启示？

二、照料伤、病客人

1. 照料受伤客人

（1）员工在酒店任何场合发现伤病客人应立即报告，尤其是客房部员工，在工作中，应随时留意是否有伤病客人。

（2）主动提供帮助，联系驻店医生上门治疗，如伤势较重，则由医生决定是否送医院治疗。

（3）做好防范工作，加强安全设施用品的配备，防患于未然。

2. 照料生病客人

个别客人因旅途劳累、水土不服或其他原因，可能会突然得急病，生病客人更是需要细心的照顾和服务。

（1）发现客人生病要表示关怀及乐意帮助，及时上报。

（2）礼貌询问客人病情。

（3）提醒客人有驻店医生的服务。没有驻店医生的酒店，应征询客人意见是否去医院。

（4）了解客人的生病原因。

（5）为客人提供必要的生活用品，如纸巾、茶杯、热水瓶、垃圾桶等。

（6）询问客人有无需要代办的事项。

（7）建议并协助客人和附近的亲朋好友取得联系，提醒客人按时服药，推荐适合客人的食品。

（8）随时留意房内动静，适时进客房观察并询问客人有无特别需求。

（9）在交接班本上做好记录。

【特别提示】

1. 发现客人生病，服务员应立即上报。注意不要轻易乱动客人，或擅自拿药给客人服用。

2. 如住客患上重病或急症，应立即报告大堂经理及值班经理，将患病客人送到附近医院治疗，未到医院之前由酒店驻店医生进行处理。

3. 发现客人休克或出现其他危险情况时，应立即报告上级，服务员不得随便搬动客人，以免发生意外。

4. 客人要求代买药品，服务员应婉言拒绝，并劝客人前去就诊。若客人坚持让服务员代买药品，服务员应及时报告大堂经理。

5. 照料生病客人时，服务员做好必要的准备工作即可离去，不得长时间留在病客房间，病客若有需要可电话联系。

三、照料残障客人

残障宾客是饭店的特殊宾客，需要服务员精心照料。

1. 酒店如有残疾人客房，应给客人安排此类客房。若没有，排房尽量排在低楼层、靠电梯处，以方便残障客人出入。

2. 客人进店前，客房部应根据前厅部等部门提供的资料，了解相关信息：客人的姓名、生活特点、有无家人陪同及特殊要求等，做好相应的准备工作。

3. 客人抵店时，服务员应在梯口迎接，问候客人并视需要搀扶客人进入客房，帮助提拿行李。

4. 向客人仔细介绍房内设施设备和配备物品,帮助客人熟悉房内环境。

5. 客人住店期间,应特别关注,适时提供帮助,如搀扶客人进出电梯、客房,提醒客人注意安全等。发现客人到酒店其他区域时应及时通知相关部门。

6. 主动询问客人是否需要客房送餐服务,配合餐饮部人员做好相关服务工作。

7. 尽力承办客人委托事项,通过相关部门的协作及时完成并回复客人。

8. 服务主动热情、耐心周到、针对性强,对客人的残障原因不询问、不打听。

9. 服务员需理解残障客人不便之处,恰当、谨慎地帮助他们。服务用语要恰当,服务适度。

某酒店,客房服务员在为一位右手有残疾的客人服务时说:"您的手不方便,我来帮您提吧。"客人听后大为不悦。

10. 客人离店时,服务员应主动征询客人的意见和要求,并通知行李员帮助客人提拿行李,送客人进入电梯后方可离开。

四、照看醉酒客人

酗酒现象在酒店时有发生,处理方式因人而异,一般应根据醉酒客人的情况,适时劝导,使其安静,并提供相应服务。

1. 发现醉酒客人要注意其醉酒的程度及行为。
2. 重度醉酒应及时报告上级及保安人员。
3. 轻度醉酒应劝客人回房休息。
4. 提供相应服务,将纸巾、热水瓶、茶杯、垃圾桶等放在床边,方便客人取用。
5. 撤出房间的火柴、打火机,以防意外。
6. 特别留意此房的动静。
7. 交接班时做好相应的记录。

【特别提示】

1. 如客人醉酒后在楼层或公共区域大吵大闹,损坏物品,干扰和影响其他客人,服务员应立即报告上级及保卫人员前来处理。

2. 如需搀扶客人回房休息,服务员切不可一人独自搀扶,可请同事或保安人员帮助。

3. 送客人回房休息,服务员不可随便为客人宽衣,以免发生误会。

学生实训

一、布置VIP客房

实训地点:实训宾馆。

实训要求:按照一定的VIP规格及要求,分组练习布置VIP房。小组进行自评、互评,教师点评、总结。

二、VIP客人迎送服务

实训地点:实训宾馆。

实训要求:小组角色扮演,模拟练习VIP迎送服务。

工作任务五 特殊情况处理

实践操作

一、委托代办

1. 客人委托代办事项包括修理物品、打包行李、递送转交物品服务和预订交通票服务等。
2. 提供递送转交服务时,应注意不得延误,重要物品要签收,邮件和留言单上需打上时间。
3. 代客修理物品时,应问清客人需用的时间,记清物品的型号、特征以及所修理项目,填写《委托代办登记单》。

表3-23 委托代办登记单

委托人姓名		房号		日期	
委托事项					
备注					
委托人联系电话		经手人签名		接收部门(人)签名	

【案例3-4】

行李打包服务

客人出差,有时候行李比较多,就会希望酒店能提供打包服务。甘肃酒泉宾馆为客人提供打包服务:不仅帮客人把包打好,而且为了方便客人,用报废的毛巾将提带处包上,并用红带子系上(见图3-9),显示了该宾馆的不同之处。

点评: 饭店追求客人惊喜的精细化、个性化服务,从这个细节可见一斑。

图3-9 行李打包

二、处理宾客的特殊要求

1. 对客人提出的一些特别要求,只要是合理合法的,在可能的条件下服务员应尽量给予满足。
   (1) 表示乐意帮助的态度。
   (2) 记录客人的要求,包括客人的姓名和房号。
   (3) 重复客人的问题,明确客人的需求。
   (4) 如客人提出的要求涉及其他部门,也要尽力给客人提供方便,不能推诿。

2. 解决问题
(1) 告诉客人解决其需求的方法及大约所需时间。
(2) 如果可能要告诉客人事情进展的情况。
(3) 如果发生费用,须事先告知客人。
(4) 如不能满足客人提出的要求,需向客人说明。
3. 善后工作
(1) 客人需求解决后要询问客人是否满意。
(2) 做好记录,以便查询。

【案例 3-5】
客人要新毛巾

一位客人入住江南某市一家宾馆。当行李员帮他把行李送进客房刚刚退出,客房服务员小汤即将欢迎茶送进房间,她面带微笑,将茶杯轻轻放在茶几上,主动询问客人:"先生,有什么事需要我做吗?"客人说:"小姐,请给我一条毛巾。""好的。"小汤满口答应,马上出去,一会儿便取来一条干净的毛巾,来到客人面前,用毛巾夹夹住毛巾,递给客人说:"先生,请用。"没想到客人却很不高兴,责备道:"我不要旧的,我要没有用过的新毛巾!"小汤心里一愣,却不动声色,即对客人表示:"对不起,我给您拿错了。"说完便出去换了一条新毛巾来,客人这才满意。

思考: 从这个案例中,我们可以得到什么启示?

三、应对宾客的异常行为

1. 客房服务员与客人接触机会较多,在日常工作中,应细心观察,如发现客人有异常行为如精神障碍、整天待在房间又不允许进房服务员清扫整理等情况,应及时向上级汇报。如房内发生争吵,斗殴聚赌或秘密集会等情况,须及时上报并通知安全部。

2. 服务员平时在工作中,要学会保护自己,如在提供客房服务时,发现客人言行异常、纠缠自己时,应求助附近同事,寻找借口尽快离开,并及时上报。

【案例 3-6】
突遇夜游症客人

夜深人静,客人都已休息了,楼层静悄悄的。客房服务员小张正在值夜班。他按规定在楼面巡逻。凌晨二时许,忽然,一声门响,只见1212房门打开了,一位客人双目紧闭,两手摸着墙一步一步朝前移动。小张见状走上前去,想询问客人是否需要帮助,刚想开口,突然顿住。暗自叫道:"这位客人的行动很奇怪,不像是盲人,难道是夜游症患者?"心中念头一闪,小张赶紧停止询问,他先到楼面打电话报告值班经理。

放下电话后,小张便蹑手蹑脚地跟随着那位夜游客人。客人慢慢地挪动着脚步,小张轻轻地紧随其后。时间一分分过去,约半小时,客人在楼层上摸索了一圈之后,慢慢地摸进了1212房,关上了房门。

小张看到客人安全回到自己的客房后,松了一口气,回到值班台。后几小时中,小张始终注意1212房的动向,生怕客人夜游症再次发作,发生意外。

点评：如果小张没有认真的服务态度，不采取保护措施，客人也许因为夜游不慎摔倒而发生意外。服务能力、良好的服务态度是服务员最重要的素质。

四、处理其他特殊情况

1. 遇上有意刁难的客人

（1）服务工作需要更要耐心、细致。

（2）细心地观察客人的情绪和兴趣爱好，根据客人的心理要求，提供个性化服务。

（3）服务员需有良好的自控能力，在客人情绪不稳定时，要用平和的心态对待客人。

2. 客人纠缠时的处理

（1）应用语言技巧，婉转地摆脱客人的纠缠。

（2）必要时向客房中心请求帮助。

（3）提供客房服务时，保持房门敞开。

3. 意外损坏宾客物品

（1）服务员如在工作中将宾客物品损坏，应立即报告上级。

（2）将损坏的残件整理后放置在明显的位置，摆放整齐。

（3）领班及时将事故的经过详细报告给客房部经理。

（4）客房部经理接到报告后，应尽快或指定专人与客人联系，尽快处理事故。

（5）未经客房部经理同意，不得给客人留言。

（6）如客人在房间，则应马上向客人道歉并解释事故的经过，征询宾客的意见。

工作任务六　管家服务

基础知识

一、管家服务的缘起

管家起源于法国，后来注重礼节的英国人将管家服务与英国宫廷礼仪相结合，进行了严格的规范，成为行业标准。英式管家也就成为这一服务范畴的经典。管家式服务是为客人提供更专业和私人化的一站式酒店服务，如：拆卸行李、入住退房、客房服务、叫醒服务、订餐送餐、洗衣、订票、安排旅游和秘书服务等，这种更加个性化的服务极大地方便和满足了酒店宾客的需求。

【案例3-7】

酒店服务大使

香港九龙香格里拉大酒店的华运鸿先生是一位在酒店长期服务的资深员工，一直在礼宾部、豪华阁行政楼层担任管家，华先生以其亲切友善的笑容及"从心出发"的态度服务于宾客，赢得了无数赞誉。

每个管家都有自己不同的特点，华先生的特点是仔细观察，用心服务，在客人最需要的时候出现，这也是"香格里拉情"服务当中的重要一项——"关键时刻"！

华运鸿先生分享了他管家服务的经验：

真正的管家是在贵宾入住期间，每天要把他们的要求仔细考虑一遍。我有几个小案例，例如，贵宾到达前，房间摆放什么样的花，花的香味客人是否喜欢。如果有的客人不喜欢带有香味的花，我们可以把花换成其他的装饰品，让客人感觉到你是用心地去了解他的喜好。又如在客人入住前，把柠檬切成片，放在房间隐蔽的地方，客人来到房间后会感觉到柠檬的清香，而且是天然的柠檬香味，客人会感觉到清新自然，而不是香水的味道。

有时在客人来之前，他的所有喜好我们并不是全部了解，所以我们要做更多的准备工作。在晚上客人休息前准备一杯热牛奶，或者杏仁露让客人选择，以便客人有好的睡眠，这些东西虽然不贵，但客人会感觉到你对他的关心。

客人对室内灯光的喜欢，明或暗，客人对座位位置的喜好，喜欢喝龙井茶还是其他的茶都要细心观察。例如，如果客人带有小孩子，我会提前买好糖果放在房间，而这些都不要事先告诉他们，给小朋友及家长一点惊喜。

点评：专注、从心出发的服务是成功的基础，能为客人带来喜悦应是酒店每位员工职业满足感的来源。

二、管家服务在酒店

近几年来，不少高星级酒店都设了行政楼层，为客人提供管家服务。如上海红塔豪华精选大酒店，最具魅力的特色之一是为每位客人提供24小时专职管家服务。这支由男女共同组成的专职管家队伍接受过严格的礼仪培训，致力于理想的预见式服务模式，犹如客人身边的私人助理。从客人抵店时的房内入住登记到行李打包开箱，从协助客人预订餐厅座位到各种旅游安排，从客房送餐到解决私人电脑故障，他们可以为每位入住上海瑞吉红塔大酒店的客人提供全方位的商务解决方案。

1. 拆包行李

这是一项酒店特色管家服务，管家在做这项工作时一定要细心，在取出客人行李箱内物品时要做到专业、快捷、有序，同时不要侵犯客人的隐私，这样才能让客人满意。

拆包时需要的材料和工具有：各类衣架、领带夹和移动行李架。拆包时要小心对待客人的每一件物品，把衣物一件一件取出，分别挂在衣架上或放入抽屉中。放在衣橱中的衣物要吊挂正确：衣架要匹配，而且吊挂的方向应该一致。不要拆包客人的洗漱旅行包，取出放在洗漱台上即可。如有未洗衣物，装入洗衣袋单独处理，如有衣物需要熨烫，单独处理。要注意衣物挂件男女分开，内衣可放置在抽屉中。

完成拆包后，如有较多的空行李箱，可提供行李箱寄存服务，以免行李箱占据房内空间。

2. 打包行李

对于管家来说，叠衣服和打包行李是一项重要的工作。打包所需的用品有：衬衫折叠材料、鞋撑架、鞋袋、挂衣袋及包装纸等。

首先整理所有要打包的衣物，将所有衣物叠好。为了不让鞋子弄脏衣服，应把鞋子放在鞋袋或塑料袋中，同时用鞋撑架把鞋子撑好。

行李箱打包的基本要求是：重的物品放在箱子底下，轻的精细的物品放在上面。先从较重的和平整的物品开始，如裤子、裙子和夹克。放鞋子的时候要注意把鞋底贴着箱子的内壁放置。腰带、吹风机、内衣、袜子放在剩余的空间里。装箱完毕之后，请客人检查一下。

3. 叫醒服务与叫醒饮品服务

提供叫醒服务同时提供叫醒饮品也是一大特色管家服务,虽然这更符合西方的生活方式,但酒店也能调整各类养生饮品,"洋为中用",为客人提供更贴心的健康生活。

在接到客人的早晨叫醒服务时,除了询问和记录客人房号、姓名、叫醒时间,还需问一下客人是否需要叫醒饮品,如咖啡、茶或其他养生饮品,以及递送饮品的时间。

早晨叫醒服务的标准用语应该是:"早上好××先生/女士,这是您(时间)的叫醒!您的咖啡会在×分钟之内送到您的房间,祝您有愉快的一天!"

三、楼层管家式服务

一些酒店在客房提供楼层管家服务,为住客提供针对性、灵活性的客房服务。楼层管家主要有以下工作:住店服务、送客服务、拜访客人、征求意见、收集客人喜好、做好客史档案,填写《管家工作日志》(表3-24)等。

表3-24 管家工作日志

日期: 管家姓名:

项目	内容
迎送宾客	
楼层巡视	
客房检查	
客房服务	
宾客拜访	
投诉处理	
其他工作	

南京中心大酒店是一家五星级酒店,酒店客房部采用管家式服务,从客人入住到客人离店楼层管家提供全程跟踪式服务,给客人超值享受。如,发现客人咳嗽,楼层管家就会为客人送上一杯姜茶;如果客人戴眼镜,主动提供擦眼镜布;发现客人带电脑,主动提供鼠标垫及电脑散热架;发现客人房内晾晒湿衣服,主动将湿衣服拿至洗衣房烘干,这种细微的客房服务,常常能给客人带来惊喜,并在酒店网评中给予表扬。下面摘录南京中心大酒店的一条网评(来自携程网)供学习。

☺☺☺☺☺ 5.0 分   发表于2015-09-20

作为一家老牌五星级酒店,服务真的很不错。行政房的房间对于五星级酒店的这个招牌确实小了点。但是通过合理的设计弥补了空间的不足。此行住了两天,第一天check in的时候,前台会提前告知酒店部分楼层刚装修完毕,会影响入住感受,又送了我酒店自家的眼镜布和下午茶券。到房间后,楼层管家钟敏十分亲切有礼貌,为我送来了加湿器和欢迎饮料,并热情地为我介绍周边好去处,还会在我的烟灰缸里放一张沾了水的纸巾,上面还写着"吸烟有害健康哦"。随后大堂经理又来电问候。虽然出了一点小插曲,但那都不是事儿。房间一天会来打扫两次,并且服务员还会用毛巾叠成小动物。想写的还有很多很多,总之,下次来南京,一定还会入住中心大酒店的!赞赞赞!

实践操作

一、迎客服务

1. 详细了解预订客人的信息资料,通过客史档案熟悉客人习惯与爱好。
2. 楼层管家需对预进的房间进行设施设备的检查,跟踪鲜花水果是否配备到位,并保证质量。
3. 楼层管家需在电梯口迎接客人礼貌与客人核对房号及姓名,若熟客可不必核对。
4. 自我介绍并向客人表示乐意为其服务,并引导客人进入房间。
5. 在进房的途中,管家需有礼貌地与客人交谈。
6. 服务完毕管家要向客人致祝愿词,面带微笑退出房间并关上房门。

二、住店服务

1. 管家在服务过程中要使用敬称,需热情友好的问候客人,保持微笑,保持适度的眼神交流。
2. 遇见到客人就应立即停下手中的工作向客人问好、让路,并主动提供引领服务。
3. 若是力所能及的事情及时为客人解决,如超出自己能力范围的需告知客人,并及时将情况反上级,保证在第一时间将处理结果反馈给客人。
4. 根据需要,楼层管家可与其他部门进行沟通协调服务工作。
5. 管家需在约定时间前完成代办的事项,并及时告知给客人。如果未按时完成的需及时向客人解释原因。
6. 管家需特别关注 VIP 客人,如客人当天预期退房,而过了退房时间仍未退房的,管家需密切注意提前为客人做房卡,随时为其开门。
7. 如发现客人身体不适或有其他突发情况需特别给予关注,并立即向上级汇报。
8. 提供个性化服务,如根据客人的需求、爱好布置客房、开夜床。

三、离店服务

1. 主动征求客人意见,预知客人下一站行程,提供下站城市气候、人文地理等信息。
2. 准确知道 VIP 客人的退房时间,送客人到电梯口,并按电梯,向客人表示感谢。
3. 主动收集客人喜欢,做好客史档案。

【特别提示】

客人的喜好可参考以下类别:
(1) 抽烟还是无烟,是否对烟味或气味敏感;
(2) 是否对酒精过敏;
(3) 喜欢咖啡还是茶,是否需要低因咖啡或低因茶;
(4) 喜欢何种鲜花,是否对花粉过敏;
(5) 喜欢的报纸和电视频道;
(6) 喜好的客房温度;
(7) 是否喜好健身;

(8) 每天客房的清洁时间和特殊要求,如更换毛巾的要求;

(9) 每天叫醒或起床的时间,以及早餐的时间;

(10) 饮食习惯,是否有忌口;

(11) 宗教信仰,如是否是穆斯林;

(12) 从事的行业。

【小资料3-2】

酒店管家你见识过吗?

在外国电影、电视剧里,豪门管家一出场,永远是一身黑色燕尾服,黑皮鞋锃亮,头发一丝不苟。再配合标志性的微笑和绅士举止,令"管家"这个词充满神秘感。

管家到底管些啥? 管家需要具备什么样的技能?

1. 像保姆——十八般武艺全会

如果你走进一家高档酒店,瞧见哪位服务生身穿白衬衫、红马夹、黑色西装外套,毕恭毕敬向你点头微笑:"您好,有什么可以帮您?"没准他就是一位酒店管家。从客人入住的那一刻起,酒店管家会全程陪伴,打点一切。

"要成为一名合格的管家,一招一式都需要经过千锤百炼。"仪态和礼节是第一课。比如:与客人说话时,距离最好保持在一臂半;敲客人的房门,每次按门铃的间隔,控制在7秒左右;走路不能东张西望,一旦眼睛余光扫到周围有客人,应立即停下脚步,为客人让路;下蹲也不能随随便便;给客人递笔时,应握住笔的前部,使客人接到的是笔的后部,让他们拿得顺手;送报纸时,将报纸斜靠在手臂上,露出每张报纸的报头,让客人一目了然……

管家必须百般技能样样精通。他还得会熨衣服会叠西装,能替客人打包行李箱,用熨斗熨烫报纸——温度要控制得恰恰好,这样可以防止报纸上的油墨弄脏客人的手。

2. 像"间谍"——住客喜好预先知

接待每一位客人,酒店管家都必须事先"备课":客人平时睡的枕头多高,喜欢鹅绒枕头还是弹性棉的? 枕套喜欢用棉布还是丝绸? 衣架需要木头的还是塑料的……掌握如此多的"个人档案",为的是让客人一进酒店,就如同回了家。这些信息从何而来? 靠的是管家的一双火眼金睛。

上海金茂君悦大酒店的管家Hugh通常会复印客人入住酒店期间的所有用餐记录,如果客人请朋友一同吃饭,他还会细心地将他自点和为对方点的菜加以区分。房间也是重要的线索来源:客人在房间里的冰箱中挑选的是红酒还是可乐? 如果是可乐,是百事还是健怡? 有的人喝咖啡不放糖,有的只加一滴牛奶,还有人只喝某年出产的酒,并且必定加冰块。有人喜欢用依云水洗澡,有人习惯早起,有人晚上喜欢吃夜宵……这些细节,管家看在眼里,一一记录在手册上。

有了这些记录,接待回头客就方便了许多——只要一家酒店的管家记录下这些个人信息,下回次客人再入住这家酒店在全球的任何一家连锁店,都能享受到宾至如归的服务。

3. 像记者——细节一样不落

客人入住后,管家必须时时察言观色,更新"客史档案":一旦发现客人房内床头柜上有杯、瓶留下的水印,第二天,管家会在原处为客人多准备一瓶水;如果发现客人带了很多衣服,赶紧添加衣架;如果客人喜欢运动,就为他准备运动型饮料;天气炎热,就在客人的车里多放上几块干净的毛巾;如果客人的腰不好,在车上多放几个靠垫。有一次,Hugh发现,不论白天还是黑夜,某位客人的房间里总是亮堂堂的。他把这一条记录在案,保证客人下回入住时,房间窗帘和灯全是开着的。

4. 像保镖——过滤信件、食物

遇到需要24小时服务的贵宾,管家会住在客人的隔壁。每天,管家依据客人的日程表,提早起床,守候在客人的门口,保证他们"一天中最早见到的人是管家";晚上,不论客人多晚回来,管家必须守在大堂接车,客人不睡下,管家也不能睡。

接待各国领导人时,管家也会充当"保镖"的角色——替他们接收陌生信件,如果有必要,必须帮客人打开信件;客人用餐的食物,管家负责拿去检验。

好管家必须还是个好导游。他们得熟悉当地各种娱乐活动、餐饮地点,能迅速根据客人的喜好,推荐合适的地点,并订餐、订车、订票。如果客人需要,管家还要充当翻译和私人顾问,陪同客人出门游玩;一旦遇到商务客人,管家得充当临时秘书,帮助收发E-mail,复印、打印文件等。

当然,更多时候,酒店管家做的是协调工作,客人饿了,管家马上联系厨房;房间脏了,管家通知客房部来打扫;客人外出,管家负责找好司机;客人病了,立刻通知医生……

(资料来源:《申江服务导报》)

学生实训

一、情境演练

实训地点:实训宾馆。

实训要求:学生分组按角色扮演,模拟练习处理客房服务特殊情况。

二、管家服务模拟练习

实训地点:实训宾馆。

实训要求:设定特定VIP客人,分组模拟楼层管家服务全过程。

项目小结

1. 只有更新服务理念,讲究服务方法,提高服务标准,才能将服务工作做到位、做到家。

2. 了解不同类型宾客的特点,为客人提供针对性服务,是优质服务的基本要求。

项目测评

一、课后练习

1. 洗衣服务有哪些要点?
2. 如何做好遗留物品的管理工作?
3. 什么是VIP客人?接待VIP客人应注意什么事项?
4. 什么是针对性服务?如何做好客房针对性服务工作?

5. 什么是管家服务？楼层管家服务有哪些要求？

二、课内／外实训

1. 分小组角色扮演，进行各项客房常规服务的演练，并相互进行点评。
2. 模拟练习，分析在客房对客服务中可能会碰到的特殊情况，讨论解决的方法。
3. 分组布置一间VIP客房，模拟VIP接待全过程。

三、拓展练习

1. 设定特定的VIP客人，设计客房服务接待方案。
2. 分小组调研2～3家酒店，每组收集10个客房对客服务实例并进行分析。

项目四 公共区域清洁保养

> **学习目标**
> - 熟悉客房清洁剂及清洁器具的用途
> - 能安全规范使用清洁器具和清洁剂
> - 熟悉酒店公共区域清洁保养要求
> - 熟悉面层材料的特性及保养要求
> - 能对面层材料进行常规性清洁保养

酒店公共区域是酒店的一个重要组成部分,除了住店客人之外,前来用餐、开会、购物、娱乐的人,往往都停留在公共区域,公共区域的环境和卫生质量直接影响客人对整个酒店的印象,从而影响到酒店的声誉和形象。因此,做好公共区域的清洁保养工作具有非常重要的意义。

模块一 清洁剂及清洁器具

任务导入

清洁天地——清洁用品调研(1)

1. 教师向各学习小组分发任务单,要求走访清洁用品商店,了解熟悉酒店常用清洁剂及清洁器具。
2. 通过图书馆、网络等途径,分别收集清洁剂及清洁器具的相关资料。
3. 学生课堂演示和介绍调研成果,教师点评总结。
4. PA实训基地,熟悉各类清洁剂及清洁器具。

随着现代科技的快速发展,清洁物料名类繁多,层出不穷。由于酒店建筑及装饰材料的多样化,酒店清洁保养工作越来越繁琐,质量要求也越来越高,所需的清洁物料品种亦越来越多。掌握清洁剂和清洁器具的专门知识和使用管理方法,是对专业管家的基本要求。

工作任务一 清洁剂的管理

基础知识

人们常说清洁剂就是酒店的沐浴液、润肤露,可见清洁剂对酒店清洁保养工作的重要性。清洁剂种类繁多，商业上规定pH值为6~8的清洁剂为中性清洁剂，pH值小于6的为酸性清洁剂，pH值大于8的为碱性清洁剂。

一、酸性清洁剂

酸性清洁剂通常为液体，也有少数为粉状。酸具有一定的杀菌除臭功能，且能中和尿碱、水泥等顽固斑垢，主要用于洗手间的清洁；同时，酸具有腐蚀性，所以在用量、使用方法上都需特别留意，使用前要特别留意说明书，最好先做小面积试用。有些物品的清洁禁止使用酸性清洁剂，如地毯、木器和金属器皿等。

酒店常用的酸性清洁剂主要有：

1. 盐酸(pH=1)

主要用于清除基建时留下的污垢，如水泥、石灰等，去垢效果较好。

2. 草酸(pH=2)

用途与盐酸、硫酸钠相同，但清洁效果比硫酸钠强，使用时要特别注意。

3. 硫酸钠(pH=5)

硫酸钠能够与尿碱起中和反应，可用于洗手间恭桶的清洁，但不能长期、大量使用。

以上三种酸性清洁剂酒店可少量配备，用于清除顽固尘垢或专项清洁保养工作，但使用前必须加以稀释，且不可能将浓缩液直接倒在被清洁物表面。

4. 洁厕剂(1<pH<5)

洁厕剂为酸性清洁剂，但含有合成抗酸剂，有特殊的洗涤除臭和杀菌功能，主要用于清洁洗手间恭桶、小便池、洗手盆等器具。使用时按说明书稀释，且必须倾倒在恭桶和便池内的清水中，而不能直接倒在被清洁物表面，刷洗后用清水冲净。

5. 消毒剂(5<pH<9)

呈酸性，可用于洗手间消毒，也可用于杯具消毒，注意使用后用清水漂净。"84"消毒液即为较好的一种消毒剂。

二、碱性清洁剂

碱性清洁剂既有液体、乳状的，又有粉状、膏状的。碱性清洁剂有三个特征：一是能清除酸性污染；二是与油脂类混合后，能将不溶于水的油脂变为半溶于水的物质，清除油脂类脏垢和酸性污垢效果较好；三是强碱非常活跃，可用于地面起蜡，使用时应小心，在使用前要稀释，使用后需用清水漂净。碱性清洁剂中也可增加一些其他化合物，如漂白剂、泡沫稳定性剂、香精等。

酒店常用的碱性清洁剂主要有以下三种：

1. 玻璃清洁剂(7<pH<10)

玻璃清洁剂一般呈中性或碱性，有桶装和高压喷灌装两种。前者类似多功能清洁剂，主要功能为除污斑，使用时不可用抹布沾清洁剂直接擦拭，以免造成玻璃面发花，正确的使用方法是装在喷壶内对准污渍喷一下，然后用干布立即擦拭。高压喷灌装玻璃清洁剂内含挥发性溶剂、芳香剂等，可去除油垢，用后留有余香，同时还可在玻璃表面上留下透明保护膜，更有利于以后的清洁工作，这种玻璃清洁剂省时省力效果好，但价格较高。

2. 家具蜡(8＜pH＜9)

在日常客房清扫整理中,客房服务员只是用抹布对家具进行除尘,家具表面的油污等不能除去,对此,可定期用稀释的多功能清洁剂进行彻底除垢,但长期使用会使家具表面失去光泽,还应定期使用家具蜡。家具蜡有乳液、喷雾型、膏状等几种,具有清洁和上光双重功能,既可除去家具表面的油垢,又可形成透明保护膜,防静电、防霉。使用方法:倒适量家具蜡在白布或家具表面,擦拭一遍,清洁家具,15分钟后用同样的方法再擦拭一次,进行上光。

3. 起蜡水(10＜pH＜14)

呈强碱性,主要用于需再次打蜡的大理石和花岗岩等石质地面。可使陈蜡及脏垢浮起,然后达到除污功效。由于碱性较强,起蜡后的地面需用清水反复清洗才能再次上蜡。

三、中性清洁剂(pH=6~8)

中性清洁剂有液体、粉状和膏状等几种类型。其性能温和,对物品的腐蚀、损伤很小,有时还可起到保护被清洁对象的作用,因此在日常清洁卫生中应用广泛。其缺点是无法或很难除积聚严重的污垢,现在酒店广泛使用的多功能清洁剂即属此类。

酒店常用的中性清洁剂主要有以下两种:

1. 多功能清洁剂(7＜PH值＜8)

略呈碱性,含有表面活性剂。可去除油垢,性质温和,对物体表面很少有损伤,可防止家具生霉,适用于日常清洁卫生,但对特殊污垢作用不大,不能用来洗涤地毯。

2. 洗地毯剂

为一种专门用于地毯洗涤的中性清洁剂,根据其所含泡沫稳定剂的量,可分为高泡和低泡两种。前者用于干洗地毯,后者一般用于湿洗地毯。采用低泡洗地毯时,如用温水稀释,去污效果更好。

四、溶剂

溶剂是挥发性极强的液体,常常用于清除油污,挥发后不会留下痕迹,又能使怕水的清洁对象避免浸湿。酒店常用的溶剂主要有以下几种:

1. 地毯除渍剂

专门用于清除地毯上的特殊斑渍,对怕水的羊毛地毯尤为适合。一般有两种类型,一种是专门用于清除油脂类脏斑,另一种是专门用于清除果汁类色斑,使用时,用毛巾蘸上除渍剂,在脏迹处擦拭即可,要求发现脏斑必须及时擦除,否则效果不明显。

2. 酒精

指药用酒精,主要用于电话机消毒。

3. 牵尘剂

用于浸泡尘推,用于对大理石、木地板等免水拖地面的日常清洁和维护,除尘功效显著。

4. 杀虫剂

通常为喷罐装杀虫剂,能杀死蚊、蝇和蟑螂等爬虫和飞虫。喷洒时注意切勿射向食物。对老鼠则应购买专门的灭鼠药或请专业公司进行处理。

5. 空气清洁剂

空气清洁剂中含有杀菌化学成分和香料,不但可以杀菌,喷洒后还香气四溢。使用时,要注意适量,香型选择要考虑适合大众习惯,以气味清淡为宜。空气清新剂品种很多,产品质量的差距很大,辨别质量优劣最简单的方法就是看留香时间的长短,留香时间长则质量较好。

为了改善酒店大堂及客房等区域内的空气质量,近几年一些大型的高星级酒店采用了香味香氛空气加香系统,将空气处理设备安装在空调机房内,通过管道连接,当中央空调开的时候,清新自然的香味将随着风管均匀地扩散在覆盖的每个区域。

五、抛光剂

抛光剂虽然不是严格意义上的一般清洁剂,但在清洁保养中却被经常使用,抛光剂具有清洁和保养的功效。当物体表面上了抛光剂之后,能形成硬质防护表层,可起到降低物体表面脏的附着力,防止擦伤,起到美化物体的作用。

1. 省铜剂

多呈糊状,主要作用是氧化掉铜制品表面的铜锈从而使铜制品光亮如新。但擦铜水只能用于纯铜制品,不能用于镀铜制品,否则会将镀层氧化掉。

2. 金属上光剂

含轻微腐蚀剂、脂肪酸、溶剂和水。主要用于纯金属制品,如锁把、扶手、水龙头、浴帘杆等的除锈去污和上光。

3. 地面蜡

有固态、膏状和液体三种,又分为封蜡和面蜡。封蜡主要用于第一层底蜡,内含填充物,可堵塞地面表层的细孔,起到光滑作用。面蜡主要是打磨上光,增加地面的光洁度和反光强度,使之更为美观。地面蜡还可分为水基和油基,水基蜡主要用于大理石地面,其主要成分是高分子聚合物,干燥后形成一层薄的保护膜;油基蜡主要用于木板地面,其主要成分是矿物石蜡。

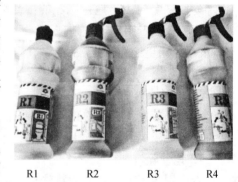

一些酒店使用R系列清洁剂,清洁剂瓶体上印有醒目数字标号,不同用途清洁剂瓶体颜色有明显区分(见图4-1),方便员工日常操作使用。R1:洁厕剂;R2:多功能清洁剂;R3:玻璃清洁剂;R4:家具蜡;R5:空气清新剂;R6:强力洁厕剂;R7:特效去污膏。

图 4-1　R 系列清洁剂

实践操作

一、清洁剂的储存

清洁剂有些是易燃易爆物,如高压罐装清洁剂、挥发溶剂;有些有腐蚀性,如强酸、强碱,须妥善存放,储存不当会有一定的危险性。

1. 客房部应有专门的库房存放清洁剂,并由专人保管。
2. 一次性购入清洁剂不能太多,一般以一个月的使用量作库存较为适宜。防止过量储存未稀释溶剂,减少失火和事故的危险。
3. 易燃易爆物品及强酸、强碱清洁剂需贴有专门的标志,分类存放。最好放在加锁的铁柜中,钥匙上要有标注,并放在上锁的抽屉内。
4. 盛放清洁剂的容器需用防火笔或标签标明,必要时标明清洁剂的稀释比例。
5. 清洁剂容器盖必须盖紧,避免泄漏;容器需摆放整齐,保持清洁。
6. 气压容器需远离热管道和散热器。
7. 库房需保持通风,严禁烟火,并配备消防器具。
8. 定期清洁仓库,检查存货。

二、清洁剂的发放

合理分配和发放清洁剂既能满足清洁需要,又能减少浪费和对物品的损坏。

1. 清洁剂发放一般由领班专门负责,每天下班前作补充。
2. 定期对清洁剂进行盘点统计。
3. 用量大的清洁剂购回时多为大桶装浓液,分发时应严格按比例统一加以稀释。
4. 一些价格较高又较难控制的清洁剂如玻璃清洁剂、空气清新剂等要严格控制用量。通常可凭经验或做试验,测算一瓶可用多久、用多少房间。发放时必须以空瓶换新瓶,以尽量避免流失,减少浪费。
5. 新型的清洁剂分配器可自动稀释清洁剂浓度,操作极为简单,接上自来水源后,将超浓缩清洁剂一插一旋,即可分配出所需清洁剂,并且在不同水压下稀释出稳定比例的清洁剂(见图4-2、图4-3),既节省了人力,方便了员工,又减少了浪费。

图4-2 清洁剂分配器

图4-3 清洁剂分配操作示意图

三、清洁剂的使用管理

合理使用清洁剂能够有效清除或减少尘垢,延长物品使用寿命,美化物品外观,并能减轻清洁工作的难度,减少浪费,提高清洁保养工作的安全性。

清洁剂的使用过程中应注意以下几点:

1. 浓缩液体清洁剂使用前必须严格按照使用说明书进行稀释。清洁剂溶液浓度过高,既造成清洁剂的浪费,还会对清洁对象产生损伤;浓度过低,则达不到清洁效果。

2. 清洁剂经稀释后,最好装在气压瓶内通过挤压使用,这种做法有以下几点好处:一是使用方便,二是用量容易掌握和控制,三是可以防止泼洒。

3. 培训员工正确使用、妥善放置清洁剂,并按规定程序进行操作。

4. 清洁剂需在通风良好的地方使用。

5. 切忌在有明火之处如探明灯或散热器使用清洁剂。

6. 为使用安全,员工应配备相应的防护用具,如胶手套。

7. 平时应多做保养工作,尽量少做清洁工作。在物体不太脏时,使用适量的清洁剂,不仅省时、省力、节约清洁剂,而且有益于对物体的保养,延长其使用寿命。切勿到物体很"脏"时再用大量清洁剂,既花时间又费力,效果还不好,对物体损伤也大。

【小资料 4-1】
与众不同的香味正在成为酒店的新标识

随着体验经济的到来,感官营销日渐风行,嗅觉也被越来越广地应用到商业策划的方方面面。或许有一日,消费者只需闻一下味道,便知道自己踏入的是什么品牌的商店。

英国牛津大学的心理学家做了个试验。他们让参与测试者分别吸入若干种新的并能识别出来的气味,并扫描他们的脑部,记录下不同气味引发的脑部反应。结果显示,人们不但会对各种不同气味表示强烈的喜好或厌恶,而且会把气味与特定的经验或物品联想在一起。这一结果被商家巧妙运用于品牌识别和品牌联想。因为天底下没有两种完全相同的气味,不同香味如同标签一样,让消费者一闻就联想起特定品牌。科学家证实,嗅觉记忆比视觉记忆更可靠。人们回想一年前的气味,准确度为 65%;然而回忆 3 个月前看过的照片,准确度仅为 50%。于是,香味营销流行起来。

酒店香味起源于国外,主要是国外酒店管理集团或个性化酒店为自己的酒店品牌塑造独属自己酒店品牌的香味,目前有很多酒店采用空间加香,设计自己独有的香味标识,为宾客营造一个宜人的消费空间环境,让消费者在消费的过程中愉悦消费、心情舒畅;独特的香味标识提升品牌形象,加深宾客对其品牌的记忆和认同。

香格里拉酒店集团的香氛直接命名为"芬芳香格里拉",由香格里拉酒店集团花费 6 个月时间精心研制而成,有着亚洲独具的清新淡雅的气息,令人感到安舒、祥和。香格里拉酒店香味以香草、檀香和麝香为基调,同时带有些许佛手柑、白茶和生姜的别致香味使它显得与众不同。香格里拉酒店集团表示,这种香味除了对客人表达欢迎之情外,更能起到安抚情绪和舒缓心情的功效。而福朋喜来登酒店量身定做香味"Pinwheels in the Breeze"(中文翻译为"风车味"),让宾客一踏入酒店感觉就感受到春日里清新舒爽的户外气息。

与名称、Logo 一样,与众不同的气味正在成为酒店的新标识。

学生实训

清洁剂分类、存放、发放和使用

实训地点:PA 实训基地。

实训要求:

1. 熟悉各类清洁剂及用途。

2. 熟悉清洁剂分类、存放、发放、使用等环节上的管理方法。
3. 教师指导下,学习使用各类清洁剂。

工作任务二　清洁器具的使用

"工欲善其事,必先利其器",清洁器具对酒店清洁保养工作效率和效果有着直接的影响。每一家酒店都应根据自身的规模等级、清洁保养要求及经费预算等情况,科学配置清洁器具,合理使用、保养好清洁器具。

基础知识

酒店清洁器具可分为两类,一类是一般清洁器具,包括手工操作和不需要电机驱动的清洁器具,如抹布、扫帚、拖把、房务工作车、玻璃清洁器等。另一类是机器清洁器具,一般指需要经过电机驱动的器具,如吸尘器、吸水机、洗地机、洗地毯机、打蜡机等。

一、一般清洁器具

1. 扫帚、簸箕

扫帚主要用于扫除酒店室外或后台区域的地面脏物;簸箕用于撮起集中的垃圾,最好使用提合式簸箕,即美观又方便操作。

2. 拖把(地拖)、挤水器、地拖桶、地拖车

地拖主要用于清洁干燥平滑地面,其尺寸可大可小,取决于使用的场所和部位。最好使用拖把头可以拆卸的,以便换洗,与之相配套的器具有挤水器、地拖桶和地拖车。

3. 尘推

尘推主要用于光滑地面的清洁保养工作,通过推尘可将地面上的沙砾、尘土带走,减少摩擦。尘推由尘推头和尘推架两个部分组成。一个尘推架可以配备多个尘推头,尘推应根据所使用地面的情况选择相应的规格。

4. 玻璃组合工具

玻璃组合工具是一种清洗玻璃、镜面的有效工具,操作方便,安全可靠,工作效率高。玻璃组合工具由毛头、伸缩杆和刮水器三部分组成,如是套装工具还配有硬物铲刀、污点铲刀、多个宽度的刮刀、备用胶条、多个连接头等。

5. 油灰刀

油灰刀主要用于去除黏固在地面上或其他地方的香口胶等难以清洁的污垢。为避免损伤被清洁物体的表面,使用油灰刀时应用软布将油灰刀口包住。

6. 抹布

抹布可用于干湿两种工作,不同工作任务应用不同的抹布,如浴缸专用、恭桶专用等,不同用途的抹布可通过彩色或缝织有色缝线条加以区分。使用抹布时应折叠起来,多面使用,以提高工作效率,保证清洁质量。

7. 胶粘式清洁器

这种清洁器由滚筒、手柄、粘胶带、芯轴构成。滚筒的外表面上套装有粘胶带,滚筒的中心部位设置有芯轴通管和芯轴孔,并经芯轴通管和芯轴孔活动安装在芯轴上,芯轴一端与手柄插入连接,另一端端头设有凸起,凸起的中心沿轴向设有隔断缝(见图4-4、图4-5)。使用时通过安装在滚筒上的粘胶带在沙发、家具、家电等物体上上滚动,从而将上面的毛发、尘土黏附掉,省时省力。

图4-4 胶粘式清洁器(1)　　　　图4-5 胶粘式清洁器(2)

胶粘式清洁器分水洗型与纸撕式两种,水洗型胶粘式清洁器具有超强吸附力,特殊粘胶不会留在物体上。清洗方法:使用后,可直接用洗衣粉和洗洁精等清洁剂洗涤干净。纸撕胶粘式清洁器使用后,直接将粘附有赃物的粘胶带剪断丢弃,不需清洗,酒店一般使用这种清洁器,方便卫生。

8. 清洁篮

清洁篮有两种,一种是客房服务员清扫客房时的放置清洁剂及清洁工具用品的手提篮子,分成几个空格,是敞开式的(见图4-6)。另一种是公共区域大厅服务员使用的,通常是藤编的清洁篮,上面加盖(见图4-7)。

图4-6 清洁篮(1)　　　　图4-7 清洁篮(2)

9. 房务工作车

房务工作车是客房服务员清扫整理客房的主要工具,有三层或四层大小不同的规格,两侧分别挂放布草袋和垃圾袋(见图4-8)。工作车一般为一面开口,以方便放、取物品。新型的房务工作车布草袋及垃圾袋为全封闭式的,配有拉链(见图4-9～图4-11),干净整洁,方便取拿脏布草及垃圾袋。

图4-8 房务工作车(1)　　　　图4-9 房务工作车(2)

图 4-10　房务工作车(3)

图 4-11　房务工作车(4)

二、机器设备

1. 吸尘器

吸尘器可以吸进其他清洁工具不能清除的灰尘,如缝隙、凸凹不平处、墙角以及形状各异的各种摆设上的尘埃,并且不会使灰尘扩散和飞扬,清洁程度和效果都比较理想。吸尘器是酒店日常清洁中不可缺少的清洁工具,其应用范围很广,包括地板、家具、垫套和地毯等。

根据结构和操作原理的不同,吸尘器可分为直立式、吸力式和混合式三种。

(1) 直立式吸尘器

直立式吸尘器的作用除了利用吸力外,还靠装在吸嘴内的一具马达推动的旋转震刷辅助吸尘。可将地毯的绒毛拨开,使深藏其中的尘屑、污垢、沙砾等吸走,因此适用于大面积的地毯吸尘。使用者操作时不用弯腰,非常方便。

(2) 吸力式吸尘器

这类吸尘器拥有一个长喉管,用来连接各种配件,以配合不同工作的需要。适用于清理不太脏的地毯,对清理地板、家具、帘帐以及较薄的细软织物垫套效果较好,由于配有"扁身"吸管,有利于清理"矮脚"家具底下或其他狭窄的地方。

(3) 混合式吸尘器

混合式吸尘器在结构上集合了吸力式和直立式的优点,在清洁效能方面,可以同时发挥两者的长处。

2. 洗地毯机

洗地毯机可清洗纯羊毛、化纤、混纺及植物纤维等地毯。洗地毯机一般采用真空抽吸法,脱水率在70%左右,地毯清洗后很快干燥,工作效率高、省时省力、节水节电。需要注意的是洗地毯前要将地毯彻底吸尘和去迹,才能达到良好的效果。

3. 吸水机

吸水机除吸水功能外,还可以与洗地毯机配套使用,用洗地毯机洗刷地毯后,地毯表面比较干净,但洗刷后的污水及残渣仍深藏在地毯根部,如不清理干净,地毯继续使用后容易造成脏污和失去弹性。吸水机一般装有两个真空泵,吸力较强大,能彻底抽除地毯根部任何顽固的残渣,达到彻底清洁地毯的效果。

4. 洗地机

洗地机又称擦地吸水机,它具有擦洗机和吸水机的功能和长处,可将擦洗地面的工作一步完成,适用于酒店的大厅、走廊、停车场等大面积的地方,是提高酒店清洁卫生水平不可缺少的工具之一。

5. 高压喷水机

这种机器往往有冷热水两种设计,给水压力可高达 $20\sim70$ L/cm²。一般用于垃圾房、外墙、停车场、游泳池等处的冲洗,也可加入清洁剂使用。附有加热器的喷水机水温可高达沸点以上,故更适合于清除有油污的场所。

6. 打蜡机

打蜡机有单刷、双刷及三刷机,流行最广的是单刷机。单刷机按速度分为四种:低速机($120\sim175$ 转/分)、中速机($175\sim300$ 转/分)、高速机($300\sim500$ 转/分)和超高速机($1\,000$ 转/分)。其中前两种较适合于洗擦地板用,后两种多用于打蜡及喷磨工作。

实践操作

一、清洁器具的使用

正确使用清洁器具是管理好清洁器具的关键所在。
1. 所有使用人员都必须经过操作培训,知道何时要用哪种清洁器具,并正确操作、熟练使用。
2. 大型清洁设备必须由专人负责。
3. 清洁器具使用前后都应检查其完好状况,发现问题要及时处理,切不可带"病"操作。
4. 使用机器设备时,要强调安全操作的重要性,如使用警示牌、拉警示线等。
5. 新购进的清洁器具,需及时培训员工掌握操作要领。

二、清洁器具的维护

1. 凡投入使用的清洁器具都要落实使用和管理的责任人,遵循"谁使用,谁负责"的原则。
2. 清洁器具必须要有良好的存放环境和严格的摆放要求。
3. 清洁设备使用后应进行全面的清洁及必要的保养,去除器具内部的污物,擦干净部件的污迹、水迹,必要时还要加油、更换零件等。
4. 建立清洁器具定期检修制度,发现问题及时处理。
5. 按规定对清洁器具进行必要的维修保养。

【案例 4-1】

房务工作车使用保养制度

1. 房务工作车应按酒店的规定布置,不能在车上随便堆放杂物,也不能将其他的器具放错位置,以免在清洁房间时打乱应有的程序。
2. 推拉工作车时应注意转弯轮在前,定向轮在后,避免由于硬拉而损坏工作车。
3. 房务工作车应装有缓冲器或其他弹性防护装置,推拉时应掌握行进方向,以免撞伤墙面或其他物件。
4. 房务工作车应经常擦拭,以保持清洁。
5. 定期对房务工作车车轮加油,进行润滑和消声。工程维修人员定期检修零部件。

思考: 从这个案例中,我们可以得到什么启示?

【案例 4-2】

吸尘器损坏了

某新开业酒店,购进了 10 台品牌吸尘器,使用不到半年,就发现大部分吸尘器吸力都减弱了,有些干脆"罢工"了。于是酒店联系了售后服务商,服务商派来技术人员经检查后发现,吸尘器损坏的原因并非是机器质量的原因,而是员工操作不当造成的:集尘袋长期不清理,积满了灰尘,导致吸力减弱;一些服务员吸尘时图省事,什么杂物都往机器里吸尘,造成机器的损坏。

于是酒店根据技术人员的检查报告及建议,专门制定了吸尘器使用保养的制度,拍摄了操作示范图片(见图 4-12～图 4-15)。

图 4-12　清理集尘袋

图 4-13　尘隔对吸

图 4-14　内外清理

图 4-15　妥善摆放

1. "谁使用、谁保养",责任到人。
2. 每次使用前必须检查电线有无破损,插头有无破裂或松动,以免引起触电事故。
3. 检查吸尘器能否正常运转,检查机体和附件是否损坏,螺丝钉有无松动,如有损坏需及时报修。
4. 吸尘时发现地毯上有较大的或尖锐的物体,如纸团、大头钉、果皮等,应先拾起,以免损坏内部机件或造成吸管堵塞。
5. 吸尘器在使用过程中应随时将刷子上的毛发及绒线头清理干净,如果发现刷头磨损偏大,应及时更换,否则将影响吸尘效果。
6. 吸尘器堵塞时,不能继续使用,以免增加吸尘器的真空负荷。吸尘器的轮子若积聚杂物,应及时清理。
7. 吸尘器若有漏电或电动机温度过高以及异常响声,应立即停机检查。

8. 每次使用完毕后必须清理倒尘,再将集尘袋装回,擦拭干净机身,按规定妥善存放。

思考: 从这个案例中,我们可以得到什么启示?

学生实训

一、练习使用清洁工具

实训地点:PA 实训基地。

实训要求:
1. 熟悉各类清洁工具的用途。
2. 在教师指导下,分组练习操作各类清洁工具。

二、练习使用清洁设备

1. 熟悉各种清洁设备的操作规程。
2. 教师指导下分组练习,安全操作。

模块二 公共区域的日常保洁

任务导入

走进酒店公共区域

1. 学生以小组为单位,利用课余时间参观考察本地酒店高星级酒店公共区域。具体要求:(1)熟悉酒店公共区域管辖的区域;(2)拍摄酒店公共区域图片;(3)感受公共区域清洁保养及服务状况。
2. 以"走进酒店公共区域"为题,每个小组制作PPT课件,选派代表在课堂演示介绍。
3. 教师点评,讲解公共区域知识点。

公共区域日常保洁工作范围广,内容繁杂琐碎,做好各项清洁保养工作,保证公共区域清洁卫生质量,是本模块内容的重点。

基础知识

一、公共区域的范围

酒店公共区域是指酒店公众共有、共享的区域和场所。通常分为室外与室内两大部分,室外主要包括酒店外围、外墙、停车场、庭院等处,室内可以分为前台区域与后台区域。前台公共区域区域是供客人享用活动的区域,如大堂、餐厅、休息室、康乐中心、客用电梯、公共走廊、客用公共洗手间等;后台公共区域指员工活动、休息区域,如行政人员办公室、员工通道、员工活动室、员工洗手间等。

酒店公共区域的清洁保洁工作通常由客房部负责,酒店客房部下设有公共区域班组(PA组),负责酒店公共区域的清洁保养工作。一些酒店的公共区域采用外包制,即由社会保洁公司负责公共区域的清洁保养工作。

二、公共区域清洁保养工作的特点

1. 对酒店影响大

酒店公共区域往往是客人流动量大、活动频繁的地方，他们常会停留在此，对其评头论足，将其作为衡量整个酒店的标准，所以公共区域的卫生状况会给酒店的客人留下深刻的第一印象，尤其前台公共区域是酒店中人流最大、活动最频繁的场所，有人称大厅的清洁卫生是酒店的脸面，也有人说公共洗手间是酒店的"名片"，这都充分说明了公共区域清洁保养对酒店声誉的影响。

2. 任务繁杂琐碎

公共区域涉及范围广，清洁保养项目繁多，清洁方法和技术要求差别大；公共区域客流量大，清洁不易保持，清洁次数频繁，时间不固定；清扫员工作地点分散；清洁保养质量不易控制。因此要求公共区域服务员要具有较高的质量意识和工作自觉性，管理人员要加大巡视和督促，才能保证公共区域的卫生质量。

3. 工作条件差

公共区域工作条件和工件环境比较艰苦，比如，负责车场和酒店周围卫生的服务员无论是在炎热夏季，还是在寒冷的冬天，都在室外工作，还要尽职尽责。因此，不少服务员思想不稳定，工作不安心，根据这种情况，管理人员既要严格管理，又要关心体贴，使他们热爱并做好公共区域的清洁保养工作。

4. 技术要求高

公共区域清洁项目性质各异，清洁要求差别很大，使用的清洁剂、清洁工具完全不同。如：大理石的打蜡和木质地板的打蜡，前者使用水性蜡而后者使用油性蜡，使用不当会给大理石或木质地板造成损坏。可见公共区域清洁所使用清洁剂、清洁工具的性能、使用方法及工具的保养维修，均具有较强的专业技术性。

三、公共区域清洁保养要求

1. 大堂

大堂是酒店宾客活动的主要场所之一，同时也是宾客最先看到和感受到的场所，还是宾客进出最繁忙的公共区域。大堂清洁保养的水准可直接反映出酒店的总体管理水平，反映出整体清洁保养质量和员工的工作质量，所以每家酒店都需重视大堂的清洁保养工作。

2. 电梯与自动扶梯

与大堂一样，电梯也是宾客使用频繁的场所。不论是升降箱式电梯还是自动扶梯，每日经过大量宾客使用后，都会造成污染，这就需要公共区域员工每天进行及时的清扫，保持电梯和自动扶梯清洁卫生。

3. 餐厅

餐厅作为宾客的用餐场所，每餐后都会使地面、墙面、餐台、餐椅等的清洁状况受到破坏。餐饮场所的卫生要求较高，需要及时进行清洁与维护，做到每餐后清洁，每天夜间进行全面的、有计划的清洁工作，使餐厅内随时保持最佳的卫生状态。

4. 客用洗手间

随着旅游业和酒店业的发展，宾客对洗手间的清洁程度越来越重视。洗手间内设备的档次越来越高,卫生保洁投入也越来越大,它已成为公共区域保洁工作的一项重要内容。

5. 地毯

地毯是酒店常用的地面材料,主要用于客房、餐厅及会议室。地毯虽然能够增加豪华感,但清洗和保养难度较大,专业的地毯清洁保养不但可以提高酒店整体清洁保养水准,也可使地毯延长使用寿命。

6. 庭院

在大型酒店中庭院保洁是一项重要的工作。庭院包括车道、车场、绿地、花园等。庭院是宾客和员工途经、逗留和休息的场所。庭院主要工作内容有清洁工作和绿化工作,有对绿地的养护,也有对绿地内的卫生维护。

工作任务三　前台公共区域日常保洁

实践操作

一、大厅的日常保洁

前台公共区域特别是大厅是酒店中最繁忙的场所,一天二十四小时都在使用中,大量客人从大厅进进出出,在大厅逗留休息,所以需要随时进行推尘、擦拭浮尘、除渍等工作,保持大厅的洁净。

1. 推尘

大厅地面多为硬质材料,在人流量大的白天,可以安排人员进行推尘工作,保持清洁明亮。打蜡的地面每天深夜应抛光一次,保持硬质地面的光洁如镜。推尘时应根据实际情况,适当避开客人或客人集聚区,待客人散开后,再进行补推。

表 4-1　推尘

操作步骤	操作要领	质量标准
1. 准备工作	(1) 使用前将极少量的牵尘剂渗入拖布(至少等候半小时) (2) 检查尘推纤维是否干净 (3) 检查尘推油的渗入情况 (4) 检查尘推杆的卡头位置及方向是否正确	准备工作充分
2. 推尘	(1) 沿直线推尘,先从一侧开始,尘推不可离地,不可来回拖拽 (2) 推尘时,尘推罩每行要重叠1/4,以防漏擦 (3) 尘推沾满尘土时,将尘推放在垃圾桶上用刷子刷净再使用,直到地面完全清洁为止 (4) 尘推失去粘尘能力,要重新用尘推处理液处理,然后才可使用 (5) 地面上有水滴或痰,要先用毛巾或卫生纸清洁干再用尘推推尘 (6) 手拿尘推行走时,要注意将尘推罩的一端提起,脏的一面向外 (7) 推尘时,注意尘推杆不可碰到门框或顶棚灯具 (8) 在门口、楼梯转弯处操作时注意不可碰到行人	地面无灰尘、脏物,洁净光亮
3. 清除尘土	尘土积聚到一定程度时,将尘土推到一边,用吸尘器或笤帚、簸箕将其除去	地面干净,无污物遗留
4. 结束工作	(1) 清洁尘推头,根据需要更换干净的尘推头 (2) 尘推头应向上挂起或靠墙竖起存放	保持工具、用品的清洁

【特别提示】

1. 为了有效吸附尘土,尘推头需妥善处理。

2. 推尘时,需始终保持将尘土往前推,尘推不能离地,以免掉落。

3. 逢雨雪天气,不仅要在门口放上伞架,还应在大门内外铺上踏垫和小地毯,并适时擦洗门口地面的泥沙和水迹,以保护和保证地面的清洁。

4. 客人进出频繁的门口、梯口等容易脏的地面需重点清洁,并适时增加清洁次数,确保整个地面符合酒店清洁卫生质量标准。

2. 抹尘

负责大厅清洁工作的服务员,必须不断巡视大厅的角角落落,擦去大厅各部位的浮尘,包括大厅大门、墙面、台面、栏杆、电话台、电梯门、总台、台面灯座、沙发、花瓶、钢琴、装饰品、各种告示牌、落地玻璃窗等,并保证各部位清洁完好,保持光亮,做到无污渍、无灰尘、无手印、无破损、无变形、无异味等。

3. 除渍

地面一旦沾上污渍,要及时清除。清除污渍通常要使用清洁剂,对大多数地面而言,比较合适选用中性清洁剂。常用的除渍方法有湿拖和擦洗两种。

表 4-2　湿拖除迹

操作步骤	操 作 要 领	质 量 标 准
1. 准备	(1) 设置警示牌,除去地面尘土 (2) 按要求用温水稀释清洁剂并倒入地拖桶内	按规定比例稀释
2. 拖地	(1) 将地拖头浸泡在清洁液中,再用地拖把挤水器去除多余的水分 (2) 用后退式方法拖地,较重的污渍可重复拖几次,直至污渍完全去除 (3) 拖头脏后,在装有清水的桶内清洗,再用地拖把挤水器去除多余的水分	地面洁净无水迹、污渍
3. 结束工作	清洁工具、用品并归位,警示设置需待地面完全干透后再撤去	妥善存放

【特别提示】

1. 地拖只能去除地面上的表面污渍,使用时比较花费时间和力气。

2. 使用中要经常清洁拖头,及时更换清水和清洁剂溶液。

3. 拖地时注意不要弄脏墙面。

表 4-3　机器擦洗

操作步骤	操 作 要 领	质 量 标 准
1. 准备	(1) 将待洗区域内的所有物件搬离,清除地面上的垃圾杂物 (2) 设置警示 (3) 稀释清洁剂并倒入洗地机内	(1) 地面干净无杂物 (2) 按规定比例稀释清洁剂
2. 洗地	(1) 开动洗地机,以后退式清洗地面,按直线行走,避免遗漏 (2) 洗地同时开放水开关,边擦洗边吸除污水 (3) 按同样方法用清水漂洗一遍,再吸干水分 (4) 洗地机洗不到的边角,可用拖把或用刷子人工擦洗,沾上污迹的墙面也一起清洁	(1) 洗地彻底干净 (2) 漂洗彻底,尽量不残留清洁液 (3) 地面干净无水迹
3. 结束工作	待地面干透后将移动的物品归位,洗地机及工具、用品清洁后放好	洗地机、工具用品清洁,妥善放置

【特别提示】

1. 擦洗通常用于去除一些比较重的污渍,有机器和人工两种方式。机器擦洗具有速度快、效果好的优点;人工擦洗用于机器无法触及的地方。
2. 洗地时,电线应拉在肩上,不能拖在地上或落到洗地机下面,保证安全。
3. 禁止使用酸性清洁剂和粉状清洁剂,前者会腐蚀大理石,后者会损伤大理石。
4. 避免使用粗糙物件摩擦地面,否则会使大理石表面留下永久性划痕。
5. 靠近地面的电源插座须封好。
6. 防止污染墙面。
7. 防止洗地机碰撞墙面和其他设备物品。
8. 安全操作。

二、清理烟灰缸、立式烟筒

大厅服务员要注意巡查,发现烟灰缸内有烟头、纸屑等应及时进行清理,立式烟筒需保持烟盘中石米的洁白干净。

表4-4 烟灰缸的清理

操作步骤	操 作 要 领	质 量 标 准
1. 准备工作	发现公共区域客用烟缸内烟蒂数达到最高限额时,立即从工作间取出干净的烟灰缸	加强巡视工作,按酒店规定更换烟缸
2. 更换干净的烟缸	(1) 用右手将一干净烟缸盖在脏烟缸上,一并拿起。同时左手将另一干净烟缸放回原来位置 (2) 如果烟灰缸较大,可先换上一干净烟缸,然后将专用盖板盖在脏烟灰缸上,两手拿起 (3) 如果有客人正在使用烟缸,先礼貌征求客人的意见:"Excuse me, sir/madam. May I change your ashtray?"或"Excuse me, ashtray?"或"对不起,先生/女士!我可以换烟灰缸吗?"	动作熟练、语言规范
3. 洗净脏灰缸	将脏烟缸送回工作间清洗、备用	洗净、放在规定之处

表4-5 立式烟筒的清理

操作步骤	操 作 要 领	质 量 标 准
1. 清理	(1) 用镊子将立式烟筒眼盘内的烟头、杂物清洁干净,整理烟盘中石米 (2) 更换立式烟筒垃圾袋	随脏随清理,保持洁净
2. 清洁	(1) 用抹布擦净烟筒表面 (2) 定时巡查立式烟筒一次,视客流量情况增加清洁密度	表面光亮、无污渍
3. 交班	交班前将烟筒清洁干净	烟筒里外干净

【案例 4-3】

垃圾桶上的花瓣

通常公共区域的垃圾桶是不会引起客人关注的。有些酒店非常注重细节管理,员工清洁垃圾桶后在烟盘上压上酒店的 Logo,还用鲜花(花瓣)点缀烟盘,有的客人看到美丽的花朵及图案都不忍心破坏它,使得原来垃圾桶上常见的烟头等废弃物也不见了,变得更干净了。

点评:垃圾桶上小小的花瓣、Logo 不仅成功提升了酒店品质,也成了酒店不被关注的角落里一道风景线。其实,酒店很多事情只要用心去做,在标准化的基础上再多做一点、做细一点,往往都会带来意想不到的效果!

三、整理休息区

大厅休息区供客人休息的沙发、桌椅、茶几、台灯等,由于使用频繁,其原来的摆放位置常常会改变,这就要求服务员员随时整理归位,以保持整洁、美观。同时,桌椅上、地面上及沙发上的纸屑、果皮等需立即清理。对坐在扶手上、靠背上的客人,可礼貌地劝其坐在沙发上,对在沙发上睡觉的客人要委婉劝阻。

四、清洁玻璃、镜面

酒店公共区域玻璃、镜面材料多,这些面层平时每天都需擦拭干净,定期彻底清洁。

表 4-6 玻璃、镜面的日常清洁

操作步骤	操 作 要 领	质量标准
1. 准备工作	选用合适的抹布、玻璃清洁剂、刀片	备齐工具用品
2. 清洁	(1) 用干抹布按一定顺序从上至下擦去玻璃或镜面上的浮灰 (2) 若有污渍,可用抹布蘸上少量清水擦拭。若仍无法去除,可在污渍处喷上一些玻璃清洁剂,再用抹布用力擦拭 (3) 若仍去除不掉,用剃须刀片轻轻刮去,但应注意刀口平推,避免刮坏镜面	玻璃、镜面洁净光亮
3. 结束工作	用过的工具、用品清洁后妥善存放	保持工具、用品的清洁

表 4-7 玻璃、镜面的彻底清洗

操作步骤	操 作 要 领	质量标准
1. 准备工作	(1) 准备好提桶、小铲刀或剃须刀片、抹布、伸缩杆、玻璃刮、清洁剂等用品 (2) 按使用说明要求的比例在水桶内配置好清洁剂溶液,准备好一桶清水	备齐工具用品

续表 4-7

操作步骤	操作要领	质量标准
2. 擦洗	(1) 用玻璃刮水器蘸清洁剂均匀擦洗玻璃表面。按顺序从上部开始不断地从左至右擦洗,然后反过来,从右到左,一直往下擦洗到底部,横向擦洗之后,再从左边起上下擦洗直至右边 (2) 若镜面或玻璃面积较大、位置较高,则将玻璃刮水器伸缩杆拉长按在玻璃顶端上下垂直洗抹 (3) 若玻璃或镜面面积较小,可用海绵替代刮水器,清洁方法同上	擦洗干净
3. 刮净溶液	(1) 用玻璃刮将玻璃上的溶液刮净。采用左右横向刮擦的方法,可先把橡皮刮头放在玻璃左上方,向右刮擦,在半途停下,再用同样手法从右往左刮擦 (2) 刮擦时应注意及时用抹布除去刮把上的水分,并用这种方法刮至玻璃底部 (3) 若镜面或玻璃面积较大、位置较高,则将玻璃刮水器伸缩杆拉长按在玻璃顶端上下垂直洗抹。若镜面或玻璃面积较大、位置较高,则将玻璃刮水器伸缩杆拉长按在玻璃顶端上下垂直洗擦	玻璃清洁剂溶液刮净
4. 清水擦洗	用玻璃刮水器蘸清水按步骤 2 所述顺序擦洗玻璃表面	擦洗干净
5. 抹净水迹	(1) 用抹布将玻璃表面未刮净或边框上的水迹抹净 (2) 如仍有斑迹可在局部用清洁剂重新擦洗,也可用小铲刀或玻璃刮刀轻轻刮去,注意不可刮伤玻璃表面	玻璃、镜面光亮、洁净
6. 结束工作	用过的工具、用品清洁后妥善存放	保持工具、用品的清洁

【特别提示】

1. 安全操作。在高空擦玻璃时必须系好安全带,集中注意力。

2. 擦玻璃需选择工作认真、身体健康的员工。有心脏病和高血压的员工切勿高空擦玻璃。

3. 室外擦玻璃要注意天气的变化,夏天不要暴晒,以防中暑。刮大风时也切忌擦玻璃,以免发生危险。

五、清洁保养金属器件

酒店金属器件使用较多,与玻璃、镜面一样,这些金属器件平时每天都需擦拭,定期彻底清洁。

表 4-8 金属器件的日常保洁

操作步骤	操作要领	质量标准
1. 准备工作	准备好抹布及清洁剂(省铜剂、金属上光剂等)	备齐工具用品
2. 清洁	每天用柔软平纹干抹布擦拭,除去灰尘	干净、无灰尘、污迹、指纹印
3. 结束工作	用过的工具、用品清洁后妥善存放	保持工具、用品的清洁

表 4-9　金属器件的定期清洁保养

操作步骤	操 作 要 领	质 量 标 准
1. 准备工作	准备好抹布及清洁剂(省铜剂、金属上光剂等)	备齐工具用品
2. 清洁	(1) 将清洁剂轻轻摇动,使之均匀,无沉淀 (2) 将清洁剂均匀涂抹在叠好的抹布上,立即均匀地用力擦拭金属器件的表面	(1) 擦拭均匀 (2) 勿等清洁剂干后再擦拭
3. 擦亮金属器件	(1) 用抹布擦净金属器件上的清洁剂 (2) 用干净的抹布快速反复用力擦拭金属器件,直至光亮为止	铜、不锈钢器件表面洁净、光亮
4. 结束工作	用过的工具、用品清洁后妥善存放	保持工具、用品的清洁

图 4-16　清洁保养铜柱

六、清洁整理公共洗手间

酒店公共洗手间使用频率较高,客房部需安排员工做好日常保洁和定期清洁保养工作。为保持洗手间的卫生,有些酒店在公共洗手间小便斗上方墙面上贴有提示卡(见图 4-17),饶有趣味。提示内容的字极小,需凑近才能看清(图 4-18),待客人凑近了,提示卡的效果也就达到了。提示卡上的中文字为:如果还看不到这些字,那您站得离小便池太远了,也许已经因此弄脏了地板。

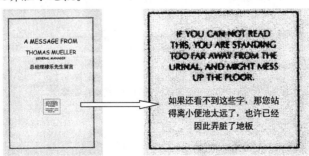

图 4-17　公共洗手间提示卡(1)　　图 4-18　公共洗手间提示卡(2)

表 4-10　公共洗手间日常保洁

操作步骤	操作要领	质量标准
1. 及时清洁	(1) 一般情况下,每隔半小时清洁一次。如果使用频率高,则适当提高清洁频率 (2) 如果客人在场,应礼貌地为客人提供相应的引导服务,注意清洁时不能妨碍客人	(1) 保持洗手间的干净 (2) 服务规范
2. 清除垃圾	收拾垃圾,更换垃圾袋	垃圾桶擦拭干净
3. 清洗洗手台台面等处	(1) 用经消毒剂溶液处理过的抹布擦拭面盆、台面、水龙头和皂碟 (2) 用半湿抹布擦净、擦亮洗手台面 (3) 擦净、擦亮镜子	镜面、台面、地面光洁,无水迹
4. 清洗恭桶、便池	(1) 用恭桶刷刷洗恭桶、便池 (2) 用浸泡过消毒剂的抹布擦拭恭桶座板 (3) 用半湿抹布擦净座板	恭桶间、小便池无水迹、无污渍
5. 补充物品	加满皂液、补充肥皂等物品	按要求补齐、放好
6. 清洁地面	擦去地面上的水迹	洗手间空气清新,无异味
7. 结束工作	用过的工具、用品清洁后妥善存放	保持工具、用品的清洁

表 4-11　公共洗手间的彻底清洁

操作步骤	操作要领	质量标准
1. 准备工作	(1) 准备好抹布、恭桶刷、恭桶清洁剂、浴室清洁剂、消毒剂等用品 (2) 门口设置告示牌,说明该洗手间正在清洁,暂停使用,并标明附近洗手间的位置	(1) 备齐工具用品 (2) 及时告知
2. 冲洗恭桶	拧开水龙头开关,轻按放水掣,冲洗恭桶	恭桶冲洗干净
3. 检查	检查洗手间设备有无损坏	设备完好有效
4. 清除垃圾	倒空所有垃圾桶,清洁垃圾桶,更换垃圾袋	垃圾桶擦拭干净
5. 清洗洗手台面等处	(1) 浸泡过消毒剂的抹布擦拭镜子、面盆、台面、水龙头和皂碟、卷纸架及小隔间的隔墙和门等 (2) 再用半湿的抹布擦净、擦亮 (3) 用干抹布擦亮、擦亮镜子	镜面、台面、地面光洁,无水迹
6. 清洁恭桶	(1) 用恭桶刷刷洗恭桶、便池 (2) 用稀释消毒剂浸泡过的抹布擦净恭桶座板上下和所有表面部分,包括水管 (3) 用清水洗净残留溶液 (4) 用半湿抹布擦干,擦洗包括便池水管在内的表面部分	恭桶间、小便池无水迹、无污渍
7. 冲洗恭桶、便池	轻按放水掣,冲洗恭桶、冲洗便池	恭桶、便池冲洗干净
8. 补充物品	加满皂液、补充肥皂等物品	按要求补齐、放好
9. 清洗地面	(1) 将清洁器具移至门口,用刷子从里向外刷洗地面,并用抹布擦净、擦干 (2) 如地面是打蜡保养的,只需用八成干的抹布擦净地面即可	地面干净无水迹
10. 复位	清洁完毕,撤去告示牌	清洁后,洗手间空气清新,无异味
11. 结束工作	用过的器具清洁后妥善存放	保持工具、用品的清洁

七、清洁保养客用电梯轿厢

电梯轿厢清洁保养工作主要包括电梯门、轿厢内壁、轿门内槽、轿厢地面的清洁等,一般为每天清洁一次,并进行每天的巡回保洁,每天巡回保洁次数可根据人流量的大小和具体标准要求而定。

电梯轿厢的清洁工作应安排在晚间或人流量较少的时间内进行。

表4-12 客用电梯轿厢的清洁保养

操作步骤	操作要领	质量标准
1. 准备工作	(1) 准备好所需的工具和用品,如抹布、水桶、清洁剂、扫把、拖把、吸尘器和干净地毯等 (2) 通知电梯工停止电梯运行,切断电源	(1) 备齐工具用品 (2) 电源切断
2. 清洁轿厢内壁	(1) 将抹布浸入配制好清洁剂的水桶中,拧干后,沿着轿厢内壁从上往下用力抹擦 (2) 若内壁上沾有较顽固的污渍,可用铲子轻刮或直接喷上清洁剂后用抹布用力来回擦拭 (3) 用半湿抹布再彻底擦拭一次 (4) 用半湿抹布擦净电梯按钮及显示屏 (5) 轿厢天花板可每周清洁一次,除照明灯饰镜面和摄像探头需用半干湿毛巾轻轻擦拭外,其他部位与轿厢内壁清洁方法相同	轿厢内壁洁净、光亮、无污迹
3. 清洁轿门内槽、轿厢地面	(1) 用铁钩将轿门内槽的杂物勾起,可用吸尘器吸净轿门内槽的沙砾 (2) 若轿厢地面铺有星期地毯,则只需将旧地毯掀起,用半干拖把将轿厢地面拖净,待湿气挥发后再铺上干净的地毯 (3) 轿厢地面为固定地毯,则可用吸尘器吸干净地面,每周一次用洗地机(地毯机)配合清洁剂清洁一遍 (4) 轿厢地面为木质或合成塑料,则可先用湿地拖配合清洁剂拖擦,再用清水拖擦,最后用干地拖将水迹抹干	轿门内槽、轿厢地面干净无污物
4. 清洁电梯轿厢门	电梯轿厢门材料一般是不锈钢,清洁时先喷上少量不锈钢喷剂,然后用棉质软布由上而下擦净,使电梯轿门洁净光亮	电梯轿门洁净、光亮
5. 结束工作	(1) 清洁作业完毕,环视整个电梯轿厢一遍,检查是否有遗漏和清洁不彻底之处,如有应立即补做,最后通知电梯工重新启动电梯 (2) 用过的工具、用品清洁后妥善存放	(1) 保证质量 (2) 保持工具、用品的清洁

【特别提示】

1. 及时清洁

客用电梯使用率高,需要经常清洁。由于白天使用频繁,电梯不能得到彻底的清洁,夜间清洁就显得尤为重要。

2. 保证日常的维护

为保证客梯在一天的使用过程中始终处于清洁状态,应安排固定员工轮流清洁电梯。

3. 经常吸尘

白天客梯虽然使用频繁,但为保证电梯内地毯处于清洁美观的状态,应对地毯进行吸尘,吸尘时应避开客梯的使用高峰。

4. 保持清洁

客梯内地毯整天被踩踏容易受损,客梯空间小,清洗后不易干透。许多酒店客房部会购置一套备用地毯,有些酒店备有七块地毯(星期地毯),每天更换一块。

5. 选择适当的时间进行清洁

白天客梯使用频繁,但为保证电梯处于清洁美观的状态,应及时进行清洁。清洁应避开电梯使用的高峰时间。

八、清洁大型吊灯

大型吊灯的清洁比较困难,通常酒店每半年彻底清洗一次,清洗工作安排在客流量最小时进行。

表4-13 大型吊灯的清洁

操作步骤	操 作 要 领	质 量 标 准
1. 准备工作	(1) 准备好升降梯、压力喷壶、雨布、清洁剂等工具和清洁剂。按使用说明配制好清洁剂 (2) 熄灭吊灯,使之冷却 (3) 拉上警示线或摆放警示牌 (4) 在大型吊灯下面的地面上用雨布张起一个如漏斗状的积水容器,并将升降梯摆放在合适的位置	准备工作充分
2. 清洗	(1) 将配制好的清洁剂溶液装入压力喷壶内。在升降梯上用压力喷壶对吊灯饰件进行喷雾清洗 (2) 用清水装入压力喷壶,对吊灯饰件进行过水处理	吊灯饰件干净无灰尘
3. 复位	(1) 清洗完毕,等吊灯上水分全部滴完之后,撤去雨布和警示线或警示牌 (2) 擦净地面水迹、污迹,恢复至原来状态 (3) 等吊灯上水分全部滴完之后,撤去雨布和警示线或警示牌	吊灯饰件洁净、光亮
4. 结束工作	将清洁工具、用品清洁后妥善放置	保持工具、用品的清洁

【特别提示】清洁吊灯,须特别注意安全,操作时不能有一点疏忽。

九、清洁保养餐厅、酒吧

餐厅、酒吧等服务场所要视其营业情况安排清洁保养工作。

1. 餐厅、酒吧的清洁保养

① 地面吸尘。每餐结束后员工都需对餐厅的地毯进行吸尘。吸尘前先将地面的碎屑、牙签等捡拾干净,以免损坏吸尘器,吸尘时需特别注意餐桌周围和桌椅下的地面。

② 擦拭餐椅、吧座。餐椅、吧座上都会留下客人的手印,椅腿上容易留下皮鞋油的黑迹,椅面上也会掉上渣物等,都需擦拭干净。

③ 擦拭墙面。餐桌、吧台附近的墙面,客人用餐时极易溅上菜汁、油点等,特别是火锅餐厅,墙面更易污染,因此每餐结束后需及时清洁。

④ 擦拭柜台和吧台,及时擦去柜台和吧台上的饮料及果汁,保持干净整洁。

⑤ 金属质地的物品及桌椅擦拭去尘后上光。

⑥ 擦拭吊灯、顶灯及其他灯具。

⑦ 擦拭门窗玻璃。

⑧ 定期清洗地毯及墙面的装饰布。

⑨ 按客用洗手间的清洁程序对餐厅洗手间进行清洁。

2. 清洗沙发、餐椅和墙毯

表 4-14 沙发、餐椅和墙毯的清洗

操作步骤	操 作 要 领	质 量 标 准
1. 准备工作	(1) 抽洗机水箱装满水,然后按比例加入清洁剂 (2) 用吸尘器或毛刷除去沙发、餐椅和墙毯上的灰尘和杂物 (3) 将抽洗机喉管、吸头、手刷连接好	(1) 准备工作充分 (2) 沙发、餐椅和墙毯无杂物
2. 清洗	(1) 接通电源,启动泡箱开关,待泡沫从喉管内排出,用毛刷刷洗。重点刷洗扶手、坐垫、沙发腿 (2) 用抽洗机吸头紧贴椅面、墙面,反复抽洗 3~4 次,将水分全部吸干	清洗后的沙发、餐椅、墙毯无污迹、斑点
3. 吹干	用吹干机将沙发、餐椅、墙毯吹干	沙发、餐椅干透后才能使用
4. 结束工作	用清水冲洗泡箱盖、手刷,切断电源,收齐工具	保持工具、用品的清洁

3. 清洁保养餐厅、酒吧的注意事项

(1) 妥善安排清洁时间

对一日三餐或 24 小时开餐的餐厅,客房部清洁工作应尽量安排在夜间进行。白天早餐至午餐,午餐至晚餐中间时间较短,须安排员工对餐厅的清洁进行日常维护。不开早餐的餐厅,则安排在上午清洁。

夜间经营的夜总会、歌舞厅、酒吧等,清洁工作可安排在下午到晚上营业前的这段时间。

(2) 及时安排清洁

餐厅特别需要及时维护与清洁。餐厅开餐时,各种意外都有可能发生,如黄油掉落到地毯上,调味汁倾倒在地面上,咖啡洒在了椅子上,餐厅员工随时会求助 PA 人员。接到清洁要求时,PA 员工应了解是何种污迹、发生在何部位、面积多大等情况,尽快赶到现场进行清洁。

(3) 选用合适的清洁工具、清洁剂和清洗方法

餐厅是客人用餐的地方,尤其是 24 小时营业的餐厅,PA 员工的清洁工作只能选择在客人用餐较少的时间进行,因此清洁工具、清洗方法和清洁剂的选用尤为重要。清洁工具要小巧、无噪音;清洗用的抹布、拖地需干净美观;化学清洁剂选用不带异味的。

(4) 给餐厅、酒吧配备简易的清洁工具

为保证餐厅清洁的及时性,不使掉在地上的食物碎渣因踩踏而渗入地毯,可给餐厅、酒吧配备小扫帚和簸箕,或配备地毯清扫器。

【案例 4-4】

用行动诠释服务的真谛

在某酒店的大堂,有两位客人正在办理入住手续,突然,其中一位"噗"的一声,吐了一口浓痰在刚擦干净的地板上。说时迟那时快,一名服务员及时赶到用拖把擦去,同来的客人看在眼里,记在心中。在接下来办手续的约 10 分钟的时间里,那位服务员提着拖把始终在离他们不近不远的地方。正在此时,背后又有"噗"的一声,只见那位服务员旋即转身去

擦。三位客人办完手续乘上电梯,电梯里贴着一张"请勿吸烟"的标识,可是他们谁都没有掐灭手中正在燃烧的香烟,照抽不误。就在这个时候,旁边一位身着酒店员工制服的员工悄然无声地伸过一个烟灰缸,在电梯运行的这段时间里,他始终托着烟灰缸,直到两位客人走出电梯。

刚才乘电梯的客人在房间里稍微休息了一会儿,再乘电梯下一楼,此时,这两位客人手中不再拿香烟了。

思考: 从这个案例中,我们可以得到什么启示?

学生实训

公共区域日常保洁

实训地点:实训宾馆。

实训要求:

在教师指导下,学生分小组对实训宾馆大堂、餐厅等处公共区域进行日常保洁工作。

工作任务四 后台公共区域的清洁

酒店后台区域的清洁卫生状况对员工的精神状况和酒店的服务质量有重要影响。做好后台公共区域的清洁卫生,可为员工创造一个良好舒适的工作、生活环境,有利于员工保持舒畅的心情。

实践操作

一、清洁整理办公室

办公室的清洁一般安排在上班前或下班后,中午倒一次垃圾。复印室要有专人负责,因为那里使用率高,来往人员多,各种纸张多,最容易积累垃圾和灰尘。有些办公室由于保密和安全的需要,不便在无人的情况下清洁,客房部应与办公室相关人员沟通协调,妥善安排清洁时间。

二、清洁整理员工更衣室、浴室

1. 员工卫生间、员工更衣室、浴室每天都需要清洁,派专人负责。
2. 员工走廊、安全消防梯和员工电梯经常使用,大清洁时间应安排在夜间。
3. 员工电梯间白天使用率高,在白天正常清洁的基础上,夜间需进行彻底的清洁,以保证员工电梯间的卫生。

三、其他清洁整理工作

1. 后台区域不同的地面材料应采用不同的清洁方法,如地砖类的地面,清洁工作通常在夜间进行。白天需安排人员检查拖扫地面,随时清理掉在地面的各类碎屑或洒落的饮料汁、菜汤等。大理石地面,应视其使用情况,定期安排地面打蜡工作,白天只需要用尘推将地面推净。

2. 后台区域的各通风口、空调口、电灯,应定期、在夜间安排清洁工作。

3. 后台区域的通道内有许多消防栓和灭火器等,需要经常擦拭,保证消防栓内干净无杂物,灭火器上无灰尘。

学生实训

学校教学楼日常保洁

实训地点:教学楼。
实训要求:
教师指导下,分组清洁教学楼地面及墙面,学以致用。

模块三 面层材料的清洁保养

任务导入

我们所了解的面层材料

1. 学生以小组为单位实地考察建材市场,了解面层材料种类、特性及价格;收集面层材料样品。

2. 利用网络收集面层材料的相关知识。

3. 以"我们所了解的面层材料"为题,制作PPT,小组课堂演示、展示面层,实物。小组自评、互评,教师讲评、总结,讲解必要的知识点。

工作任务五 地毯的清洁保养

地毯具有保温、隔热、吸音、柔软舒适、高贵华丽的特点,除了在客房卧室内满铺地毯外,地毯还被广泛地用于餐厅、会议室等场所,是酒店地面面层装饰的主要材料之一。了解熟悉地毯的有关知识,有助于做好日常清洁保养工作。

基础知识

一、地毯的种类

地毯因其纤维、构造等方面的不同,在价格、使用区域、美观实用性、耐久性等方面有较大差异。

1. 按地毯材质分类
地毯按编造所用的材质可分为纯毛地毯、混纺地毯、化纤地毯及塑料地毯。

(1) 纯毛地毯

我国的纯毛地毯是以土种绵羊毛为原料,其纤维长,拉力大,弹性好,有光泽,纤维稍粗而且有力,是世界上编织地毯的最好优质原料。近年来,有厂家将我国土种绵羊毛与进口(如新西兰等国)毛纤维掺配使用,发挥进口羊毛纤维细、光泽亮等特点,取得了很好效果。纯毛地毯的重量约为 1.6~2.6 kg/平方米,是高档客房、会堂、舞台等地面的高级装修材料。高星级酒店客房通常选用纯毛地毯。

(2) 混纺地毯

混纺地毯是以毛纤维与各种合成纤维混纺而成的地面装修材料。混纺地毯中因掺有合成纤维,所以价格较低,使用性能有所提高。如在羊毛纤维中加入20%的尼龙纤维混纺后,可使地毯的耐磨性提高五倍,装饰性能不亚于纯毛地毯,并且价格相对便宜。

(3) 化纤地毯

化纤地毯也叫合成纤维地毯,如锦纶纤维、涤纶纤维、腈纶纤维、丙纶纤维等。化纤地毯是用簇绒法或机织法将合成纤维制成面层,再与麻布底层缝合而成。化纤地毯耐磨性好并且富有弹性,价格较低,适用于中低档酒店客房地面装修。

(4) 塑料地毯

塑料地毯是采用聚氯乙烯树脂、增塑剂等多种辅助材料,经均匀混炼、塑制而成,它可以代替纯毛地毯和化纤地毯使用。塑料地毯质地柔软,色彩鲜艳,舒适耐用,不易燃烧且可自熄,不怕湿。因塑料地毯耐水,所以也可铺设在卫生间,起防滑作用。

地毯材质较多,最简单可行的方法是燃烧法。从地毯上抽取几根绒点燃后,观察其燃烧速度、产生的气味和灰烬的形状,即能分辨出是哪一种纤维。羊毛纤维燃烧时没火焰,会冒烟而起泡,有羊毛味,燃烧后形成有光泽、易碎的黑色固体。锦纶纤维燃烧时没火焰,纤维迅速卷缩,熔融成胶状物,冷却后成为坚韧的褐色硬球。涤纶纤维燃烧火焰呈黄白色,很亮,无烟,灰烬成黑色硬块。腈纶纤维燃烧比较慢,有辛酸气味,灰烬成脆性小黑硬球。维纶纤维燃烧开始时,纤维端会有一点火焰,待纤维熔融为胶状物,有浓黑烟,生成黑色固体。丙纶燃烧时火焰呈黄色,几乎无灰烬。

此外,选购地毯时,应向经销商索要产品质检报告,对不同材质、不同价格的地毯进行性能指标比较。

2. 按供应的款式分类

(1) 整幅成卷供应的地毯

化纤地毯、塑料地毯以及无纺织纯毛地毯常接整幅成卷供货。铺设这种地毯可使室内有宽敞感,整体感,但损坏后更换不方便。

(2) 块状地毯

块状地毯铺设方便而灵活,位置可随时变动,既可给室内设计提供更大的选择性,同时也可满足不同使用者的情趣,另外磨损严重部位的地毯可随时调换,从而延长了地毯的使用寿命,达到既经济又美观的目的。

在室内巧妙地铺设小块地毯,常常可以起到画龙点睛的效果。小块地毯可以打破大片灰色地面的单调感,还能使室内不同的功能区有所划分。如客房门口毯、床前毯、走道毯等均是块状地毯的成功应用。

二、地毯的织造

织造地毯的方法主要有手工织造、机器织造和无纺织造三大类。手工织造价格昂贵,现在最常用无纺织造法生产地毯。

1. 手工织造地毯

手工织造地毯是自古以来就使用的方法,波斯地毯就属于此类。这种地毯做工精细、图案优美、毯面丰满。中国手工地毯历史悠久,其特点是毛长、整齐、细密,有精美的花纹图案。手工地毯弹性、耐磨损性、耐气候性俱优,使用寿命长,且越使用性能越好。

2. 机器织造地毯

机器织造地毯生产效率高,其外观质感等方面都不如手工织造地毯,但价格较低。机器织造地毯主要有两种:威尔顿机织地毯和阿克斯明特地毯。威尔顿机织地毯是最早的机织地毯,毛绒经纬交错,耐久性好、织造细密、牢固、厚实;阿克斯明特地毯是英国改进的机织地毯,它比威尔顿机织地毯颜色丰富得多,可以织造出非常复杂的花纹。

3. 无纺地毯

无纺地毯顾名思义是一种不需要编织的地毯,制作简便,更适合大量生产,价格低廉,是普及型地毯。无纺地毯主要有簇绒地毯、钩针地毯和针刺地毯等。无纺地毯都是将毛线用缝纫、钩针、针刺等方法将毛线植在预先织好的基布上,再用生橡胶将毛绒固定制成的。

三、地毯的清洁保养

化纤地毯的更新周期一般为 5~7 年,但如果保养不善,不到一两年地毯便面目全非。若保养得好,五年后仍美观柔软如新。因此酒店必须重视地毯的保养工作。

对地毯来说,保养和清洁是有区别的。如果等到地毯看上去已经很脏了的时候,才安排人员清洁,这时积尘就很难去除了。所以,做好地毯的保养工作是至关重要的,不仅能使地毯保持干净,还可延长地毯的使用寿命,减少地毯更新的投资。地毯保养专家经过长期的实践和研究,总结出一套比较完整、系统的保养方式(地毯保养"五部曲"):一、预防性保养;二、日常吸尘;三、及时去污;四、日常清洗;五、彻底清洗。这五步之间是互相联系的,其中第二、三步是花费最少、最关键,又是最容易被忽视的,但随着步骤的深入,每实施下一个步骤无论是费用消耗、污渍清除难度还是对地毯的损伤程度都在增加,而在大多数情况下往往正是由于前一步没有做到位而导致去实施下一步,最终缩短了地毯的正常使用寿命。

1. 预防性保养

预防性保养是保养地毯的最佳方法。

(1) 大门口铺设防尘垫

门口铺防尘垫,行人在踏入室内地毯之前,将污染在门外清除,不但可减轻地毯的污染,还可节省清洁保养方面的成本。

(2) 地毯色泽的选择

由于酒店区域较大,有些区域人流频繁(像楼层走道、电梯内等),有些区域被污染的可能性较大(像餐厅、康乐包厢等),因此应根据不同区域来选择不同颜色、图案和编织方法的地毯,做好预防工作。

（3）完善的防尘体系

完善的防尘体系可有效地保养地毯。据统计，80%的污物是由行人的脚带入酒店的，15%的尘土是由空气带入，5%是由人体自身和意外造成的。由此可见，有效控制脚下的污垢是保持地面清洁、减少清洗费用、延长地毯寿命的关键，在酒店大门口、通道口铺防尘地垫是一笔相当划算的长期投资。

2. 日常吸尘

吸尘是清洁保养地毯的最基本、最重要方法。吸尘不但可除去地毯表面积聚的尘埃，还可吸除深藏在地毯底部的沙砾，可以减少洗地毯的次数，恢复地毯的弹性和柔软度，延长其使用寿命。走廊通道多人行走的地方，采用直立滚刷式吸尘机效果最为理想，它可将藏留在地毯纤维底部的脏物及沙砾用滚刷吸走，并可疏松地毯使其恢复原有的松软。

3. 及时去污

地毯在使用中难免会因人为的因素造成局部污染，如一发现地毯被污染应立即清除，一般去除污渍最佳的时间以不超过24小时为宜，否则时间久了，污渍渗透扩散后就会留下永远无法清除的斑迹，所以有人比喻"时间是最好的清洁剂"。

4. 地毯干洗

定期按正确方法清洗地毯，能恢复地毯的本来面目，延长其使用寿命。目前使用最广泛的是称为干洗（干泡或干粉）的清洗方式，它是对地毯表面进行清洗，具有操作简单、干燥快的特点，对地毯的损伤较小。

5. 彻底清洗

当地毯长期处在潮湿、油污的状态下，或由于去污不及时造成污物渗到地毯根部，这时一般的清洗方法已难以彻底洗净，需采用抽洗的方式清洗。抽洗法能将深入地毯纤维根部的污渍、沙尘清除干净，但同时会留下大量水分，容易造成地毯霉变，缩短地毯的使用寿命，所以需慎重选择。

实践操作

一、地毯吸尘

表4-15　地毯吸尘

操作步骤	操作要领	质量标准
1. 准备工作	（1）准备好吸尘器和附件 （2）吸尘前清除大的垃圾和尖利物品	机器、工具备齐
2. 吸尘	（1）由里向外按一定顺序吸尘，以免遗漏 （2）操作时应采用推拉式，推时应逆毛，拉时应顺毛，保证吸过的地毯纤维倒向一致，踩过后不会出现阴阳面 （3）地毯有污渍时，及时去渍 （4）发现地毯破损时，立即开维修单报修，以保证地毯完好	地毯干净、松软有弹性
3. 结束工作	用过的器具清洁后妥善存放	收齐机器、用品

【特别提示】

1. 使用吸尘器时应先将被清扫场所中较大脏物、纸片等除去,以免工作时被吸入管内堵塞进风口或尘道,影响吸尘器的正常工作。
2. 干式吸尘器不允许吸潮湿泥土或污水,以防损坏电机。
3. 吸尘时,客房或公共区域的角落、墙边等处的吸尘应选用合适的吸尘器配件。
4. 吸尘器不要处于长时间连续工作状态,一般不超过2小时,否则影响使用寿命。
5. 使用时一旦发现有异物堵住吸管,应立即停止使用,清除异物后继续使用,否则会烧毁电机。
6. 吸尘器的贮灰箱(集尘袋)应经常清理,否则会降低吸尘效率。

二、地毯除渍

表 4-16 地毯除渍

操作步骤	操作要领	质量标准
1. 准备工作	(1) 准备好抹布、刷子、地毯除渍剂等工具和清洁剂 (2) 辨识污渍种类,选择合适的清洁剂,按比例稀释清洁剂	正确识别地毯污渍、选择合适的清洁剂
2. 清洁	(1) 将稀释后的清洁剂均匀喷洒在污渍表面,浸泡片刻,使之完全分解 (2) 用干净抹布或刷子由外向内揉搓、擦拭,直至污渍清除 (3) 视情况过水,并立即用干抹布吸除水分 (4) 如果污渍面积较大,应立即报告公共区域领班,安排专业清洁保养工进行清洗 (5) 如果此区域地毯未干,可铺上一块干净盖布。等地毯干透后,及时取走盖布,用软毛刷将地毯纤维梳理平整	地毯洗净、梳理平整,恢复原状
3. 结束工作	用过的工具、清洁剂清洁后妥善存放	收齐工具用品

表 4-17 常见地毯污渍的处理

污渍种类	处 理 方 法	备 注
1. 黄油	(1) 将掉落在地毯上的黄油全部彻底刮掉 (2) 用海绵蘸上干洗剂擦拭,然后吸干	可重复进行,直到彻底去除为止
2. 奶油	(1) 用干抹布、纸巾等彻底吸干地毯上的奶油 (2) 用海绵蘸上清洁剂溶液擦拭,把溶液吸干 (3) 用海绵蘸上温水擦拭,用干抹布吸干水分	同上
3. 咖啡、可乐、果汁、茶水	(1) 用干抹布吸干地毯上的咖啡、可乐汁、果汁、茶水 (2) 海绵蘸上清洁剂溶液擦拭,再用干抹布吸干溶液 (3) 海绵蘸清水擦拭,用同样方法吸干水分	如果污渍是以前粘上的,可用带微量漂白剂去除。如果是茶渍,最后还应用海绵蘸上专用弱酸性溶液擦拭并将溶液吸干
4. 呕吐物	(1) 立即刮去并吸干脏物 (2) 用海绵蘸上清洁剂溶液擦拭,用干抹布吸干	
5. 口香糖	(1) 用专用的香口胶喷剂去除 (2) 用海绵蘸上地毯干洗剂擦拭,然后用干抹布吸干	如口香糖较多时,可用同样方法反复进行
6. 唇膏	(1) 用小刀将地毯上的唇膏残迹轻轻刮去 (2) 用海绵蘸上醋酸戊酯或清洁剂溶液擦拭,然后用干抹布将溶液吸干	如果使用清洁剂,则还应再用海绵蘸上清水擦拭,再把水分吸干

续表 4-17

污渍种类	处 理 方 法	备 注
7. 指甲油	(1) 用小刀轻轻刮干净 (2) 用海绵蘸上醋酸戊酯或指甲油去除剂擦拭,用抹布吸干 (3) 用海绵蘸上干洗剂擦拭,吸干	指甲油较多时,可重复清洁
8. 血迹	(1) 用纸巾吸干后用蘸上冷水海绵擦拭 (2) 水分吸干后再用海绵蘸上清洁剂溶液擦拭,用抹布吸干溶液 (3) 最后用海绵蘸上清水擦拭,将水分吸干	用冷水去除血迹
9. 烧焦痕迹	(1) 将地毯中簇绒烧焦的一端剪去加以掩饰,然后再用海绵蘸上清洁剂进行擦拭 (2) 对毯绒很短的地毯,可采用砂纸擦拭,消除烧焦处的痕迹	小心剪除

【特别提示】

1. 除渍前,如地毯上还存有液体,应先用干抹布将液体吸干,以降低清洗难度。
2. 使用清洁剂时应从弱到强、从少到多,不能一开始就大量使用。
3. 避免污迹扩散,擦拭时应由外及里进行。

三、地毯日常清洗

表 4-18 地毯干洗

操作步骤	操 作 要 领	质量标准
1. 准备工作	(1) 准备好多功能清洗机、擦洗盘、刷子、地毯高泡清洁剂等器具和清洁剂 (2) 在待洗区域放置警示牌,撤除或移开地毯上的家具、杂物。如清洗客房地毯,需撤除床上用品,靠墙的落地窗帘必须打结或夹住,悬离地面约 50 cm 以上	准备工作充分
2. 吸尘、去渍	(1) 待洗区域地毯彻底吸尘 (2) 除去污渍	尽可能吸净地毯灰尘、地毯污渍除净
3. 清洗	(1) 将清洁剂按使用说明配制后,装入多功能洗地机的盛液器内 (2) 清洗时应按从里到外次序设计清洗路线,以免遗漏,并严格按机器使用说明或要求操作	地毯洗净
4. 恢复	(1) 地毯洗过后用刷子逆毛将地毯纤维刷起,使之干后有弹性 (2) 将区域内空调开至最高档,使其通风或用地毯吹干机将地毯吹干 (3) 地毯干后,彻底吸尘,并用抹布擦净墙脚上的残余物 (4) 将清洗完的区域或房间恢复到原来状态	(1) 地毯干透之前不可留有车辙印或脚印 (2) 洗过后的地毯柔软,富有弹性
5. 结束工作	将用过的器具清洁后妥善存放	收齐各种设备工具

四、地毯彻底清洗

表 4-19 地毯抽洗

操作步骤	操 作 要 领	质量标准
1. 准备工作	(1) 准备好地毯抽洗机、刷子、地毯低泡清洁剂等器具和清洁剂 (2) 在待洗区域放置警示牌,撤除或移开地毯上的家具、杂物。如清洗客房地毯,需撤除床上用品,靠墙的落地窗帘必须打结或夹住,悬离地面约 50 cm 以上	(1) 准备工作充分 (2) 湿洗最好选择晴好的天气
2. 地毯彻底吸尘、去渍	(1) 将待洗区域地毯彻底吸尘 (2) 除去污渍	尽可能吸净地毯灰尘、地毯无明显污渍

续表 4-19

操作步骤	操作要领	质量标准
3. 清洗	(1) 按使用说明配制清洁剂。将配制好的清洁剂装入喷壶内均匀地喷洒到待洗地毯上,让其充分反应 (2) 将清水注入地毯抽洗机的清水箱内 (3) 清洗时应按从里到外次序设计清洗路线,以免遗漏,严格按机器使用说明或要求操作 (4) 视情况重复清洁	地毯洗净
4. 吹干	(1) 将两台地毯吹干机分放在区域的两边,接上电源,打开开关,形成对流,将地毯尽快吹干 (2) 打开空调或开门开窗,使得地毯尽快干透	地毯干透之前不可留有车辙印或脚印
5. 恢复	(1) 地毯干后,用直立式吸尘器彻底吸尘 (2) 将清洗完的区域或房间恢复到原来状态	洗后地毯柔软,恢复弹性
6. 结束工作	用过的器具清洁后妥善存放	收齐各种设备工具

【特别提示】

1. 无论用何种方法清洗地毯,对地毯都有一定的损伤,所以,酒店需重视地毯日常的保养工作,尽量少洗地毯。

2. 洗地毯是一项技术要求极高的工作,酒店应配备专职地毯清洗工,经过严格培训后才能独立操作。

3. 清洗地毯前,应先将待区域地毯上的家具、物品撤除或移开,将待洗地毯彻底吸尘,检查地毯有无污渍,若有应先除渍,以提高洗涤效果。

4. 地毯干透之前不可留有车辙印或脚印。

学生实训

一、地毯除渍练习

实训地点:PA 实训基地或实训宾馆。

实训要求:

1. 要求学生识别地毯上的污渍。

2. 学生分组在教师指导下,去除地毯污渍。

3. 小组讨论总结地毯除渍的方法及技巧,教师点评、总结。

二、地毯干洗练习

实训地点:PA 实训基地或实训宾馆。

实训要求:

1. 学生分组在教师指导下进行地毯干洗工作。

2. 小组讨论总结地毯清洗的方法及技巧,教师点评、总结。

工作任务六 硬质地面材料的清洁保养

基础知识

酒店常见的石质材料地面主要有大理石、花岗石、木材、水磨石、地面砖等。掌握一定的硬质面层材料知识,有助于做好相应的清洁保养工作。

一、硬质地面的种类

1. 大理石

天然大理石是地壳中原有的岩石经过地壳内高温高压作用形成的变质岩,属于中硬石材,主要由方解石、石灰石、蛇纹石和白云石组成。其主要成分以碳酸钙为主,约占50%以上,其他成分还有碳酸镁、氧化钙、氧化锰及二氧化硅等。大理石地板具有纹理,有良好的光洁度,易清洗,且耐磨、耐腐蚀,并能给人富丽庄重之感,但大理石不吸声,不防滑,不适宜用于卫生间及厨房地面。

2. 花岗岩

花岗石又称"麻石""花岗岩",与大理石非常相似,也是一种性能优越的地面装饰材料,常用于酒店的前台区域。有人会将花岗石和大理石混为一谈,其实,这两种石材因主要成分不同而性能不同。大理石的主要成分为碳酸钙,花岗石的主要成分为石英、云母、长石的结晶体,故花岗石比大理石结构更为紧密,硬度极高,防污、防水、耐酸耐碱及耐磨性能也优于大理石。

花岗石不易风化变质,外观色泽可保持百年以上,因此多用于墙基础和外墙饰面。由于花岗石硬度较高、耐磨,所以也常用于高级建筑装修工程,如建筑物的墙面、客流量大的厅堂、宾馆酒店的大堂、楼梯踏步、台阶等处装饰。

3. 木质材料

木材因其天然的花纹、良好的弹性和淳朴典雅的质感而受到人们的青睐。用木材制成的地板,因其独特的功能而被作为酒店的地面装饰材料,如会议室、酒吧、舞厅、健身房、餐厅等。

木质地面装饰板多用软木树材(松、杉等)和硬木树材(杨、柳、榆等)加工而成,可做成拼花板、企口板、漆木板和复合地板等。实木地板的特点是自重轻,导热性能低,弹性较好,舒适度好,美观大方,但容易受温度和湿度的影响而裂缝、起翘、变形,耐水性差,清洁保养难度大,易腐朽。由于木材属于易燃材料,防火性能差,易被虫蛀,价格较高,木材资源短缺,因此不宜大量采用,只能在一些高级地面和必须采用木地板的部位少量采用。近年来,新型的复合地板在加工制造中通过革新传统的加工工艺和添加防腐、防虫、耐磨等物质,来改善其性能,已成为很好的地面装饰材料。

二、硬质地面清洁保养方法

1. 大理石地面清洁保养方法

(1) 使用前清洗打蜡

新铺的大理石地面,在使用前必须清洗打蜡,打两层底蜡和两层面蜡。其目的就是用蜡层封密大理石的空隙并使大理石表面形成一层薄膜,从而达到防止毛孔的继续扩大和毛孔内细菌的繁殖,以及污垢的集聚,并防止硬物对大理石地面的直接摩擦,较好地保护大理石表层。

(2) 日常保洁

先清除地面脏屑,然后用经牵尘剂浸泡处理过的拖把或尘推进一步除尘,保持地面光亮无灰尘。但日常清洁一般很难彻底去除地面的顽固污迹,或不能使地面恢复光滑的状态,因此,必须进行定期彻底清洁和周期性打蜡。

(3) 定期清洁

定期清洁通常安排在深夜进行。清洗前,将所有物件撤离,准备好合适的清洁器具和清洁剂,设置警示线或警示牌,提醒行人注意安全;将稀释好的清洁剂倒入洗地机内,开动洗地机进行擦洗,同时打开吸水机开关,边擦洗,边吸出污水。对洗地机无法清洗到的边角位,可用拖把浸泡清洁液拧干后擦洗或用海绵人工擦洗。

(4) 定期除蜡打蜡抛光

清洁上蜡的地面必须先除去尘污及原有的面蜡。如果仅仅是局部区域的面蜡磨损可采用补蜡方式,但若是地面表面看上去暗淡无光、尘污较多,则需彻底除蜡并重新上蜡。

(5) 晶面处理

晶面处理是一种欧美各国广为采用的石材护理工艺,上世纪90年代初,石材晶面护理工艺技术从西欧引进我国,被许多星级酒店、银行、高级会所、写字楼等采用。晶面处理的工艺原理是利用晶面处理剂配合晶面处理机在石面摩擦产生热力和化学反应,在石面形成一层坚硬的晶面保护层,令石面不易受损及沾染污渍,并达到修补和保养同步进行的功效。晶面处理工艺具有提高光泽度,增加硬度及防滑、防水等性能的功能,并有抗辐射的环保作用。目前不少酒店采用晶面处理方法取代传统的地面打蜡方法保养大理石。

(6) 清洁保养大理石地面的注意事项

① 避免使用酸性清洁剂。因为酸性清洁剂会与大理石发生化学反应,使大理石表面变得粗糙,失去光泽和韧性。

② 有选择地使用碱性清洁剂。因为有些碱性清洁剂,如碳酸钠、碳酸氢钠、磷酸钠等会对大理石造成损伤。

③ 忌用肥皂水清洁大理石地面。因为肥皂水会在地面上留下黏性沉淀物而不易清除,使大理石地面变滑,产生安全隐患。

④ 先将地面预湿后,再将清洁剂泼洒在上面,以防止清洁剂中的盐分被大理石表面的细孔吸收。

⑤ 新铺的大理石地面,在使用前必须清洗打蜡。第一次打蜡可打两层底蜡和两层面蜡。打蜡后,可防止污物渗透,使地面表面光洁明亮。

⑥ 在大理石地面周围的出入口处,需铺放防尘垫,但不能直接在大理石地面上放置防尘垫或有橡胶底的地毯,因为它们会与蜡粘连,形成难以清除的污渍。

⑦ 防止地面被坚硬物体擦伤。

2. 花岗石地面的清洁保养

花岗石的清洁保养比大理石简单,主要工作有:

(1) 打蜡抛光

新铺设的花岗石表面平滑,几乎没有什么孔洞可供底蜡渗入,因此蜡很难牢固地附着在地面上,行人在上面一走,就很容易将蜡面踏脱掉,所以不宜打蜡。

花岗石地面投入使用后,由于行人走向不同、力度不同,各处受到的磨损情况有所差异,经过一段时间(半年至一年)之后,表面就会发生凹凸不平的变化,产生不规则的细微的孔隙,这时才适宜进行打蜡处理,打蜡程序与大理石基本相同。

(2) 日常保洁

花岗石地面每天需用除尘地拖,喷上牵尘剂,经常性地拖去污渍、灰尘及脚印。夜间或客人较少的时候,可用擦地机配合中性清洁剂,擦洗地面,洗毕后,用吸水机将污水吸走。为了保证地面的光洁度并使其色泽亮丽,清洗过的地面要喷上喷洁蜡,用抛光机抛光。

(3) 定期保养

花岗石地面经过一段时间使用后,会积有细菌、泥土及微小的沙砾等污渍,如长期不清洗,会使花岗石地面产生划痕及腐蚀,使其表面失去光泽。所以每隔一段时间需用擦地机进行全面清洗。洗完后用吸水机将污水吸走,地面干后,再喷上喷洁蜡,进行全面的抛光。

3. 木质地面的清洁保养

(1) 打蜡、抛光

新的木质地板在使用前先砂擦、吸尘、打蜡抛光。在木质地板上打蜡,一般需打三层蜡,而且每一层都需抛光。

(2) 防护工作

① 在铺设木地板的区域入口处铺一块防尘垫,每天清理更换,以减少行人出入时带进的灰尘和沙砾。

② 用喷上静电除尘水的拖把除尘或尘推推尘,也可使用吸尘器吸尘,保持地面光亮无灰尘。

③ 用油灰刀、细砂纸、抹布去除地面上的小斑迹,并根据情况补蜡。

④ 蜡面局部有脏迹,可用抛光机、喷洁蜡局部擦洗,待其干后,进行补蜡并抛光。

⑤ 客人活动频繁区域,如客厅、多功能厅、舞厅等处,需每天抛光。

(3) 彻底清洗

木质地面使用一段时间污迹较重,就需要选用合适的机器进行彻底清洗。

4. 水磨石地面的清洁保养

(1) 水磨石地面表层孔隙多,需用水性蜡。

(2) 经常除尘除迹。

(3) 避免沾染油脂类污物。

(4) 适时清洗。清洗前,先用干净的温水预湿地面,然后用合适的清洁剂溶液清洗,最后用清水冲洗干净并擦干。

(5) 避免使用碱性清洁剂,因为碱性清洁剂会使水磨石地面粉化。

(6) 清洁保养时,通常选用含碘硅酸盐、磷酸盐等清洁剂和合成清洁剂。

5. 瓷砖地面的清洁保养

瓷砖是由黏土混合于水放在窑中烧制而成。瓷砖有表面平滑光亮和不平滑光亮两种,光滑的瓷砖有一层与瓷砖本身不同质的不透水物质表层,不光滑的瓷砖则没有。

(1) 瓷砖地面日常清洁保养无特别要求,主要是要避免地面潮湿,避免使用强碱性的清洁剂,平时用抹布或拖把将地面擦拭干净即可。

（2）避免使用强酸清洁剂,因为此类液体侵蚀瓷砖表面及拼接处,会使瓷砖失去光泽和发生脱落。

（3）避免使用粗糙的东西摩擦,否则会使瓷砖面永久磨损。

实践操作

一、清洁保养石材类地面

1. 打蜡抛光

打蜡抛光是保护硬质地面的一种常用方法。

表4-20 地面打蜡

操作步骤	操作要领	质量标准
1. 准备工作	（1）准备好落蜡车、落蜡拖（或落蜡毛套连同活动T字杆）、底蜡、面蜡等用品 （2）清除所有障碍物,放置警示牌或拉上警示线	准备工作充分
2. 清洗地面	彻底清洗地面	地面洗净
3. 上底蜡	（1）待地面干透后,上底蜡。打蜡时,先将落蜡拖（或落蜡毛套）浸入蜡液中,用榨水器绞至半干后,再施蜡。由远及近,左右循环进行,手法要一致,幅度要大 （2）待蜡层干后,再上第二遍蜡,方法同上	（1）打蜡时最好迎着光线操作以看清蜡道 （2）打蜡要薄而均匀,不能有遗漏
4. 上面蜡	（1）底蜡完全干透后,上2~3层面蜡,方法与步骤3上底蜡基本相同 （2）每次打蜡需留有足够的干燥时间	每上一层蜡后,要留下相应的干燥时间,方可上另一层蜡
5. 抛光	（1）待蜡干透后,根据产品说明决定是否用抛光机进行抛光 （2）抛光时,注意按次序进行,避免漏抛	蜡面光亮平整
6. 复位	撤除警示线或警示牌,恢复至正常状况	及时复位
7. 结束工作	机器、工具清洁后,放在规定位置	收齐各种设备工具

【特别提示】

1. 蜡有底蜡、面蜡之分,底蜡用于封死硬质地面上的小气孔,面蜡用于日常的保养。

2. 大理石、花岗石、水磨石等孔隙多的地面通常使用水性底蜡及面蜡。水性底蜡可保持1~3年。木质材料使用油性底蜡及面蜡,油性底蜡可保持3~5年。

3. 打蜡时应选择晴好的天气,避免尘土带入打蜡区域。

4. 打蜡时防止碰撞墙面和其他物件。

5. 安全操作。

表4-21 地面抛光

操作步骤	操作要领	质量标准
1. 准备工作	（1）选用合适的擦洗机、抛光机、百洁刷、油灰刀、抹布、中性清洁剂、喷洁蜡等用品 （2）树立警示牌	安排在客流量小的时间进行
2. 清洁地面	视情况用油灰刀、抹布、中性清洁剂去除污渍	地面清洁干净

续表 4-21

操作步骤	操作要领	质量标准
3. 喷磨	(1) 对推尘去除不掉的蜡面局部脏迹及走动较多的地方，用喷壶将喷洁蜡均匀地喷至抛光机前2米范围内，立即磨光，使脏物被百洁刷片吸收 (2) 喷磨后，用干净拖把清洁地面或用吸尘器吸尘	注意更换用脏的百洁刷片
4. 抛光	用抛光机配抛光垫进行抛光	地面光亮平整
5. 结束工作	撤去警示牌，用过的器具清洁后妥善存放	收齐各种设备工具

2. 地面除蜡

表 4-22　地面除蜡

操作步骤	操作要领	质量标准
1. 准备工作	(1) 选用合适的擦洗机、擦洗盘、吸水机、拖把、手刷、玻璃刮刀、除蜡水等用品 (2) 按比例稀释除蜡水 (3) 移开地面上物体，或用锡箔纸保护好。清除杂物，并使空气流通 (4) 树立警示牌或拉上警示线	准备工作充分
2. 上除蜡水	用拖把将稀释后的除蜡水均匀涂布于待洗地面上（避免地面太湿）。如面积较大，则应洗一段地面，上一些清洁剂，不要预先全部湿遍	一次性涂布除蜡水，面积控制应在28平方米以内
3. 洗地	(1) 从左至右，用擦洗机一段段地磨洗，边擦洗边用拖把或吸水机将残液吸除。不能让残液在地面上干燥 (2) 机器洗不到的边要用手刷擦洗或用玻璃刮刀轻轻地刮净 (3) 沾上污迹的墙面也应一并清洗	洗地时，将电线拉在肩上，不要让松弛的电线团在地上或落到擦洗盘下面
4. 用清水漂洗地面	(1) 用清水将地面漂洗干净 (2) 用拖把或吸水机吸除水分	为中和除蜡水的碱性，可在最后一遍漂洗时加入适量的醋酸
5. 结束工作	(1) 全部完成后，撤去警示牌或警示线恢复至正常状况 (2) 用过的器具清洁后妥善存放，擦洗盘应挂放	收齐各种设备、工具

3. 晶面处理

表 4-23　晶面处理

操作步骤	操作要领	质量标准
1. 准备工作	(1) 准备器具和用品：晶面保养机、钢丝棉、石材晶面保养剂、百洁垫、喷壶、尘推、扫把、簸箕、垃圾袋。 (2) 将大理石晶面剂倒入喷壶内，盘好钢丝棉（圆形）。	准备工作充分
2. 清扫地面	对大理石工作区域进行地面推尘，去除表面灰尘及泥沙。	地面清洁干爽
3. 晶面处理	(1) 将晶面剂喷在要做保养的地面上，每次保养不要超过2平方米，开动保养机从喷有晶面剂的地面开始左右研磨。 (2) 对保养过的地面进行全面推尘清洁。	规范操作，地面光亮

【特别提示】

1. 晶面处理前要保持地面干净，必须防止灰尘、沙砾进入工作现场。
2. 晶面处理剂在使用前要摇匀，如不小心撒在地面上，应迅速擦拭干净。
3. 生锈的钢丝垫不能使用。

4. 地面表层凸凹不平时,应先用特殊的钢丝垫对不平的地方进行研磨和砂磨,待地面恢复平滑后再进行晶面处理。

二、清洁保养木质地面

表 4-24　木质地面打蜡抛光

操作步骤	操 作 要 领	质 量 标 准
1. 准备工作	选用合适的机器及配件、辅助工具等,并检查其完好情况	确保机器设备完好
2. 除尘	(1) 清除待洗区域地面杂物或家具物品等,设置警示线或警示牌 (2) 用尘推或吸尘器清除地面的杂物和灰尘	地面干净
3. 除去陈蜡	(1) 用 200 转/分的擦洗机,由里向外从区域的一端开始一段段地干磨地面,不要有遗漏。去除旧蜡时,先用磨砂机干磨 (2) 磨砂机磨不到的地方,应用手工摩擦。用钢丝绒除蜡手擦或小刮刀轻轻除去墙角、墙边的旧蜡 (3) 用吸尘器吸净蜡屑和灰尘	洗地时,电线应拉在肩上,不要让松弛的电线团在地上或落到擦洗盘下面
4. 打蜡	(1) 用打蜡车(双桶拖把绞干器)、落蜡拖在干净的地面上打底蜡、面蜡 (2) 每层蜡干后用抛光机配软盘轻度打磨,以使蜡层更为坚硬和平滑	打蜡需薄而均匀,每上一遍蜡都须等前一遍蜡完全干透
5. 抛光	待地面蜡层彻底干后,再用抛光机(100 转/分以上)配软盘给地面进行抛光,抛光时应注意避免漏抛	地面光亮
6. 结束工作	用过的工具清洁后妥善存放,将清洗区域恢复原状	收齐器具用品,妥善存放

【特别提示】

1. 避免用水拖把擦地面,更不要用水泼地面,木地板遇水后会出现变形、松脱或干裂等现象。
2. 注意做好通风工作。
3. 避免过重的、尖锐的金属在地面上推拉。
4. 地板上的污迹避免磨刨,否则会使木板表面受损或变薄而不符合使用的要求。

学生实训

一、地面打蜡

实训地点:PA 实训室或实训宾馆。

实训要求:

教师指导下,对硬质地面进行打蜡练习。

二、地面抛光

实训地点:PA 实训室或实训宾馆。

实训要求:

教师指导下,学生进行地面抛光练习。

工作任务七　墙面面层的清洁保养

随着社会的进步和经济的发展，墙面的装饰日新月异，使用的装修材料品种繁多，有涂料类墙面、硬质石材类墙面、木质墙面、墙纸墙面、镜面金属墙面、文化石墙面等。墙面（包括柱面）是室内空间的垂直面，通常是人们视线首先接触到的部位。因此墙面清洁卫生工作的好坏直接影响到整个环境。

基础知识

酒店墙面面层常常使用大理石、墙纸等材质。

一、硬质墙面

1. 瓷砖墙面和大理石墙面

瓷砖墙面和大理石墙面是酒店常用的硬质墙面。前者多为厨房和卫生间墙面的装饰材料，一般经过施釉，且花形图案较多。后者多为大厅墙面的装饰材料，一般经过抛光处理。硬质墙面具有防水、防污、防火及一定的装饰性能。

2. 木质墙面

一般采用柚木板、水曲柳板、榉木板、胶合板等粘贴而成，其表面常刷有硝基清漆。

二、墙纸墙面

墙纸是酒店常见的墙面装饰材料，大多用于客房、会议室和餐厅等场所。

墙纸又分塑料墙纸、非塑料墙纸和特种墙纸。其中，塑料墙纸是以纸为基层，以聚乙烯薄膜为面层，或掺有发泡剂的PVC糊状树脂，经过复合、印花、压花等工序制成，这类墙纸价格较低；非塑料墙纸是以纸为基层，面层有丝、棉、麻和金属等，经复合加工而成，强度和装饰性等均好于塑料墙纸；特种墙纸是指有防污、灭菌等特殊功效的墙纸，如灭菌墙纸、健康墙纸、植绒墙纸等。

三、软墙面

软墙面是用锦缎等覆盖墙面，内衬海绵等物。此种墙面高雅、华贵、温暖，立体感强、吸音效果好，是一种高级墙面装饰方式。软墙面内衬海绵等填充物，用水擦后难以干透，处理不好还会留下明显的水印，因此软墙面不能经常用清洁剂擦拭。为了便于清洁保养，又不影响装饰效果，在进行室内装潢时，最好在距地面1米以下的地方用木板贴面，1米以上处再用软墙面装饰。

四、涂料墙面

涂料类墙面是室内墙面装饰中最原始和最普通的一种墙面，涂料墙面色彩丰富，易与家具色彩搭配，价格低廉、无毒无气味、不易燃、透气性较好、施工简单，但在潮湿环境中或天气过分潮湿时会发霉。由于各种涂料（漆料）种类繁多，有着不同的特性，进行清洁时应采用不同的方法。涂料类墙面可分不具耐水性与耐水性两类。

五、镜面金属墙面(柱面)

镜面金属墙面(柱面)一般是采用玻璃、不锈钢、紫铜、金箔等装饰而成,在进行清洁保洁工作时应谨慎小心,以免损伤墙面而留下痕迹。

六、文化石墙面

文化石墙面是目前较为时尚的一种用各类文化砖装饰而成的墙面,其特点是墙面凹凸不平,易于藏尘,日常可用掸子掸除污尘,清洁时需细心,切忌遗漏。

实践操作

一、清洁保养瓷砖、大理石墙面

瓷砖、大理石墙面受到的摩擦少,主要污染为灰尘、水珠等。如果是大厅墙面,主要为灰尘,清洁保养工作主要有:

1. 用鸡毛掸子掸除表面的灰尘和蜘蛛网。
2. 用浸过清洁剂的半干毛巾,沿着墙面从上往下来回擦拭,再用清水抹布湿擦,彻底擦净。
3. 定期用喷雾蜡水清洁,这种蜡水具有清洁功效,并能在墙面表面形成透明的保护膜,使墙面光洁不易污染。
4. 定期用碱性清洁剂清洗,洗后须用清水将清洁剂漂净。

二、清洁保养木质墙面

1. 用干抹布沿墙面从上而下擦拭。
2. 对轻度局部污迹,可用浸过清洁剂的半湿抹布在表面用力反复擦拭,然后用清水湿抹布彻底擦净。
3. 定期上家具蜡,以保证墙面的光洁度。
4. 防止硬物或尖锐物刮坏墙面,如有破损,应请维修人员及时修复并补漆。

三、清洁保养墙纸墙面

1. 用掸子掸除墙面表面的浮尘和蜘蛛网。
2. 定期吸尘,将吸尘器换上专用的吸头,依次全面吸尘一次。
3. 耐水墙纸墙面上的污迹,可用浸过清洁剂的湿抹布擦洗,再用清水抹布擦净,最后用干抹布擦干水迹。
4. 不耐水的墙纸墙面的污迹,则可尝试用橡皮、细砂纸等轻擦去除。

四、清洁保养涂料类墙面

1. 不具耐水性涂料墙面的清洁

(1) 用掸子掸除墙面的灰尘和蜘蛛网,应特别注意边缘和角落位置的处理。

(2) 用干毛巾清擦墙面上的污迹，若擦不掉则可用橡皮、细砂纸轻轻擦掉，要注意掌握技巧，否则会留下擦过的痕迹。

(3) 墙面沾上泥浆、痰迹等凸起的厚污渍，可尝试用铲刀轻轻铲掉。

(4) 清洁因清洁墙面而污染的地面。

2. 耐水性涂料墙面的清洁

(1) 用掸子掸除墙面的浮尘和蜘蛛网，应特别注意边缘和角落位置的处理。

(2) 将毛巾浸入放有清洁剂（中性）的水盆，用中等力度拧干，沿着墙面从上往下来回擦拭。

(3) 仍有污迹的地方，再用短柄刷刷洗。

(4) 对凸起的厚污渍，则可尝试用铲刀轻轻铲掉。

(5) 用另一毛巾浸透清水后，用中等力度拧干，对墙面彻底擦拭一次。

(6) 清洁因清洁墙面而污染的地面。

镜面金属墙面（柱面）一般是采用玻璃、不锈钢、紫铜、金箔等装饰而成，在进行清洁保洁工作时应谨慎小心，以免损伤墙面而留下痕迹。

五、清洁保养镜面金属墙面（柱面）

1. 镜面墙面（柱面）的清洁方法与玻璃的清洁方法基本相同。

2. 不锈钢的饰面，应用绒布揩拭，并用不锈钢水定期上光。

3. 紫铜、金箔等饰面，一般只需用掸子轻轻掸几次即可，若仍有污迹，可用清水喷洒在其表面，再用绒布根据需要轻擦，最后擦上相应的光亮剂。

学生实训

一、清洁保养硬质墙面

实训地点：实训宾馆或教学楼。

实训要求：

1. 学生分小组对实训宾馆或教学楼不同材质硬质墙面进行维护保养。

2. 在教师指导下，学生分小组去除教学楼墙面上的污渍。

二、清洁墙纸

实训地点：实训宾馆。

实训要求：教师指导下，学生鉴别墙纸污迹类型，并清除污迹。

项目小结

酒店面层材料种类繁多，要选择好、使用好、保养好面层材料，就必须对各种面层材料进行认真研究。很多酒店在面层材料的使用和保养上问题较多，其主要原因是：①相关人员缺乏这方面的专门知识与技能；②缺少专门的设备用品；③管理层对这方面的工作重视不够，要求不严，标准不高。由于面层材料没有得到很好的使用与保养，严重影响了整个酒店的形象,进而影响了酒店的市场形象与竞争力,因此必须将面层材料当作酒店的门面去爱护、去保养。

项目测评

一、课后练习

1. 如何做好公共区域清洁保养工作?
2. 详述酒店常用面层材料的特性。
3. 如何区别大理石与花岗岩?
4. 整理酒店常见面层材料的清洁保养程序。

二、课内／外实训

1. 考察当地建材市场,熟悉酒店常用面层材料的种类和特性。
2. 准备若干块小块脏地毯,学生分组进行地毯除渍比赛。
3. 进行地毯吸尘、地毯清洗、地面打蜡抛光等技能练习。
4. 分小组、分区域清除学校各类墙面上的污迹。

三、拓展练习

1. 分别参观两家星级酒店的公共区域,考察其公共区域的清洁保养状况,找出不足之处,提出改进措施。
2. 联系2～3家三星级以上的酒店客房部,在酒店指导教师带领下见习PA工作,学习PA清洁保养技能。

项目五 洗涤业务

学习目标

- 熟悉洗衣场及布草房的运行。
- 熟悉各类布草、衣物的洗烫程序及要求。
- 熟悉并能正确使用各类洗涤用品。
- 能识别并去除常见的衣物污迹。

酒店每天都需洗涤大量的布草和衣物,洗涤质量和运行效率不仅直接影响整个酒店经营活动和成本控制,而且直接影响客人对酒店形象的评价。

模块一 洗衣场业务

任务导入

走近洗衣场

1. 参观酒店洗衣场,熟悉洗衣场布局及洗涤设备用品,了解洗衣场运行流程。
2. 通过网络收集洗涤设备、洗涤剂相关资料。
3. 画出洗衣场平面图及洗衣场运行流程图,分组在班级作说明,其他小组成员可提问。
4. 教师引导,总结归纳,讲解必要的知识点。

工作任务一 洗衣场认知

基础知识

一、洗衣场的功能区域

合理的洗衣场功能区域布局可以提高整个洗衣场的工作效率。

1. 脏布草、脏衣物处理区

脏布草、衣物与干净的布草、衣物,应从不同的出入口进出。送进洗衣场的脏布草需要分类,所以靠近进口处应留有分拣的地方,并配有打码机和称重器,以便衣物打码编号、布草称重。

2. 湿洗区

湿洗区一般放有湿洗设备。湿洗区按洗涤流程通常设在脏布草、衣物处理区的近旁，以便于脏布草、衣物处理完后，就近将布草、衣物放入洗衣机。一般规模较大的酒店配有50～140 kg大小不同容量的全自动洗衣脱水机若干台，以便于选择使用。此外，一般酒店洗衣机旁应放置电烘干机与蒸汽烘干机。

3. 干洗区

干洗区主要摆放干洗机，按作业流程通常在洗衣场内单独划出一个区，将所有与干洗有关的设备放置在一起，如光面熨衣机、绒面熨衣机、人像熨衣机、抽湿机等。机器熨烫和人工熨烫设备尽可能相对集中在一起，这样更有利于提高工作效率。

4. 熨烫折叠区

熨烫折叠区应靠近干衣机，以便于对洗过、烘干的布草进行熨平、折叠处理。熨烫折叠区配有熨平机、折叠机等设备。

5. 内部办公区

洗衣场内部办公区通常设在进出口处，办公区内设有洗涤用品储存室。

二、洗衣设备

洗衣场的设备工具的配备应根据酒店规模、洗涤业务量为依据，以够用、管用、好用及节能、高效、安全为原则。

1. 水洗机

水洗机主要用于洗涤床单、枕套、毛巾等布草，分全自动、半自动、机械操作三种，容量大小有50～140 kg。洗衣场最好能同时配备大小容量不同的水洗机，既保证大宗布草的洗涤效率，又能满足小件衣物的洗涤需要，节省能源。

2. 烘干机

经水洗机洗净甩干后的布草及衣物仍含有较多水分，若直接整烫，耗时、耗力，所以洗衣场应配置不同容量的烘干机。烘干机分电和蒸汽两种，酒店应根据能源供应情况选择。

3. 布草熨平机(大烫机)

布草熨平机专门用于熨烫床单、枕套、台布等面积较大的布草。其原理是通过蒸汽高温杠杆滚压，平整和干燥布草。新一代的熨平机只需人工将甩干后的布草平整送入熨平机传送带，机器便自动熨平、熨干、折叠，有些机器还能在折叠时辨别布草的洗净度和破损情况，不合要求会自动剔除。

4. 干洗机

干洗机用于洗涤不能湿洗的衣物，工作原理同水洗机，所不同的是除有主洗机外，还增加了回收干洗液的装置。另外，现在普遍使用的干洗剂为有毒溶剂，所以还附有安全装置。

5. 人像熨衣机

人像熨衣机是根据熨烫的原理设计而成的，利用蒸汽和压力共同作用来达到平整、定型衣物的效果，由于外表酷似人型，所以称人像熨衣机。

6. 绒面蒸汽熨衣机

绒面蒸汽熨衣机是根据熨烫原理而设计的，可以熨烫大部分的衣物，因而有万能熨衣机之称。该机器操作方便、熨烫质量好、省时省力。

7. 光面蒸汽熨衣机

光面蒸汽熨衣机，是根据熨烫原理设计的，主要熨烫一些能耐一定温度和可直接加热的纤维织物，对纯棉、混纺或某些化纤类织物熨烫效果更好，具有省时、省力、效率高、熨烫质量好等优点。

三、洗衣工具用品

1. 打码机

打码机专用于衣物的打码编号，是以加热的形式将不干胶打压到衣物上，打压的同时将编号印在不干胶片的正面，快速完成编号。打码机替代了将编号写在布条上，再缝在衣物上的繁琐工作。

2. 熨斗

熨斗几乎可以熨烫所有的衣物，特别适宜熨烫某些特殊的服装或衣物的某些部位。如肩、领。洗衣场通常选用自动调温型蒸汽电熨斗。

3. 去渍台

去渍台用于布草衣物的去渍，在去渍台上能对织物各部位进行清楚地检查和去渍，与真空抽湿机配套使用。

4. 烫床

烫床，与熨斗配套使用，可以将整件衣物平铺在上面熨烫。

5. 烫台板

烫台板的面积，只有普通烫床的1/3～1/4，熨烫西裤、裙子、衬衣等比较灵活方便。

6. 喷水壶

喷水壶，即普通市售喷雾式塑料喷水器，熨烫衣物时根据需要喷水。

7. 棉枕头

用棉花作枕芯，外包软布缝制而成，作为垫子用在一些不规则形状的衣物部位，如某些衣物的肩部、胸部、裤腰等。棉枕头以长15厘米、宽9厘米、厚5厘米为适宜。

8. 木手骨

木手骨用木板制成，侧剖视图似刁型，木板以长70厘米、宽12厘米为宜。上层木板垫有棉毯，用软白布包好并缝合，上下两板相隔20厘米左右，熨烫衣物袖子等处时使用。

9. 去渍刷

去渍刷用于刷除衣物上的污渍，有黑鬃刷和白鬃刷两种。黑鬃刷一般用于干性溶剂，白鬃刷用于湿性溶剂。

10. 刮板

刮板是一种去渍的辅助工具，用来软化污渍，使去渍剂更易渗透到织物中。刮板可用骨头、金属或塑料制成。

11. 地磅秤

地磅秤专用于称布草重量，根据布草重量投放洗涤剂用量以达到最佳清洗效果为好。

12. 其他工具

不锈钢挂衣推车、不锈钢布草平板手推车、不锈钢洗衣盆、不锈钢挂衣推车等。

四、洗涤剂

1. 主洗剂(pH=10)

通用的主洗剂均为有机合成类,除含碱外,还含有表面活性剂、过氧化氢、增白剂、泡沫稳定剂、酶制剂和香精等。主洗剂有液体和粉状两种,液体主洗剂含有机成分多、易溶化;粉状除垢效果好(含碱量高),但不能完全溶化和均匀分布。全自动洗衣机最好使用液体主洗剂。

2. 化油剂(pH=13~14,又称乳化剂)

化油剂是专为洗涤餐巾和台布而配置的,与主洗剂同时使用可去除台布和衣物上的油污。

3. 酸粉(柠檬酸和醋酸,pH=3)

有粉状和液体两种,用于中和碱。主洗剂的碱性在漂洗时不容易过清,因此,在布草洗涤最后一次过水时,加入适量的酸粉去中和碱,能使布草的pH降至6~6.7,以增加使用时的舒适度、延长布草的使用寿命。

4. 氧漂剂(pH=3)

氧漂剂又称过氧化氢漂白剂,主洗时适量加入,可避免碱对色彩的破坏作用,从而保持布草的原有色彩。

5. 氯漂剂

分次氯化钠(pH=8~9)及过硼酸两种(pH=10),起漂白作用,主洗时适量加入。

衣服标签标有"不能氯漂"字样的衣服,多为颜色艳丽、布料染色容易掉色的衣服。含有"氯"的洗涤剂具有强力漂白的作用,因此标有这样字样的衣服绝对不能用含氯的洗涤剂,否则衣服易洗花。

6. 上浆粉

有淀粉和聚乙烯醇两种浆料,用于台布、餐巾、某些制服等,通过上浆,能使被浆织物表面挺括、防止纤维起毛,有良好的观感,同时使被浆织物表面有一保护层面,可延长织物的使用寿命。

7. 柔软剂

在洗涤的最后一次过水时加入适量的柔软剂可使织物表面和内部平滑并增加其柔软度。

8. 干洗剂

干洗剂是一种比较适用于呢绒、丝绸高级衣料的洗涤剂,干洗剂的特点为去油污快,不损伤衣料,稍具有挥发性。目前常见的干洗剂有二氯乙烯和四氯乙烯。

9. 衣领净

衣领净是一种具有乳化、增溶、润湿等性能的清洗剂,能有效地除去衣服、袖口上的斑迹和油性污垢,不损伤衣服。

工作任务二　干洗

基础知识

干洗是近百年才出现的洗涤方法。经过干洗后的服装不变形、不褪色、不损伤面料,还有消毒、灭菌的特殊功效。干洗是用溶剂来去除油垢或污渍。由于溶剂中几乎不含任何水分,所以称之为干洗。

干洗的对象是一些毛料、丝绸等做工精细的衣物,或是一些不宜湿洗的衣物。干洗的溶液可以溶解及去除衣物上的油垢,例如羊毛及丝类的天然纤维,湿洗后很可能会缩水、变形及褪色,但是干洗就可以处理得很好,甚至人造纤维如多元脂纤维也可以干洗得很干净。

实践操作

一、洗涤衣物

1. 检查

检查衣物是否适合干洗。检查衣物是否有破损之处,衣扣是否齐全。衣物的塑料扣必须拆下,因干洗剂四氯乙烯能够溶解塑料制品,如不把衣扣拆下来,不仅衣扣会被腐蚀,而且被溶解的塑料还会污染其他衣物。

2. 分类

衣物经检查后,要按面料性质、颜色深浅、脏净程度、新旧程度进行分类,分别洗涤。这样不仅能防止串色,还能提高洗涤质量。

3. 预去渍

干洗前,要先去除衣物上灰尘,然后清除局部重垢,以提高衣物的洗涤效果。当使用水基本洗涤剂去渍时,要将衣物晾干后再进行洗涤,防止把水分带入干洗机内。干洗前的预去渍工作对提高衣物的洗涤质量非常重要,需要认真做好此工作。

4. 机洗

(1)根据干洗机的容量及功率,投入适量的衣物,切不可超载运作。若超载运行不仅降低洗涤质量,还容易损伤机器。

(2)注液时要掌握好比例,不宜过多或过少。过多会造成浪费,过少则会影响洗涤。

(3)洗涤时间需根据衣物的类别及脏净程度而适度掌握。脱液要彻底,否则不仅会过多消耗干洗剂,还会因脱液不净,烘干后给衣物留下印迹。

(4)烘干衣物时,需根据洗涤衣物性质的不同,采用相适应的烘干温度。

5. 脱臭

干洗完后,需及时把衣物从干洗机中取出,分别用衣架挂在通风处冷却,使残留在衣物上的干洗剂挥发散去,达到脱臭的目的。

6. 洗后检查

机洗后的衣物,要进行一次认真检查,主要检查洗涤的质量,没有洗净的衣物还需去渍或重新洗涤。要严格把住质量关,取得良好的洗涤效果。

二、洗涤毛毯

酒店客房使用的毛毯有全羊毛、混纺及化纤地毯等,毛毯洗涤通常采用干洗的方法。

1. 分类

根据被洗毛毯的质地、颜色进行分类。

2. 检查

对毛毯进行检查,如有污迹,应用相应的去污剂作特别预去污处理。

3. 准备溶剂

(1) 将适量的清洁溶剂抽到筒体,根据毛毯状况加入大于毛毯重量0.25%的水和大于毛毯重量0.4%的干洗洗涤剂。

(2) 开启小循环30秒,再将溶剂抽回工作缸内备用。

4. 装机

(1) 将毛毯放入干洗机(注意严禁超载)。

(2) 开启泵,将准备好的溶剂抽进筒体达高液位。

5. 洗涤

(1) 正反转洗涤,洗液经过滤器循环,时间6~8分钟。

(2) 将洗液抽进蒸馏缸,并高速脱液2分钟。

(3) 将清洁溶剂抽进筒体达高液位。

(4) 正反转洗涤,洗液经过滤器循环,时间3~4分钟。

(5) 将洗液抽进工作溶剂缸。

6. 脱液

高速脱液3~4分钟。

7. 烘干

烘干温度60~65℃,时间为25~35分钟。

8. 冷却(排臭)

冷却时间为3~5分钟。

工作任务三 湿洗

基础知识

一、湿洗原理

湿洗的基本原理通过水对衣物的湿润、洗涤溶剂对污渍的分散、乳化等化学作用,手工搓擦或机械力的转动所产生的冲击力,使衣物上的污渍脱离衣物,溶于水中被水带走,最终使脏衣物恢复到原来的洁净状态。

目前酒店所用不同容量洗衣机都是全自动的,无论是湿洗还是干洗其洗涤全过程程序是根据洗涤需要事先设定好的。操作人员主要的任务是判断哪些布草和衣物应当湿洗,哪些应当干洗,同时还需要根据污渍的性质、污染的程度来设定洗涤的温度、时间等。

二、湿洗流程

1. 冲洗:冲洗是衣物洗涤过程中的第一道步骤,目的是将附着在衣物上的污秽物先用冷水加以冲洗和稀释,减轻主洗负担。

2. 洗涤：根据洗涤物的织物种类及污染程度，使用适量和合适的洗涤剂，以获得经济的及安全的洗涤效果。

3. 漂白：白色织物在洗涤步骤及第二道步骤完成后，给以适度的漂白，可使白色织物的色泽更加美观、鲜艳，获得最佳的洗涤效果。

4. 上浆：台布、口布等织物都需要给浆步骤，上浆在洗涤过程中是最后一道步骤。

5. 柔软：柔软剂的使用可延长毛巾等织物的寿命，保持毛巾的柔软性。

6. 过水：使用高水位的冷水，多次清洗洗涤完成后，可使织物中的残留物除去，以达到洗涤的目的，提高洗涤效果。

实践操作

一、洗涤床上布草

表5-1　床单、枕套的洗涤程序

步骤	时间	水位	热水	冷水	温度	用料要求
1. 冲洗	2	高		✓	38℃	
2. 主洗A	2	低		✓	40℃	洗衣粉
3. 主洗B	5	低	✓	✓	80℃	
4. 漂白	6	中	✓		60℃	漂白剂
5. 脱水	1					
6. 过水	2	高	✓		50℃	
7. 过水	2	高	✓	✓	40℃	
8. 过水	2	高			35℃	
9. 过水	2	低		✓	35℃	酸剂
10. 脱水	6~10					

【特别提示】

1. 床单及枕套的洗涤温度应控制在80℃左右，冲洗时间在20分钟左右。

2. 装机送洗的数量要适当，洗后熨平的床单、被套、枕套应清洁、柔软。

二、洗涤餐厅布草

表5-2　台布、口布的洗涤程序

步骤	时间	水位	热水	冷水	温度	用料要求
1. 冲洗	2	高		✓	38℃	
2. 冲洗	2	高		✓	40℃	
3. 冲洗	2	高		✓	40℃	
4. 脱水	1					
5. 预洗	4	中	✓	✓	42℃	润湿剂或碱性洗涤剂

续表 5-2

步骤	时间	水位	热水	冷水	温度	用料要求
6. 主洗A	4	中	✓	✓	50℃	洗衣粉
7. 主洗B	7	中	✓		85℃	
8. 过水	1	中	✓		60℃	
9. 漂白	8	中	✓		60℃	漂白剂
10. 过水	2	高	✓		60℃	
11. 过水	2	高	✓	✓	50℃	
12. 脱水	1					
13. 过水	2	高	✓	✓	40℃	
14. 上浆	3	低	✓	✓	40℃	浆粉
15. 脱水	8~12					

【特别提示】

1. 洗涤时需选择合理的装机数量,温度和压力的控制也要准确。
2. 分三次进行投水冲洗,冲洗时加入洗衣粉、化油剂、漂白粉、浆粉和酸粉等。
3. 洗后的台布清洁、柔软,没有任何油迹和污渍。

三、洗涤毛巾

表 5-3 毛巾的洗涤程序

步骤	时间	水位	热水	冷水	温度	用料要求
1. 冲洗	2	高		✓	36℃	
2. 冲洗	2	高			38℃	
3. 主洗A	3	中		✓	40℃	洗衣粉
4. 主洗B	6	中	✓		85℃	
5. 漂白	7	中	✓		60℃	漂白剂
6. 脱水	1					
7. 过水	3	高	✓		60℃	
8. 脱水	1					
9. 过水	2	高			50℃	
10. 脱水	1					
11. 过水	2	高	✓	✓	40℃	
12. 脱水	1					
13. 过水	3	低		✓	35℃	酸剂/柔软剂
14. 脱水	8~12					

【特别提示】

1. 毛巾投洗时需加入洗涤剂、漂白粉、柔顺剂和酸粉等,加的数量要适当。
2. 准确控制洗涤水温与气压,一般洗涤温度在80℃左右。

3. 分三次投水冲洗，冲洗时间在 15～20 分钟之间。
4. 洗过的毛巾要进行烘干和打冷风。
5. 洗涤时装机的数量要适当。
6. 洗后的毛巾应做到清洁、柔软和蓬松。

四、洗涤员工制服

1. 分类洗涤，洗衣场应根据工服的不同种类和布料的不同来进行分类洗涤。
2. 洗涤时需选择适当的洗涤方式、温度、压力和洗涤时间等。
3. 各个程序均需按相关的操作规程来进行，保证洗涤质量。
4. 洗涤后的工作服，要求清洁无污迹、美观。

五、洗涤宾客衣物

1. 机洗

（1）洗涤前须先检查衣服的袖口、衣领等容易脏的地方，喷洒去污药水。

（2）10～15 分钟之后，按照衣服的不同类型选择合适的洗涤剂，投入水洗机中进行洗涤。衣物的重量需与机器的容量相匹配。

（3）准确掌握水温、冲洗时间及气压，一般来说，深色和杂色的衣服应在 35℃ 以下的水温中洗涤 10 分钟左右；白色的衣物则应在 60℃ 以下的水温中洗涤，时间最好在 10 分钟以上。

（4）洗好的衣服进行烘干，烘干温度控制在 60℃ 以下。

2. 手洗

（1）丝绸、丝袜等一些有特殊要求的客衣，需要手洗。

（2）洗涤时需根据特定的洗涤要求及衣物脏污程度选择合适的洗涤剂。

工作任务四　污渍的清除

基础知识

衣物污渍种类有以下几种：

1 水溶性污渍：不需添加洗涤剂，只要用水就基本可以去除的污渍（新鲜的血污、尿污、排泄物、米粒污渍等）。

2. 碱溶性污渍：采用碱性洗涤剂去除的污渍（某些动植物油污、脂肪酸污渍、淀粉质污渍）。

3. 可氧化性污渍：指在主洗过程中未能完全去除而通过氧化剂的氧化作用去除的污渍（饮料污渍、草垢、茶垢、酱油、天然燃料等）。

4. 溶性污渍：通过酸处理就能去除的污渍（如铁锈）。

5. 溶剂性污渍：能被溶剂溶解掉的污渍（矿物油、油漆污渍、涂料污渍等）。

6. 不溶性污渍：指不溶于水、有机溶剂中的污渍，需要利用表面活性剂吸附使这类污渍颗粒分散、胶溶而悬于水中或溶剂中达到去除目的的污渍(尘埃、烟灰、煤灰、泥土、水泥等)。

实践操作

清除污渍的目的是在不影响织物性能的情况下,消除或减少污渍对织物表面清洁度的影响。清除污渍是一项技术性较强的工作,操作人员需经过专门的培训。

一、去污准备

1. 清洗去渍台。
2. 准备去渍剂及去渍工具。

二、判断污渍的种类

去污前应首先判断污渍的种类,以选择合适的去渍剂和去渍方法。

三、选择去污剂

不同污渍类型需选用不同的去污剂,详见本项目[小资料 5-1]常见污渍去除方法。

四、去除污渍

1. 去污前仔细鉴别织物特别是新衣服的染色度、纤维成分,防止掉色(可用毛巾浸药液擦拭试验)。
2. 污渍要先去污后洗涤(因为某些污渍如血迹,一经加热后很难去除)。
3. 对时间长的污渍采用每次少用去污剂,但反复使用的原则。
4. 使用两种去污剂时,先将第一种漂净后,再使用第二种(仅限于湿洗)。
5. 不熟悉的面料或未曾接触过的污渍,采用"以点带面"方式:先在衬里、边角做试验。
6. 由污渍的四周向中心擦拭,防止污渍扩散。
7. 去污时,污渍面应向下,并放置在毛巾或吸水纸上,在织物反面施加去污剂,尽力少用强力擦。
8. 任何湿洗去污的衣服,去污后要及时将去污剂洗净,防止咬色或伤害织物。
9. 去渍台要随时清洗干净。

五、去污工具的使用

1. 使用喷枪应注意:
(1) 使用前先放水,防止积水或水锈弄脏衣服。
(2) 使用的角度要合适(约 30 度角),离织物 10 厘米以外,否则强力会破坏织物纤维结构,造成"并丝",如使用蒸汽喷枪过热的蒸汽也会造成织物掉色。
2. 使用毛刷应注意:
(1) 使用的力度和角度。
(2) 顺织物纹路,顺经逆纬地刷洗。

3. 使用小刮板应注意：
(1) 将衣物有污渍的部位展平。
(2) 掌握用力度,应拿平刮板来回刮动。
(3) 不可强行刮除。

【小资料5-1】
常见污渍的去除

1. 汗渍
①冲洗 ②氨水浓皂液 ③醋酸 ④蛋白酶处理

2. 血渍
①冲洗 ②26%氨水 ③氨水酒精皂液 ④硫黄皂液 ⑤蛋白酶处理

3. 霉渍
①肥皂酒精皂液 ②氧化剂(3%～5%次氯酸钠或双氧水) ③松节油

4. 霉渍(丝绸织物上)
①50%酒精溶液 ②10%柠檬酸

5. 巧克力渍
①四氯化碳 ②浓皂液 ③蛋白酶处理 ④3%双氧水

6. 动、植物油渍
①苯或四氯化碳 ②四氯乙烯 ③酒精浓皂液

7. 紫药水渍
①酒精 ②甘油 ③10%氨水浓皂液 ④3%双氧水

8. 红药水渍
①冲洗 ②甘油 ③10%氨水浓皂液 ④醋酸 ⑤3%双氧水

9. 油漆
①香蕉水 ②四氯化碳 ③松节油 ④优质汽油

10. 蓝黑水渍
①中性洗涤剂 ②28%醋酸 ③酒精氨水皂液 ④草酸 ⑤氧化剂(次氯酸钠或双氧水)

11. 墨汁
①中性洗涤剂 ②酒精浓皂液

12. 唇膏渍
①苯 ②四氯化碳 ③28%醋酸 ④草酸 ⑤3%双氧水

13. 鞋油渍
①优质汽油 ②四氯化碳 ③松节油 ④氨水浓皂液

14. 机油渍
①优质汽油 ②四氯化碳 ③酒精浓皂液

15. 尿渍
①冲洗 ②10%氨水 ③10%醋酸 ④3%双氧水

16. 衣领污渍
①四氯化碳 ②10%氨水浓皂液

17. 青草渍

①甲醇 ②香蕉水 ③中性洗涤剂 ④28％醋酸 ⑤草酸 ⑥3％双氧水

18. 铁锈渍

①10％草酸溶液 ②酒精浓皂液

19. 咖啡、茶、水果汁渍

①中性洗涤剂 ②28％醋酸 ③氨水皂液 ④草酸 ⑤氧化剂(次氯酸钠或双氧水)

20. 酱油

①中性洗涤剂 ②酒精氨水皂液 ③3％双氧水

21. 辣子油

①甘油(40℃) ②醋酸 ③酒精浓皂液

22. 发蜡/发膏渍

①四氯化碳 ②氨水浓皂液

23. 指甲油

①四氯化碳 ②香蕉水 ③酒精 ④氨水皂液

24. 口香糖渍

①四氯化碳 ②四氯乙烯

25. 染料渍

①松节油 ②优质汽油 ③酒精皂液 ④3％双氧水

26. 蜡渍

①四氯化碳 ②四氯乙烯 ③肥皂酒精溶液

27. 水性记号渍

①氨水浓皂液 ②草酸 ③3％双氧水

28. 油性记号渍

①松节油 ②优质汽油 ③四氯化碳

29. 药酒渍

①甘油 ②酒精 ③5％双氧水

30. 复写纸渍

①酒精 ②酒精浓皂液

工作任务五 熨烫

熨烫是洗涤过程中的一个重要环节,洗好的衣物要根据其种类和部位的不同,选择不同的熨烫衣机。熨烫时部位选放需准确,开放适量蒸汽,掌握好喷气与熨烫的时间。

实践操作

一、熨烫床上布草(布草熨烫机熨烫)

(1)床单、枕套分类熨烫,方便堆放运输。

(2) 开蒸气钮,启动马达钮、风扇钮,按下滚筒距离。

(3) 各类布草调节运转速度,过于潮湿的布草重烫。

(4) 员工互相调节配合。

(5) 未洗干净的布草,需挑出重洗。

(6) 烫各类布草时正面朝下,压出的床单、枕套应平整舒展。

(7) 烫好的布草叠放整齐。

(8) 工作时间结束后随即关闭蒸汽钮。

(9) 滚筒轴必须经常加油增加润滑,减少轴心摩擦。

(10) 过于潮湿的布草不可放置3小时以上,以免产生霉斑及恶臭。

(11) 未烫完的洗净布草放置时间不可超过8小时,熨烫前先洒湿,以提高烫平效果。

二、熨烫餐厅布草(布草熨烫机熨烫)

(1) 台布、口布分类熨烫,方便堆放运输。

(2) 开蒸气钮,启动马达钮、风扇钮,按下滚筒距离。

(3) 各类布草调节运转速度,过于潮湿的布草重烫。

(4) 员工互相调节配合。

(5) 未洗干净的布草,需挑出重洗。

(6) 烫各类布草时正面朝下。压出的台布、口布应挺括、舒展、无褶皱。

(7) 烫好的布草叠放整齐,口布每10条对折后整齐码放在工作台上。

(8) 工作时间结束后随即关闭蒸汽钮。

(9) 滚筒轴必须经常加油增加润滑,减少轴心摩擦。

(10) 过于潮湿的布草不可放置3小时以上,以免产生霉斑及恶臭。

(11) 未烫完的洗净布草放置时间不可超过8小时,以提高烫平效果。

三、手工熨烫

手工熨烫主要是辅助成型烫无法完成的部分和一些特殊材质衣物的处理(低温)。

(1) 小心操作,非工作时间电源插头必须拔掉。

(2) 熨斗经常保持光亮。

四、成型烫

(1) 使用烫西装、外套、旗袍专用机器。

(2) 洗涤物覆挂于人型布袋上,用前后固定板夹紧,扭动蒸汽开关,依照洗涤物的体积,扳动吹气板,一分钟即关闭蒸汽。

学生实训

一、洗衣练习

实训地点:实训洗衣场。

实训要求：
1. 熟悉洗衣场各类机器设备、工具集洗涤剂。
2. 在教师指导下，分组进行干洗、湿洗、熨烫训练。

二、衣物除渍练习

练习识别衣物污渍的类型并进行除渍练习。

【小资料5-2】

衣物常见洗涤标志

干洗	水洗	熨烫	2. 拧扭
限用石油系干洗溶剂清洗	最高水温不超过90℃	最高温不超过210℃	可用手轻扭或低速脱水
可用石油系或氟素清洗	最高水温不超过60℃	最高温不超过120℃	不可拧扭或脱水
可用石油系、氟素、四氟乙烯、三氟乙烷清洗	最高水温不超过40℃ 须中速洗涤缩短洗程	熨烫时须于织物上垫一层布，最高温不超过150℃	3. 吊挂
可用所有干洗溶剂清洗	最高水温不超过40℃ 须弱速洗涤缩短洗程	不可熨烫	可吊挂晾干
	用手洗 最高水温不超过90℃	干燥	于阴凉处吊挂晾干
限用石油系清洗，须中速洗涤缩短洗程，中温干燥		1. 机器滚动烘干	不可吊挂晾干
	不可水洗	最高温不超过90℃	4. 平放
限用石油系清洗，须弱速洗涤缩短洗程，低温干燥	漂白	最高温不超过60℃	平放干燥
	可用氯或氧漂白	最高温不超过70℃	于阴凉处平放干燥
不可干洗	不可用氯漂白（可用氧漂白）	不可烘干	不可平放干燥
	不可漂白		
	可用含氯漂白剂漂白		

模块二　布草房业务

任务导入

走近布草房

1. 参观酒店布草房，熟悉布草房设备用品，了解布草房运行流程。
2. 画出布草房平面图、布草房运行流程图，分组在班级作说明，其他小组成员可提问。
3. 教师引导，总结归纳，讲解必要的知识点。

工作任务六 布草的配备

基础知识

在酒店经营活动中,无论是否设有洗衣场,布草房都是必须设立的,其主要功能是负责酒店所有布草、制服的分类、收发等工作,保证酒店布草、制服的及时供应。布草房的管理水平和服务质量,都会直接影响到酒店经营活动的正常开展。

一、布草的概念

酒店布草属于酒店专业用语,泛指现代酒店里一切跟"布"有关的东西,包含客房床上用品,如床单、被套、枕套、枕芯、被芯、装饰面料等;酒店卫浴产品,如方巾、面巾、浴巾、浴袍等;酒店餐厅用纺织品,如台布、口布、椅套等。

二、布草的选购

1. 布草的质量

棉织品主要可以从质地、纱支数、经纬密度等方面进行比较和选择。

(1) 质地

酒店布草面料质地有纯棉、麻、涤纶、真丝,也可几种原料混织而成。棉质面料质地柔软、手感好;麻质面料垂感好;真丝面料高贵、华丽;涤纶面料挺括、色泽鲜艳、不褪色、不缩水。客房用布草一般选择全棉质地的棉料,全棉布料吸汗且柔软舒适,而且触感柔软。

(2) 纱支数

纱支指每克纱的长度,即支数越高纱线越细,均匀度越好;反之,支数越低纱线越粗。通俗一点解释,纱支数是纱的粗细的标准,打个比方,一两棉花可以做成 30 根 1 米的纱,即为 30 支,也称 30 S;一两棉花可以做成 40 根长 1 米的纱,那就是 40 支;1 两棉花可以做成 60 根长 1 米的纱,为 60 支。纱的支数越高,纱就越细,用这样的纱织布越薄,布相对越柔软舒适。但是支数高的布要求原料(棉花)的品质要高,而且对纱厂和纺织的织布厂也要求比较高,所以布的成本比较高。

纱支标记为"S"。30 S 以上称为高支纱,20 S~30 S 为中支纱,20 S 以下为低支纱。服装一般用 60 S~80 S,床上用品用 40 S~60 S。一般常用的有全棉 40 支纱和 60 支纱,也有酒店要求用 80 支纱的。

(3) 经纬密度

经纬密度指每平方英寸(2.54 平方厘米)中排列的经纱和纬纱的根数,如"40 * 40/128 * 68"表示经纱、纬纱分别为 40 支纱,经纬密度为 128×68。经纬密度是床上用品选购的一个重要技术指标,因为面料支数的选择面窄,无非 30 S、40 S、60 S,所以同样支数的床品密度越高越好,高支才能高密。羊毛衫之所以能够保暖就是因为每平方英寸排有 250 根纱,精细密度带来了高保暖性。

(4) 缩水率

布草的缩水率是指在洗涤或浸水后收缩的百分数。布草面料不同缩水率也不同,缩水率最大的织物是合成纤维及混纺织品,其次是毛织品、麻织品,全棉织品居中。此外织物的密度不同,缩水率也不同。如经纬向密度相近,其经纬向缩水率也接近。经密度大的织品,经向缩水就大;反之,纬密大于经密的织品,纬向缩水也就大。此外,布草纱支粗细不同,缩水率也不同。纱支粗的布缩水率高,纱支细的织物缩水率低。

(5) 洗涤次数

酒店布草因其特殊性洗涤频率非常高,因此洗涤次数也是重要的指标之一。酒店采购布草时,应根据规格要求,让几家供应商提供所需的床单、被套、浴巾、台布和餐巾等的样品,丈量每件布草并称重;洗涤、烘干和/或熨烫 20 次(每次洗涤间隔 24 小时);每洗涤 5 次,再次丈量、称重,考量其质量。

根据国际一流酒店布草水准要求,棉织品的洗涤次数大约为:全棉床单、枕套,130~150 次;混纺(35%棉),180~220 次;毛巾类,100~110 次;台布、口布,120~130 次。但是目前行业内没有布草寿命的相关规定,上述数字只是作为参考的标准,具体因每家酒店的设定标准和要求有所不同。

2. 布草的数量

客房布草的配备数量要能满足部门日常运转的需求,配备标准是指每张床位应配备的棉织品量(包括卫生间棉织品),一张床位配备的床上棉织品及卫生间棉织品称之为一套(Par),通常要求配备 3~5 套不等,取决于各家酒店客房出租率、洗衣场运转情况、部门预算等一系列因素,最低的标准为 3 套:一套在客房内使用,一套在洗衣场内洗涤,另外一套则储存在棉织品仓库备用。也有酒店配备 5 套:一套在客房内使用,一套在楼层工作间内或工作车上,一套在客房中心棉织品仓库,一套脏的正送往洗衣场,另一套正在洗衣场洗涤处理之中。

下面以中高档酒店客房布草数量标准配置比例说明:床单、被套、枕套、浴巾、洗脸巾、浴巾、方巾,按床位为 1:3 配置(客房一套,洗衣场一套,库房备一套);地巾,按床位 1:1.1 配置;枕芯、被芯、席梦思护垫,按床位 1:1.1 配置。

表 5-4 2010 版星评标准布草评分解析

	各次分项总分	各小项总分	计分
布草	15		
床单、被套、枕套的纱支规格		6	
不低于 80×60 支纱			6
不低于 60×40 支纱			3
不低于 40×40 支纱			1
床单、被套、枕套的含棉量为 100%		1	
毛巾(含浴巾、面巾、地巾、方巾等)的纱支规格		2	
32 支纱(或螺旋 16 支),含棉量为 100%			2
不低于 16 支纱			1
毛巾(含浴巾、面巾、地巾、方巾等)规格(一个规格不达标扣 0.5 分,扣满 2 分以上,降低一挡)		6	

续表 5-4

	各次分项总分	各小项总分	计分
浴巾:不小于 1 400 mm×800 mm,重量不低于 750 g; 面巾:不小于 750 mm×350 mm,重量不低于 180 g; 地巾:不小于 800 mm×500 mm,重量不低于 450 g; 方巾:不小于 320 mm×320 mm,重量不低于 55 g			6
浴巾:不小于 1 300 mm×700 mm,重量不低于 500 g; 面巾:不小于 600 mm×300 mm,重量不低于 120 g; 地巾:不小于 700 mm×400 mm,重量不低于 320 g; 方巾:不小于 300 mm×300 mm,重量不低于 45 g			3
浴巾:不小于 1 200 mm×600 mm,重量不低于 400 g; 面巾:不小于 550 mm×300 mm,重量不低于 110 g; 地巾:不小于 650 mm×350 mm,重量不低于 280 g			1

学生实训

一、鉴别布草质量

实训地点：实训宾馆布草房。

实训要求：

1. 学会鉴别床上布草的质量(面料、纱支数等)。

2. 学会鉴别毛巾的质量(质地、毛圈、纱支数等)。

二、配备客房布草

实训地点：实训宾馆。

实训要求：

1. 为实训宾馆制定一套客房布草配备方案(各类布草质量要求及数量、价格区间、供应商选择等)。

2. 分组讨论小组方案的合理性、可操作性,邀请实训宾馆客房管理人员参与讨论。

工作任务七　布草房的运行

实践操作

一、存放布草

1. 布草的库存条件

(1) 全棉织物的特点是吸湿后会霉变。霉变的环境条件是：湿度、温度、蛀虫等。布草房要做好防霉工作：通风情况良好,相对湿度不大于50%(可使用去湿机),温度在20℃以下为宜。这种环境下的布草存放相对比较安全。

（2）布草房应配有货架，用于存放床单、枕套、毛巾等布草，货架应设计成开放式的，以利布草通风散热。货架上需贴有标签，注上分类号。另外还需配备挂衣架、叉衣杆、缝纫机等设备用品。

2. 存放要求

（1）布草需分类存放，所有布草房的架子、搁板要排列整齐，客房和餐饮布巾应分类存放，并用标签注明，以保证准确地发放各种布草。

（2）洗衣场送回来的布草，最好在货架上放置一两天后再用，以延长其使用寿命。

（3）按照遵循先进先出、后进后出的要求，按布草送回的先后次序摆放，并在货架上做上标记，以确保每件布草的使用周期大致相同。

（4）因布草是重叠堆放，洗衣场不能保证送回的布草100%的干透，所以布草上架时要仔细检查，没有熨干的需送回洗衣场重新处理。

（5）暂时不用的布草需贴好标签放在布草架上封好，并注明种类、尺寸。

（6）报废布草贴好标签放在布草架上并注明"报废布草"。

二、收发布草

布草房每天需收发大量的布草、制服，工作任务比较重，为保证运行效率和效果，必须科学合理地设计各类布草收发的流程。流程的设计要本着省时、省力、提高工作时效的原则，明确每一环节的任务、责任，以保证洗衣场和布草房高效运行。

1. 收发客房布草

（1）客房楼层提出申请。每天由楼层客房服务员根据出租率提出"每楼层布草申领单"（见表5-5），并交领班核准签名。

（2）衣服标签标有"不能氯漂"字样的衣服，多为颜色艳丽、布料染色容易掉色的衣服。含有"氯"的洗涤剂具有强力漂白的作用，因此标有这样字样的衣服绝对不能用含氯的洗涤剂，否则衣服易洗花。

（3）配货。布草收发员根据需求单上的需求品种和数量准备干净布草待运。

（4）运送。用布草车将配好的干净布草送到楼层。

（5）签收。布草收发员将送到楼层的干净布草与需求单一起带到楼层，客房服务员核对后在需求单上签收。

表5-5 楼层布草申领单

楼层：　　　　　　　　　　　　　　日期：　　　　月　　　日

种类	规格	申请数量	实发数量	备注

续表 5-5

种类	规格	申请数量	实发数量	备注

申请人：   发放人：   接收人：

2. 收发餐厅布草

（1）接收。布草收发员逐一点收餐厅脏布草的品种、数量并做好记录。

（2）发放。收发员按记录本上的数量逐一清点，发放干净布草。餐厅布草一般采用"以一换一"的发放方法，即以脏布草换回同等数量的干净布草。

（3）签收。餐厅服务员在领取干净布草后，要在表单上签字。

表 5-6　餐厅布草申领单

餐厅名称：　　　　　　　　　　　　　　　　　　　　　日期：　　月　　日

种类	规格	布草收取数量	发放数量	多提	少取	备注

收取人：　　　　　　　　发放人：　　　　　　　　接收人：

3. 收发员工制服

（1）收取脏制服。制服房服务员将员工送洗的脏制服清点准确。

（2）分类。将脏制服分类放入不同的布草分拣筐内。

（3）发放干净制服。取出相应的干净制服（干净制服与脏制服号码须一致），员工领用时，再次核对，并送交员工。

（4）换洗制服应在规定时间进行。

三、修补布草及制服

（1）检查。从洗衣场返回的所有布草和制服，布草房服务员都需认真检查是否有破损。

（2）修补。能够修补的布草、制服，需交缝纫工作必要的缝补。

（3）鉴定。所有低于标准的布草、制服，都要经客房部经理鉴定后，才能决定是否继续使用或作报废处理。

（4）加工。将可再利用的报废布草进行加工，改制成婴儿床单、枕套、洗衣袋等。

四、盘点布草

1. 盘点客房布草

（1）通知。预先通知有关部门及人员做好准备。

（2）清点。对所有布草进行清点，包括贮存在楼层工作间、工作车和洗衣场、布草房的布草。根据不同的规格，在同一时间段内对所有项目进行清点。清点时，需停止布草的流动，防止漏盘和重盘。

（3）记录。将全部盘点结果填写在盘点表上。

2. 盘点餐厅布草

（1）通知。预先通知餐饮部和洗衣场、布草房做好准备。

（2）清点。检查餐饮部存放的脏布草和干净布草。根据不同的规格、颜色，在同一时间内对所有项目进行清点，盘点时要停止布草的流动，防止漏盘和重盘。

（3）记录。将全部盘点结果填写在盘点表上。

五、布草的报废与再利用

布草到了使用期限或因其他原因，需作报废处理，报废后的布草可以再加工处理，用作其他用途。布草报废程序如下：

1. 提出申请

通常由布草房主管核对需报废的布草，并填写报废单。下列情况布草房可以申请报废：

（1）布草破损或有无法清除的污迹。

（2）使用年限已到。

（3）统一调换新品种、新规格等。

2. 审批

布草的报废由洗衣场经理或客房部经理审批。

3. 报废布草的处理

报废布草应洗净，做上标记，捆扎好集中存放。

4. 报废布草的再利用

报废的布草如果可以再利用，可由布草房缝纫工加工，改制成其他用品如报废的毛巾可改做洗衣袋、婴儿床单等，报废的毛巾作抹布用（需做明显的标记）。

六、布草的补充与更新

1. 申领

根据布草的报废情况，确定需申领的种类和数量。

2. 填写申领单

将布草申领单上各栏目填写清楚，如：数量、规格、颜色等。申领单交客房部经理审批。

3. 领取与核实

凭申领单到总库房领取所需补充的布草，提取布草时，应仔细检查布草数量、种类、规格等，是否与领用单相符，质量是否合乎标准要求。

4. 洗熨

领回的布草需全部拆封，送洗衣场洗熨后再使用。

学生实训

一、布草存放

实训地点：模拟布草房。

实训要求：

1. 熟悉各类布草及布草房布局。
2. 练习分类存放布草。

二、布草收发、盘点练习

实训地点：实训宾馆。

实训要求：

1. 模拟布草收发工作，填写相关表格。
2. 协助实训宾馆进行布草盘点工作，并对盘点结果进行分析。

项目小结

1. 随着社会化程度的提高，洗衣场已经不再是每家酒店必配的设施，但无论有无店属洗衣场，布草房的配置还是很有必要的。
2. 无论是洗衣场还是布草房，都需要合理安排作业流程，以保证运行的快捷、高效、安全、低耗。
3. 洗涤工作的技术性强，质量要求高，需要服务员用心做好每一项工作。

项目测评

一、课后练习

1. 画出客房布草和餐厅布草收发的流程图。
2. 写出常用的洗涤剂及用途。
3. 如何做好布草的保管工作?
4. 酒店布草管理有哪些问题?如何解决?

二、课内／外实训

1. 在教师指导下,识别并去除衣物上的污渍。
2. 实训宾馆,熟悉布草房运行的流程。

三、拓展练习

1. 参观考察酒店洗衣场及布草房,分析洗衣场及布草房的布局、流程的合理性。
2. 联系2~3家三星级以上的酒店洗衣场,在指导教师带领下见习洗衣场工作,学习洗涤业务。
3. 考察酒店用品商店,熟悉酒店布草质量鉴别方法及选购技巧。

管 理 篇

项目六　客房部组织管理

学习目标

- 了解人力资源管理的意义、任务与目标。
- 掌握客房部编制定员的方法。
- 熟悉客房部员工招聘程序与方法。
- "以人为本",做好员工管理。
- 树立"学习型的酒店、酒店化的学习"理念,重视学习、重视培训。

企业兴旺,人才为本。"人才是资本不是成本",虽是一字之差,但它决定着企业的成败和兴衰,因为资本永远追求最大化,成本永远追求最小化。随着人们择业观念的改变、行业竞争的日趋激烈,加之酒店内部改革的不断深化以及客房工作本身所固有的特点,客房部人力资源管理越来越重要,也越来越困难。如何在社会环境和酒店内部环境的双重压力下,做好选人、育人、用人、待人、留人工作,培养一支过硬的客房部员工队伍,是客房管理需研究的一个课题。

模块一　客房部人力资源管理

任务导入

客房部人力资源管理现状

1. 教师下达工作任务单,分组收集相关人力资源管理相关的资料、案例。
2. 学生分组走访酒店并与相关人员座谈交流,了解饭店客房部人力资源管理现状。
3. 各组制作PPT,在课堂介绍调研成果,师生讨论,教师总结。

工作任务一　编制定员

编制定员,是指酒店根据实际情况和发展目标,采取科学的程序和方法,合理地确定组织机构和岗位设置,并对各部门、各类人员进行合理配备。编制定员是人力资源管理的一项重要内容和基础工作,其任务是通过对酒店用人方面的数量规定,保障酒店有效运转,促进机构精干高效,提高劳动生产效率。

基础知识

一、编制定员的概念

编制主要指机构、部门人员搭配设置的规定,定员则更侧重从岗位角度确定配备人员的数量。由于酒店部门的定编和定员是彼此密不可分的两项人力资源规划工作,因此这两个概念是统一不可分割的。

二、编制定员的原则

1. 够用

够用是一种通俗的说法,具体的要求是所确定的员工数量必须与实际需求相符合,要在满负荷、高效率运作的前提下,高质量地完成各项工作任务。

2. 精简

在编制定员时既要保证够用又要力求精简,要改变那种以为人多好办事的观念。从现代科学管理的角度看,人多未必好办事,人多也未必能够办好事;相反,有时往往因为人多反而导致效率低下、状态不佳、负担沉重、责任不清、是非增多。

3. 高效

客房部在确定所需配置的员工数量时,一定要将满负荷、快节奏、高效率作为前提条件,要确保人人有事做、事事有人做。

三、编制定员需考虑的因素

影响客房部人员编制的因素是多方面的,主要有客房部的业务范围、规模档次、客房出租率、客房对客服务模式、当地的劳动力情况等,客房部在编制定员时必须充分考虑上述诸多因素,科学合理地做好人员的配置工作。

1. 有关的法律法规

编制定员时必须严格遵守《劳动合同法》和相关的法律规定,不能一味地降低人力资源成本而违反国家有关劳动管理的法律法规。

2. 规模与档次

客房部的编制定员与客房部的业务范围成正比关系。规模大、档次高、管理范围广、分工细的酒店客房部业务分工更细,岗位更多,服务项目和服务标准上要求更高,因此与小型饭店、低档饭店的编制定员有很大不同。

【案例 6-1】

员工压力太大了

某饭店为了节省开支,减少客房部的用工人数,将客房部楼层清扫员早班的日工作定额从 13 间客房提高到 16 间,外加每天数量不等的钟点房。由于工作量加大,服务员为了工作定额以求准点下班,加快工作速度,造成清扫服务不到位、服务质量问题增加,客人投诉增多等现象。饭店质监部门给客房部施加了很多压力,提出如果再出现客人投诉,将更换客房部经理。客房部经理将压力转移到领班身上,领班则将压力转到员工身上。尽管饭店采取计件工资制,但仍有部分员工承受不了这么大的工作压力,以请病假来逃避。一旦有员工请病假,其工作就加在其他员工身上,不少员工每天加班到晚上七八点钟。这种状况持续了一段时间,突然有一天,客房部管理人员上班时,发现所有楼层的服务员不见了。他们意识到事态的严重性,立即在店内四处寻找,终于在饭店不远的操场上发现了静坐罢工的员工。经过劝说和协调,员工才重新回到工作岗位上。

思考: 该饭店采取这种降低成本的方法恰当吗?

实践操作

客房部编制定员通常按以下程序与方法进行。

一、选择服务模式

客房服务模式多种多样,每一种服务模式都直接影响客房部的编制定员,各家酒店应根据客房产品的定位、目标市场客源、自身硬件条件和人员情况,对客房服务模式做出正确的选择。

1. 楼层服务台

我国传统的客房服务模式是楼层服务台,此模式即在客房区域各楼层设立服务台,配备专职的值台服务员。楼层服务台的主要职责是:负责本楼层客人和来访客人的接待服务工作;根据房态,安排工作定额及清扫顺序;负责客房和楼面的安宁,保管和发放客用钥匙;掌握客人动态。

楼层服务台花费的人力较多,从上个世纪90年代后,酒店已基本不采用这种服务模式了。

2. 客房中心服务模式

从上个世纪80年代初期开始,随着国际酒店管理模式的引入,我国酒店业逐步采用了客房中心服务模式,客人有服务需求可拨打房内电话到客房中心,由客房中心安排专职对客服务员输送服务。这种服务模式有利于提供专业化的客房服务。

客房中心联络员以电话服务为主,还承担与其他部门及客房部内部的信息传递、工作协调、出勤控制、钥匙管理、遗留物品管理、资料汇集等工作,从而使客房部门管理更加规范化。目前,我国中、高档酒店大多采用这一服务模式。

3. 行政楼层管家式服务

从上个世纪90年代开始,我国一些中、高档酒店在客房区域设立了商务楼层,它集酒店的前台登记、结账、餐饮、商务中心及客房贴身管家服务于一身,为客人提供更为舒适的环境,让客人享受更加优质的服务。从客人进店开始,贴身管家便听从客人的吩咐和安排,包括为客人打扫房间、收送客衣、订餐送餐、发送传真、安排外出旅游等,使客人享受到亲切而舒适的服务。贴身管家的出现,可以说是楼层服务台模式的一项新创举。

4. 楼层管家制

为更好地与客人沟通,加强对客服务工作,有些酒店采用楼层管家制服务模式,即由楼层领班(管家)负责整个楼层日常事务管理和对客服务工作:查房、分配工作任务、物资管理、对客服务、与客人建立良好的客户关系等。管家通常固定在某一楼层工作,这在很大程度上拉近了与客人的距离,有利于与客人沟通交流,及时了解掌握客人的需求,提供各种针对性的服务。对客人而言,每次来到楼层回到客房,接触到的都是这个管家,可以减少陌生感。

5. 一键式服务(宾客服务中心)

为更好地为客人提供便捷的服务,近几年不少酒店将总机与客房服务中心合并成立"宾客服务中心",为客人提供一键式服务,见图6-1。住店客人只要拨一个特定的号码,店外客人只需拨酒店总机,订餐、订房、客房服务中心、送餐、问询、叫醒等服务,全部都由快速服务中心服务员协调解决好,做到"服务一键式,沟通零距离"。一键式服务对客人而言,沟通更为方便;对酒店而言,用工更为经济。

图6-1 "一键式"服务提示卡

采用一键式服务模式的酒店,客房部不再设客房中心,客房中心的其他职能如工作钥匙的领发、遗留物品管理等由客房部办公室承担。

【案例6-2】

"一键式"服务

某星级酒店以前厅部总机班组为基础成立了"宾客服务中心",将以往客人需要拨打多个电话、联系多个岗位才能解决的问题汇集到这一岗位,让客人轻轻松松拨打电话号码"0",即可感受到"一键式"服务所带来的方便与快捷。从而为客人提供更加多元化、更加丰富、更加完善的服务,使"一键式"的服务理念更加深入、具体。

作为整个酒店的信息传递中心,"宾客服务中心"的工作已不局限于接转电话,现服务范围涵盖电话转接、叫醒服务、信息查询、紧急呼救、留言服务、信息传递、酒店咨询、城市咨询、代理预订、应急指挥等工作职能,形成一体化完整的服务体系。如:传递客人遗留物品查找信息到客房部;传递客人预订房间信息到预订部;传递客人机场、行李接送、委托代办信息到礼宾部;传递客人订餐、送餐信息到餐饮部;传递客人生病信息到大堂副理;传递客人安全信息到保卫部;传递客人房间设施损坏信息到各楼层服务台等等。针对以上宾客需求各相关部门都做出了服务时间承诺。如客人物品传递3分钟之内完成;设备维修10分钟之内到现场;安全信息及突发事件3分钟内到现场等等。"宾客服务中心"将宾客需求信息传递到相关部门后,在规定的时间内完成。如:住店宾客要求加椅服务,"宾客服务中心"员工将认真记录清楚客人所需物品及时间,并马上通知相应楼层的服务员,客房服务员服务完成后需及时电话反馈到"宾客服务中心"。如3分钟之内服务员没有回答,需电话再次通知服务员客人所需物品并记录服务员的姓名及回答时间。

点评: "宾客服务中心"的成立,方便了客人,提高了酒店的工作效率。

二、设置组织机构

客房部的组织机构如何设置,与所需配置的员工数量有着直接的关系(参见本教材项目一相关内容)。如果客房部的分支机构、机构层次及所设的工作岗位多,所需配置的员工数量必然也多;反之,则少。因此,客房部在设置组织机构时,应遵循扁平化、小型化的原则,尽量压缩层次、减少分支机构和工作岗位,从而尽量减少人员配置。

图6-2为一家国际品牌五星级酒店客房部组织机构及人员配置图(包括部分实习生),该酒店共有458间/套客房。

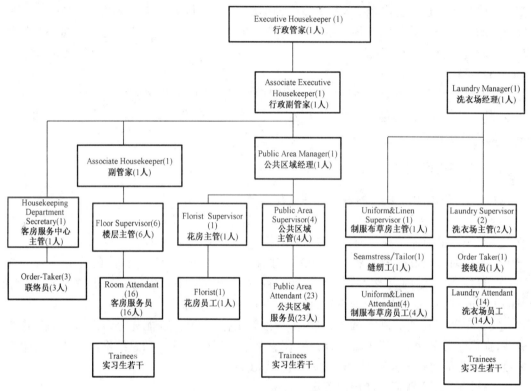

图6-2 客房部组织机构图

三、预测工作量

工作量是编制定员的重要依据,工作量的大小与所需的员工数量成正比。客房部在编制定员时必须科学准确地预测部门、各分支机构及各岗位的工作量。

1. 客房部的业务范围

客房部的工作量跟客房部的业务范围成正比关系。大部分酒店通常会将酒店清洁保养的工作均划入客房部管理范围,但有些小型酒店则仅管理楼层客房或前台公共区域,前者和后者的工作量差距很大。所以,只有明确了客房部的管辖范围,才可能按一定的方法测定客房部整个工作量。

2. 客房部工作量的细分

由于客房部各区域的工作特点和工作性质的不同,工作量的预测还必须进行细分,一般可细分为三个部分：固定工作量、变动工作量和间断性工作量。

(1) 固定工作量

固定工作量是指那些只要酒店开门营业，就必然存在且须有人去按时完成的日常性例行工作任务，如部门管理工作、客房中心的工作、洗衣场的工作、公共区域的日常清洁保养工作等。只有保质保量地完成这些工作，才能保证部门甚至整个酒店的正常运营，保持酒店的规格标准。固定工作量的多少往往反映一个酒店或一个部门工作的基本水准。

(2) 变动工作量

变动工作量是指随酒店业务量等因素的变化而变化的那部分工作量。对客房部来说，变动工作量主要是指受住客率等因素影响的那部分工作量，如客房的清洁整理、对客服务、洗衣房的布草洗烫等。影响最大的还是客房出租率。因此，客房部在预测这部分工作量时，应以客房出租率为主要依据。

(3) 间断性工作量

间断性工作量通常是指那些时间性、周期性较强，只需定期或定时完成的非日常性工作量，如外窗的清洗、地毯的清洗、大理石地面的打蜡等工作。客房部在预测工作量时，必须考虑这部分工作。

四、制定工作定额

工作定额通常用时间定额和工作量定额两种方法来表示。

时间定额是指在一定的物质技术和劳动组织条件下，采用合理的方法完成某项工作，或生产某一产品所需消耗的时间标准，如清扫一间走客房的时间、铺一张床的时间。工作量定额是由时间定额推算出来的，即在一定的物质技术和劳动组织条件下，采用合理的方法，在单位劳动时间内应该完成的达到合格标准的工作量，如一名早班客房服务员在 8 个小时的工作时间内，应该清扫整理多少间客房，并达到合格标准。

实行定额管理使编制定员、确定用工标准等工作有据可依，能充分调动员工的工作积极性，提高工作效率，也便于检查、考核，还有利于开展劳动竞赛和总结推广经验。在绝大多数酒店，凡能实行定额管理的部门和岗位，都实行了定额管理。

1. 制定工作定额所需考虑的因素

(1) 工作职责的要求

考虑服务员是专职从事客房的清洁整理，还是要兼做其他的工作。如果是后者，考虑其他的工作约占多少时间。

(2) 客房清洁保养的标准

客房清洁保养标准高必然耗时多，反之则耗时少。

(3) 每层楼的客房数

楼层客房的多少会对员工清扫客房数量产生影响。日常安排工作，尽量不要让员工跨楼层清扫客房，可以考虑采用别的方法来调节。

(4) 工作区域的状况

客房面积大小、家具配置繁简、外界环境影响等，都对工作量构成或大或小的影响。

(5) 住店客人的情况

客人的来源、身份地位、生活习惯等都是影响清洁客房速度和定额的重要因素。有时，名义上相同的工作量实际上相差很大。

(6) 员工的素质

员工是否敬业爱岗、经过正规培训、具有良好工作习惯和熟练的操作技能,同样都是影响工作效率的因素。

(7) 工作器具的配备

从清洁剂、手工用具到机器设备等劳动工具是否齐全、先进,都在一定程度上影响工作的效率。

以上只是确定工作定额时需要考虑的一些基本因素,定额标准制定出来,管理人员还要根据情况的变化作适当的调整。

2. 制定工作定额的方法

(1) 经验统计法

经验统计法可以本酒店历史上实际达到的指标为基础,结合现有的设备条件、经营管理水平、员工工作态度及业务状况、所需达到的工作标准等,预测工作效率可能提高的幅度,经过综合分析而制定定额;也可以参照其他酒店的经验和做法制定定额。用经验统计法制定定额,方法简便,工作量小,易于操作,所制定的定额能够反映员工的实际工作效率,比较适合酒店工作的特点,但这种方法不够细致,定额水平有时会偏向平均化,不够先进。

(2) 技术测定法

通过分析员工的操作技术,在挖掘潜力的基础上,对各部分工作所消耗的时间进行测定、计算、综合分析,从而制定定额。这种方法包括工作写实、测试、分析和计算等多个环节,操作起来比较复杂,但较为科学。需要注意的是,抽测的对象必须能够客观、真实地反映多数员工的实际水平,测试的手段和方法必须比较先进、科学。

对一些具体操作项目进行测试,可以获得各单项操作的标准时间,再根据各项工作的具体内容、操作程序和规格标准,将准备工作和善后工作等所花费的时间全部考虑进去,就可确定有关工作的定额标准。表 6-1 为某星级酒店部分专项清洁保养操作时间测试表(此表仅供参考,不作为统一标准)。各酒店在实际工作中应根据本酒店的具体情况进行测试、分析和计算。

表 6-1 单项工作操作时间测试表

工作项目	耗 时	工作定额	备 注
1. 房号牌擦铜	10 分钟/间	40 间/天	
2. 梳妆镜铜耳擦铜	10 分钟/间	40 间/天	
3. 套房铜器擦铜	60 分钟/间	6 套/天	
4. 清洁电话	7 分钟/间	80 间/天	
5. 洗阳台	25 分钟/间	16 间/天	
6. 擦拭阳台玻璃	10 分钟/间	40 间/天	
7. 刷洗墙纸	20 分钟/间	20 间/天	
8. 刷洗水箱	20 分钟/间	20 间/天	
9. 吸灯罩浮尘	10 分钟/间	40 间/天	
10. 吸房间边角处灰尘	10 分钟/间	40 间/天	
11. 房间家具打蜡	20 分钟/间	20 间/天	
12. 清洁空调网	5 分钟/间	80 间/天	
13. 清洁出风口	10 分钟/间	40 间/天	
……			

五、编制定员

客房部编制定员的基本方法有三种,即按劳动效率定员、按岗位定员及按职责范围定员。

1. 按劳动效率定员

按劳动效率定员,就是根据工作量、员工的劳动效率(工作定额)和出勤率等,计算确定所需配置的员工数量,计算公式为:

$$定员人数 = \frac{工作量}{员工劳动效率 \times 出勤率}$$

如:AB大酒店为一家五星级饭店,拥有客房500间(套),年平均出租率为80%。客房服务员分早、中两个班次,每个客房服务员早班每天的劳动定额为12间,中班48间,员工出勤率为95%。该饭店实行每周5天工作制,除固定休息日、法定休假日(11天)外,还享受每年7天的有薪假期。其中:

$$工作量 = 客房总数 \times 年平均出租率$$

则:客房服务员平均年出勤天数=[365-(52×2)-11-7]×95%=231(天)

早班客房服务员定员人数=(500×80%)/(12×231÷365)=53(人)

中班客房服务员定员人数=(500×80%)/(48×231÷365)=13(人)

按劳动效率定员的方法,主要适用于实行定额管理、从事变动性工作的岗位,如客房清扫员岗位。

2. 按岗位定员

按岗位定员,就是根据组织机构、服务设施等因素,确定需要人员工作的岗位,再根据岗位职责及业务特点,考虑各岗位的工作量、班次、员工的出勤率等,确定各岗位所需配置的人员数量。这种方法适用于从事固定性工作的岗位,如客房中心员工、楼层值台员。

3. 按职责范围定员法

即根据饭店的组织结构、人员职责范围、业务分工和工作复杂程度定员,适合主管以上管理人员定员。

学生实训

一、单项工作操作测定

实训地点:实训宾馆。

实训要求:

1. 以小组为单位,采用技术测定法,测试客房各项工作单项操作的标准时间。
2. 各组讨论,拟定客房单项工作操作的标准时间。

二、编制定员

实训地点:实训宾馆。

实训要求:

了解实训宾馆的客房部日常运行情况，为实训宾馆编制组织机构，确定岗位及用工数量。

工作任务二　员工招聘与培训

基础知识

一、员工聘用

"选人"是人力资源管理"选人、育人、用人、待人、留人"五大职能之首，也是人力资源管理的第一步，员工招聘的成功与否，直接影响酒店的服务水平。客房部的员工招聘工作须由人力资源部和客房部共同负责，人力资源部负责筛选应聘人等基础工作，客房部则负责最后面试，并决定录取与否。

1. 制定招聘方案

员工招聘是一项较为复杂的工作，因此要周密地筹备，制定招聘方案，用方案指导和控制招聘工作，严格把关，务必找到合适的人选并把其放在合适的岗位。

招聘方案的主要内容包括：招聘的岗位、人员数量、质量标准、招聘工作的具体安排等。需特别留意的是招聘方案应明确规定质量标准，界定"选人标准"。这种标准要求是具体的、可衡量的，以作为招聘部门考察人、面试人、筛选人、录用人的标杆。适人适岗，人才不是越优秀越好，只有合适的才是最好的。

只有明确标准，招聘人员才能做到心中有数，才能用心中的这把"尺"去衡量每一位应聘者。为了使招聘要求具体、明确，便于有关人员把握标准，客房部管理者最好能制定一套职务说明。下面提供一份布草收发员的招聘标准，供参考。

【小资料6-1】

布草收发员的职务说明

职务名称：布草收发员

工作时间：每周一～周五，每天 7:30～16:00 时

劳工类型：非技术性工种

直接上级：布草房主管

联系员工：负责领用布草及所有穿着制服的员工

职　　责：布草和制服的收发与保管

工　　资：按规定的标准

有薪年假：两年以下工龄一周，三年以上工龄两周

额外待遇：工作服、免费工作餐

性别要求：女性

年龄限定：20～50 周岁

智力条件：办事机敏，能遵照指示和规定工作

品　　格：诚实、和蔼可亲、周到有礼

外　　貌：端庄大方

工作经验：无特殊要求

文化程度:初中毕业以上

身体状况:身体健康,无传染病史,能承担轻度持久的体力劳动,有一般性臂力,能举起一般重量的物件,能辨别织物的色彩、抽丝、蛀洞等。

其　　他:居住地与酒店之间交通方便,无犯罪记录。

2. 制定招聘具体策略

(1) 本地为主,内外结合

客房部员工的挑选,应立足于本地人才市场,这样既可增加员工的稳定性,同时也可减少酒店在员工福利方面的开支。此外,对一些特殊工种和岗位,可吸纳一些外地人才。

(2) 重视员工素质及可塑性

应重点考查员工的基本素质,如文化程度、语言能力等,以适应当前旅游业对人才的要求。

(3) 与旅游院校建立良好合作

随着国内旅游业/酒店业的发展,全国各地旅游院校也如雨后春笋般蓬勃发展,旅游院校学生在学校接受过一段时间的专业知识教育,已具备一定程度的酒店知识和服务技能,特别是服务意识比一般非专业学校要强得多。因此,近几年来,许多酒店与相关旅游院校建立了校企合作关系,采取合作办学、定向分配、定点实习等方法,接收一定数量的应届毕业生或实习生,以优化酒店员工队伍,解决酒店劳动力的问题。

(4) 重视员工的品行及敬业精神

员工的操守及职业道德应放在招聘条件的首位。

(5) 更新用工观念

客房服务员并非一定要俊男靓女来担任。针对目前招聘难的局面,许多酒店开始将目光投向"40、50"人员。同酒店普遍雇用的俊男靓女相比,"40、50"人员对客房工作的责任心更强,更富有社会经验,吃苦耐劳,愿意接受现有的薪资待遇,岗位流动率相对比较稳定。虽然"40、50"人员技能学习差些、外语能力比不上年轻人,但这些通过加强培训是可以提高的。让"40、50"人员替换年轻人从事酒店的基础服务工作将成为我国酒店业今后几年的人才应对战略。

3. 选择招聘途径

为了招聘到合适的员工,酒店需设法通过多种渠道招聘和补充人员。

(1) 现职人员的推荐介绍

招聘少量人员时,酒店可通过现职人员的推荐介绍提供人选,这种做法有利有弊。通过内部员工介绍来的新员工,对酒店的了解要比其他应聘者更为深刻,同时这样招来的人因为有熟人介绍,能很快熟悉环境与工作。另外,这种招聘方法省时、省力、节省费用。但这样做往往容易在员工中形成小团体,甚至会让一些不良习气在员工中相互影响。

(2) 内部晋升

客房部的某些管理岗位空缺时,未必一定要从外部招聘。如果部门内部有合适的人选,从内部晋升则更为明智,可以激励员工,培养员工忠诚的感情。

(3) 广告招聘

广告通常是招聘的主要途径和方法。招聘广告的主要形式有报纸广告、网络广告、广播电视广告和海报等。

(4) 职业院校

职业院校是酒店员工的主要来源之一。酒店应与当地或者外地的一些职业院校建立长期稳定的合作关系。如果能从职业院校招聘员工,将是一件非常实惠的事,因为职业院校的学生有专业知识和基本技能,综合素质较高。他们加入酒店后,能给酒店带来新的气息,优化员工队伍。目前,许多酒店都与相关职业院校建立了长期的合作关系。

除了上述几种主要途径外,还有下列一些途径可以利用:职业介绍所,人才市场,同业机构,复员、转业军人安置机构,以往的求职申请表、推荐信等。

【小资料6-2】
用人标准:客户服务态度甚于技能

作为最早拓展中国市场的国际酒店集团之一,至2012年年底,洲际酒店集团旗下在中国拥有大约160家酒店。未来几年是洲际酒店快速扩张、大幅增员的时期,从2011~2015年洲际将在华增加150家新酒店。洲际酒店集团大中华区人力资源总监伍淑仪解开了洲际酒店的招聘用人之道。

招聘中的筛选标准,不同级别的员工标准不同。由于酒店属服务性行业,而洲际酒店5个核心价值观中有一条就是"服务",所以,在招聘中,客户服务的态度是第一位的。

"你如何对待客人,决定了你自己怎么被对待",洲际酒店倡导员工时时处处体现对客户的尊重和关爱,因此,是否能够充满热情地投入工作,具备良好的客户服务精神是员工必须具备的第一条;其次,有良好的团队合作精神、沟通技巧和语言表达能力也是酒店行业工作所必须的。上升到主管、经理、总监层面的员工,其领导能力、管理技巧、酒店行业背景等就会有更高的要求。"一个经理不仅要激励自己,还要不断去激励他的团队,用高标准、高要求去影响、鼓励他的员工不断追求卓越,不断改进服务质量,追求完美。"

而如何去考察一名应聘者是否具备上述素质和能力,伍淑仪认为,这主要靠在招聘流程中观察应聘者的行为表现,因此,洲际酒店建立了一套基于能力的招聘筛选流程。对于主管以上职位,应聘者通常需要经过以下流程:简历筛选—部门总监面谈—测评—背景调查。其中测评的内容涉及语言能力、个性等,主要考察应聘者的条件是否跟岗位匹配;而背景调查是洲际酒店十分看重的,这同样也是秉承集团5大价值观第一条"诚信"的做法之一,对于每一位即将决定录用的员工,人力资源部门都会通过第三方去了解他此前的经历和工作情况,确保与应聘者自我陈述的一致。

二、员工培训

"从一家酒店的培训实力上,可看出这家酒店的管理水平","培训是酒店成功的必由之路","培训是酒店发展的后劲之所在","没有培训就没有服务质量"。现代酒店业的竞争,其本质就是酒店员工素质的竞争,而员工素质的高低又很大程度上取决于酒店对员工培训的重视。客房部必须高度重视、认真做好员工的培训工作。

1. 培训的类型

(1) 入职培训

刚招聘进店的新员工,需要进行入职培训。入职培训通常由酒店培训部负责。在一些规模较大的酒店里,几乎每天都有新员工入职。为了便于统一安排新员工的入职培训,酒店通常规定每星期一为新员工入职培训日,各部门招聘的新员工都在这一天来酒店报到,培训部统一对其进行入职培训。入职培训的主要内容包括:举行欢迎仪式,学习酒店员工手册,熟悉酒店的环境,了解酒店的情况,办理有关手续,解疑释难。

新员工的入职培训是一项非常重要的工作。各酒店培训部门应高度重视，制定一套完整的培训方案。入职培训结束后，新员工即可到聘用部门去接受上岗前的培训。

（2）岗前培训

新员工上岗前必须接受所在部门的业务培训，即岗前培训。培训结束后，还须接受严格的考核，考核合格才能正式上岗。新员工岗前培训是酒店塑造合格员工的最佳时机。客房部应制订专门的培训计划。一些知名的企业非常重视岗前培训工作，如IBM公司新员工岗前培训。

【案例6-3】

IBM公司"新蓝"培训

著名的IBM公司有着极其出色的员工培训体系，非常重视新员工的培训，在公司的新员工培训中流行着这样一句话："无论你进IBM时是什么颜色，经过培训，最后都会变成蓝色。"这意味着，每一名进入IBM的员工都会在经过培训后，接受IBM统一的价值观。将"蓝色血液"注入所有"新蓝"的思维中，让他们成为真正的"蓝色精灵"，成为"蓝色军团"的一部分。"最后都会变成蓝色"，一句话如此形象地说明了IBM强大的企业文化与高效的人力资源培训体系。

思考： 从这个案例中，我们可以得到什么启示？

客房服务员的岗前培训内容主要有：部门组织机构及岗位职责，部门的规章制度，安全守则，礼貌礼节，仪容、仪表及个人卫生要求，沟通技巧，客房常识，清洁器具的使用和保养，清洁剂的使用方法和注意事项；客房清洁保养的程序和规范；对客服务的程序和规范；楼层的物资管理；各类表单的使用。下面是某星级酒店客房部新员工岗前培训计划，供学习参考。

表6-2 客房部楼层新员工岗前培训计划

员工姓名			入店日期	
序号	培训日期	培训项目		培训资料
1		培训部新员工入职培训（四天）		
2		参观工作环境及相关部门		
3		介绍部门同事及直属主管		
4		介绍客房部组织构架		客房部组织结构图
5		告知工作相关事宜	上下班时间 打卡时间规定及程序 签到及签退 迟到规定 当班时用餐时间 当班政策（加班费、补休） 员工倒班宿舍使用规定 请假手续及向谁请假（病假、事假等） 员工出入口（不可走饭店大门） 私人及外带物品之安全规定 电话使用及私人电话接听 客用电梯、卫生间及其他客用设施 员工更衣室 制服换洗程序 员工饭店内餐厅消费政策 排班事宜 员工处罚	

续表 6-2

序号	培训日期	培训项目	培训资料
6		了解工作内容、工作职责	JOB Discription
7		个人仪容仪表的标准	SOP
8		工作中基本对客礼节礼仪	SOP
9		了解可以和不可以接受的工作行为	
10		楼层及房型布局介绍	Room Mix Chart
11		楼层消防知识及主要疏散通道	
12		客房部功能	
13		客房部与其他部门的联系	
14		团队合作精神	
15		遗留物品	
注：以上 2～15 项目必须在新员工上班前二天培训完毕			
1		客房部钥匙签领和签退程序	SOP/钥匙签到表
2		手机的签领和签退程序	SOP/手机签到表
3		下班时归还钥匙和工作报表的程序	钥匙签到表及报表
4		如何与客人打招呼(含中英文问候语)	SOP
5		如何有效与客房部办公室沟通	
6		了解客房部专业术语(额外资料)	
7		工作中的安全知识(额外资料)	
8		各类清洁剂知识及其作用	
9		机器设备的知识(吸尘器、工作车)	
10		如何看排班表	排班表及班次设定
11		介绍客房部信息板	
以上 11 项应在第一周内培训完毕			
1		复习第一周所学项目	
2		客房物品摆放标准	
3		房态的认识及控制	
4		如何用电话更改房态	电话更改房态程序
5		工作单的填写	工作单
6		开门程序	
7		客房部对客服务项目	
8		"DND"的处理程序	
以上 8 项应在第二周内培训完成			
1		复习第二周所学项目	
2		洗衣的收送程序	洗衣单/SOP
3		客人遗留物品的处理程序	遗留物品单/SOP
4		布草通道的使用	布草通道的使用规定

续表 6-2

序号	培训日期	培训项目	培训资料
5		退房检查及注意事项	
6		吸尘器的使用及保养	
7		清洁剂辨别及使用	
8		客房租借物品及注意事项	
		以上8项应在第三周内培训完毕	
1		复习第三周所学项目	
2		加床服务	SOP
3		擦鞋服务	SOP
4		婴儿床服务	SOP
5		VIP客房小整理服务	
6		地毯除污程序	
7		如何填写小酒吧账单及酒水认识	SOP/迷你酒吧单
8		如何用电话机进行迷你吧入账	迷你吧入账程序
		以上8项应在第四周内培训完毕	
1		复习第四周所学项目	
2		对客特殊事件处理	SOP
3		紧急情况处理	SOP
4		杯具消毒程序	SOP
5		工作车的设置标准	SOP
6		小冰箱的使用(温度的控制及除霜)	
7		客房维修及报告	维修单
8		开夜床服务程序	SOP
		以上8项应在第五周内培训完毕	
1		复习第五周所学项目	
2		交接班制度及注意事项	
3		抹布的分类及使用	
4		空调开关的使用	
5		毛巾及浴袍的标准设置	
6		更换即将过期酒水	
7		每月盘点及注意事项	
8		清洁剂的配比及使用	
		以上8项应在第六周内培训完毕	
1		复习第六周所学项目	
2		客房整理标准程序	SOP
3		如何做床	SOP

续表 6-2

序号	培训日期	培训项目	培训资料
4		如何抹尘	SOP
5		如何清洁玻璃	SOP
6		如何清洁浴缸	SOP
7		如何清洁恭桶	SOP
8		如何清洁面盆	SOP
	以上 8 项应在第七周内培训完毕		
1		复习第七周所学项目	
2		如何清洁淋浴间	SOP
3		如何清洁地面	SOP
4		如何吸尘	SOP
5		如何清洁微型酒吧	SOP
6		如何清洁电话	SOP
7		如何使用保险箱	SOP
8		如何清洁墙面	SOP
	以上 8 项应在第八周内培训完毕		

(3) 在职培训

对在职员工进行培训是客房部及整个酒店培训工作的重点，也是客房部及整个酒店日常工作的重要内容。员工在职培训主要有以下几种形式：

① 日常培训

日常培训是指在日常工作中对员工进行的培训。此类培训不需专门安排和特别准备，也不会影响正常工作，通常是管理人员对下属进行临时的个别指导。日常培训方便实惠、针对性强，管理人员要善于在日常工作中发现机会、合理安排。

② 专题培训

随着工作标准和要求的不断提高、酒店内外各种因素的变化，客房部有必要对员工进行针对性的专题培训，强化员工的进取心，提高员工素质。如随着酒店亲子旅游者的增多，酒店可进行亲子旅游服务需求分析、儿童客房布置等专题培训。

③ 交叉培训

交叉培训是在员工做好本职工作的前提下，安排员工学习其他部门和岗位的业务知识和操作技能。完整的交叉培训应该包括部门交叉培训（如客房部与工程部）、班组交叉培训（同一部门不同班组或岗位之间进行交叉培训，如楼层客房与洗衣场）、上下级交叉培训（通常是某一级别的员工接受高一级别岗位的培训，如客房服务员—楼层领班，楼层领班—楼层主管）。这种综合性交叉培训有许多好处：既能丰富员工的工作内容，又能保证岗位或部门之间的人力调配；既可以使部门之间达到完整的了解，避免不必要的麻烦，又可以使员工在工作出现问题时容易换位思考，利于工作协调；还可以使下级充分体会上级的甘苦，在工作中更加配合，全力支持上级的工作。

④ 待岗培训

对于一些不称职的在职员工,如果尚未达到解雇的地步,可以让其暂时下岗,接受相关培训,培训考核合格后再重新安排工作。

⑤ 脱产进修

对一些专业性较强或准备提拔晋升的人员以及由于其他某种原因而必须接受培训的人员,酒店或部门可安排他们脱产,参加一些专门的培训班或到专业院校进修学习。

(4) 发展培训

发展培训的主要目的是培养管理人员和业务骨干。通过培训使其能够担任更高层次的职务或承担更重大的责任,发挥更大的作用。发展培训的内容和方式需根据培训对象的基础、发展目标与具体情况来确定和安排,通常需有一套系统的方案,包括培训的内容、要求、时间安排、指导老师、培训方式、考试办法等。

目前,很多酒店存在的一个共同问题是忽视对准备提拔和晋升的这部分人员到职前的培训,往往是一经任命立即就职,让他们自求多福、自由成长。如果被提拔晋升的人没有经过相应的发展培训,就任新职后往往需要一个较长的适应过程,而在这一阶段,他们会遇到很多新的问题和困难,甚至会遭受一些挫折,从而影响信心、影响威信,难以有效地开展工作。

国际酒店管理集团非常重视员工的发展培训,如洲际酒店管理集团设有管理培训计划。该计划专门为培养主管级别的员工设置,主要是从社会上招募有1~2年经验的优秀人才,进行12~18个月的在职培训。培训期间每个学生都有一指定导师,由导师跟踪其学习过程,并随时给他们反馈,进行阶段性评估,帮助他们尽快成为合格主管。

2. 培训的方法

掌握选择有效的培训方法,可以增强培训效果,培训的主要方法有以下几种:

(1) 课堂讲授法

课堂讲授法属于传统的培训方式,其优点是运用方便,便于培训师控制整个过程。其缺点是单向信息传递,反馈效果差。讲授法适宜用于系统的理论性内容的培训。

(2) 视听技术法

通过现代视听技术(如投影仪、DVD、录像机等工具),对员工进行培训。其优点是运用视觉与听觉的感知方式,直观鲜明,但员工的反馈与实践较差。通常多用于酒店概况、传授技能等培训内容,也可用于知识性内容的培训。

(3) 专人指导

专人指导多用于对新员工的培训,安排专门的指导老师,对新员工进行个别的甚至一对一的培训指导工作,这种培训方式可以帮助新员工尽快消除陌生感、适应环境、熟悉工作。

(4) 小组讨论法

小组讨论法的特点是信息交流方式为多向传递,员工的参与性高。小组讨论多用于巩固知识,训练员工分析、解决问题的能力与人际交往的能力,但运用时对培训师的要求较高。

(5) 案例分析法

由培训师向员工提供相关的背景资料,让其讨论和分析,寻找合适的解决方法。这一方式反馈效果好,可以有效训练员工分析和解决问题的能力。另外,近年的培训研究表明,案例、讨论的方式也可用于知识类的培训,且效果更佳。

(6) 角色扮演法

员工在培训师设计的工作场景中扮演特定的角色,如宾客与服务员等,进行演练,其他员工与培训师观摩,表演后作适当的点评。这种方法信息传递多向化,反馈效果好、实践性强,多用于人际关系能力的训练。

实践操作

一、编写培训方案

培训方案是实施培训工作的基础,一份完整的培训方案应包括培训课题、培训目的、培训对象、培训教师、培训时间、培训内容、培训方法、培训安排、培训考核等内容。

1. 培训课题

编写培训方案的第一步就是确定培训课题。培训课题的确定有两种方式:一是根据员工目前的工作状态而确定的培训,如客房对客服务程序与标准、清洁剂知识与使用;二是根据当前饭店需求、能切实解决当前问题而定的专题培训,如个性化服务培训、饭店客房新增设备使用培训等。专题培训课题则需要管理者在实际工作中观察和分析,发现培训需求。

2. 培训目的

确定培训课题后,培训目的应当也予以明确,培训本身就是通过有计划、有步骤的介入行为,实现某种目的的过程。因此,培训目的也是检验和评估培训有效性的重要标准。根据培训课题的不同,培训目的也会随之不同。

3. 培训对象

培训对象的确定是制定培训内容、方法、时间的基础,管理人员必须明确是给什么样的员工进行培训,员工的学习基础、学习特点、工作时间。

4. 培训教师

培训师的选择非常重要,要培养训练有素的合格员工,培训师自己必须具备优秀的职业素养,精通各项业务知识,还要有一定的培训技能。培训师通常由资深员工、领班/主管、经理来担任,但更好的方式是培养专门的培训师。很多酒店有一套专业的培训培训师的计划,它是饭店培训系统的重要组成部分。

5. 培训时间

培训时间的选择应当慎重,否则不仅不能有效地实施培训,还容易引起员工的反感。对于大多数在职培训,尽量利用班前会、班后总结会或部门每周例会的时间来进行培训,这样既节约时间、提高效率,同时也能使员工养成培训的习惯,认识到培训的必要性,使培训真正成为其工作的一部分。当然,对于有些重要的专题培训,必须在员工业余时间进行才能收到比较好的效果。

6. 培训内容

培训内容应围绕培训主题,内容的呈现应清晰、明了,多使用关键词和条目,以易于员工掌握、记忆。

7. 培训方法

培训方法有很多种,在培训方案中考虑培训方法时,应根据培训对象、培训内容、培训目的而选择不同的培训方法,以达到最佳培训效果。

8. 培训安排

培训安排包括培训组织、培训地点落实、培训所需设备设施的安排等。

9. 培训考核

培训结束后应该在一定期限内进行培训评估,并作好相关记录。对于不同的培训内容应采用不同的评估方法。如对于知识性培训,可以进行口试、笔试考核;对于技能性培训,可进行集中操作考核或在工作中进行实时评价。

10. 跟踪反馈

培训后需有跟进、反馈,对培训的有效性进行评价,对培训进行总结记录。包括:培训的目的有没有达到,培训的效果如何,培训方法是否使用得当,有哪些需要改进的地方,培训的后续工作有哪些等等。此项工作通常由受训人员所在部门的管理人员或培训部相关人员进行跟踪调查,检验培训效果。

下面以"清洁剂使用"培训为题,说明如何编写培训方案,供学习参考。

【案例6-4】

清洁剂使用培训方案

1. 培训课题

客房常用清洁剂的使用与管理

2. 培训目的

(1) 使员工了解客房常用清洁剂的种类;

(2) 使员工掌握各类常用清洁剂的性能及使用方法;

(3) 使员工熟悉常用清洁剂的储存、配制及日常管理,遵守清洁剂使用及管理规定。

3. 培训对象

客房服务员。

4. 授课教师

PA主管。

5. 培训时间

11月9日～11日每天15:00～16:00时,计3次。

6. 培训内容

(1) 清洁剂知识(清洁剂的分类、性能及用途);

(2) 清洁剂的使用;

(3) 清洁剂的日常管理。

7. 培训方法

讲授法、示范操作、实地训练。

8. 培训安排

培训地点:(1)酒店培训教室,准备好白板、电脑、投影仪。(2)PA工作间,准备好各种清洁剂、抹布及相关材料。

9. 培训评估
培训结束一周后笔试培训内容,日常工作由领班检查跟进。
10. 跟踪反馈
员工是否在一段时间后能够正确使用清洁剂,遵守清洁剂的使用管理规定。

表 6-3 培训安排表

培训课题:清洁剂的使用与管理　　　　　　　　　　　　　　培训部门:客房部

培训时间	培训内容	培训课时	培训地点	授课教师	备注
11月9日 15:00~16:00时	清洁剂知识	1小时	培训教室	PA主管	
11月10日 15:00~16:00时	清洁剂操作规范	1小时	PA工作间	PA主管	
11月11日 15:00~16:00时	清洁剂的日常管理	1小时	培训教室	PA主管	

制表人_____　　　　　　　　　　　　　　　　　制表日期___年___月___日

二、实施培训工作

从酒店培训内容来分,培训通常可分成两大类:知识性培训和技能性培训。

1. 知识性培训

知识性培训是指对员工按照岗位需要进行的专业知识和相关知识的教育活动,其目的是通过培训使员工掌握并吸收所传授的知识,而掌握知识的关键是记忆。因此,培训师在知识性培训的授课过程中,应采取各种方法来提高员工的记忆功效。

2. 技能性培训

技能性培训是指对员工按照岗位需要进行的技能方面的训练与教育。其目的是通过培训使员工掌握运用所传授的技能,而掌握技能的关键是实际操作练习。

(1) 讲解示范

在讲解前明确告知员工操作应达到的标准,向员工详细讲解具体的操作步骤,在讲解时注意利用实物或模拟教学环境进行操作示范,同时边示范边再次重复、强调操作标准及步骤,使员工有较深刻直观的印象。

培训师在向员工讲解操作标准、示范操作步骤和方法的过程中,应向员工解释清楚如此做的原因,使员工不但知道"所以然",而且还明白"之所以然","知其所以然"后,可以促使员工自觉按培训要求做,收到更好的培训效果。

(2) 操作练习

对学习有这样三句名言:"I hear—I forget;I see—I remember;I do—I understand."技能培训不能只停留在讲解示范这一环节上,而应坚持实地操练,让员工亲自动手、不断反复进行练习。

为了增强培训效果,加强员工的动手操作能力,技能培训应坚持一对一的方式,使每位员工都能轮流一次上述的练习操作,切勿人多走过场;最后,在每位员工都正确理解操作要求与标准、掌握正确的操作步骤方法的基础上,进行反复练习,培训师则在现场加以指导,以提高员工的操作技能,达到培训的目的。

下面以铺床技能培训为例说明培训工作的具体实施方法。

【案例 6-5】
铺床技能培训

分析:此项培训属于专业技能培训,培训师首先要拟出培训计划,制订培训方案,实施培训工作。

一、培训课题:铺床技能训练

二、培训目的:使员工能够掌握铺床要领,能够在规定时间内按照标准完成铺床

三、培训对象:客房部新员工

四、培训师:客房部主管/领班/资深员工

五、培训时间:略

六、培训方法:示范操作、实操训练

七、培训重点:铺床的标准及操作规范

八、培训难点:铺床实操技巧

九、培训步骤:

1. 示范演练

由培训师以正常速度与标准将铺床的全过程展示给员工看。

2. 分步讲解

培训师放慢速度一边示范一边讲解各分解动作的要领与标准。具体如下:

(1) 准备整理——检查床垫是否干净、平整,有无毛发。

(2) 铺床单——站在床尾(或床侧)抛单、定位。要求:一次到位,床单毛边向下,床单中线不偏离床的中心线。

用直角法包紧床头、床尾四角,将床单塞至床垫下面。要求:四个角的式样与角度一致,角缝要平整、紧密。床角两侧塞进床垫,平整无波纹,床头床尾塞进床垫,平整无波纹。

(3) 套被子

将被子芯长方形平铺在床上,把前面两个角向上各翻起一个角。站在床尾处,把被套打开,被面朝上,从开口处将两手伸进被套内,用被套外角抓住棉芯的两角,用力向内抖动两下,把被子芯装进被套三分之二,顺势将被面正面朝上把装好部分抛向床头方向,然后把剩下的三分之一装进被套,固定好两角,然后用力将被子整体向上抖动两下,使被子芯在被套里均匀整齐,并利用空气的浮力,在被子下落时调整准确位置,一次到位。把封口绳结头朝内打结,不露绳头。

(4) 套枕头——将枕芯套入枕套。要求:四角饱满,枕芯不外露,枕头外形平整、挺括。

(5) 放枕头——将枕头放在与床头平齐的位置。要求:枕头居中,枕头边与床两侧距离相等,枕头开口处与床头柜方向相反。

3. 操作演练

(1) 先请一名员工来进行操作演练,复述要点。培训师给予反馈,对正确的加以肯定,对错误的予以纠正。

(2) 培训师再一次以提问的形式测试员工对要点的理解掌握。

(3) 各员工轮流进行实操练习,培训师指导。

4. 总结

培训师总结本次培训情况,提出课后训练要求。

学生实训

一、编写培训方案

实训地点:多媒体教室。

实训要求:

1. 每个小组自拟培训课题,拟一份培训方案。
2. 每组选一个代表进行演示,小组互评、教师点评总结。

二、理论知识培训

实训地点:教室或实训室。

实训要求:

1. 每组自选一个培训课题,拟好培训方案、准备好课件。
2. 每组选派一个代表进行20分钟的理论讲解培训。

三、技能培训演练

实训地点:实训宾馆或实训室。

实训要求:每组自选一个技能培训课题,拟好培训方案。

分组进行角色扮演,进行客房清洁保养、对客服务的技能培训。

工作任务三　劳动力调配

劳动力调配既是客房部人力资源管理的一项重要内容,又是客房部运营过程中的一项日常性的工作。对劳动力进行合理安排和有效控制,一方面能够保证客房部的正常运作,另一方面能够避免人力浪费。

基础知识

客房部劳动力调配的主要方法有以下几种:

一、采取多种用工制度

用工制度对客房部劳动力的安排与控制有着直接的影响。针对客房工作变化多、随机性强这一特点,在企业性质的酒店里,客房部通常采用固定工和临时工相结合的用工制度。如果当地的劳动力资源比较充足,客房部在编制定员时,非技术性工种的固定工人数可适当少一些,以满足最小工作量时的用工需求为标准。这就可以有效避免因工作量较少而造成的人员闲置和浪费现象。当客房出租率较高、工作量较大时,酒店可适当招聘一些临时工来缓解人员紧张的矛盾。对临时工可采用计时或计件工资制,以确保酒店所付出的工资费用与所得到的回报相一致。如果当地的劳动力资源不够充足,客房部则应将固定工的编制定得充裕些,以免一旦客情忙起来,无法补充人员而使员工都疲于奔命,甚至连正常的工作节奏都被打乱,造成质量下降、缺勤率高,陷入恶性循环的窘境。

目前,很多酒店都与本地甚至外地的职业院校建立长期的合作关系。对酒店而言,职业学校的实习生是优质的廉价劳动力;对于职业院校来说,酒店是稳定的实习基地。

二、改革薪酬分配制度

为充分调动员工的积极性,最大限度地保证运行、提高质量、减少工资支出,许多酒店对薪酬分配制度进行了改革,客房部大部分岗位员工所承担的工作都是可以计时计量的,如客房清扫员、布草收发员、大烫工等岗位。这部分员工,可以实行计时工资或计件工资,多劳多得、优劳优酬。不少采用计件、计时分配制度的酒店,客房部出现了争着做房间、积极要加班的工作场面。

三、根据客情变化灵活排班

由于酒店每天的客情是不断变化的,客房部的工作量也因此而不断变化。客房部的员工排班必须依据客情变化而灵活操作。原则上是先安排固定工,然后根据工作量的变化安排临时工。

四、合理安排员工班次

1. 合理排班

客房部人员的工作班次,应顺应客人的生活习惯及酒店经营的需要。一些酒店经常出现班次安排不合理的情况,原因是服务员上班过早或过晚,用于等候的时间过长或工作堆积造成人力紧张。为避免这种情形,客房部应根据客人生活习惯来灵活安排工作时间。比如一些大城市中心的商务酒店,客人夜生活比较丰富,喜欢晚睡晚起,早班客房清扫员的上班时间也应安排得晚一些。而在旅游景点较多的度假型酒店,客人一般都会尽量早起,以便有更多时间到各处景点游玩,客房清扫员的上班时间也要相应地提早一点。一些靠近火车站、码头、机场的酒店,需要结合当地交通工具的抵离时间安排客房部员工的工作时间。

2. 采用小组作业制

客房部的许多工作,如客房清扫、地毯洗涤、棉织品洗烫等工作,既可以采用各人单干的形式,也可以采用几人一组的形式进行。采用小组的工作方式,不仅可以提高员工的工作效率,还利于降低劳动强度、增加员工工作安全系数。

采用小组作业制在进行人员分配时,应考虑性格、年龄、性别、工作熟练程度等因素。此外,须明确规定小组的工作区域和工作定额。

实践操作

一、员工的安排

1. 了解客情

客情预测是客房部日常用工人数计算的基础。及时、准确地将客情预测信息传递到客房部也就显得非常重要。为确保这一点,除了要求客情预测部门努力提高预测的准确性,还应规范部门之间信息传递的内容、时间及方式。酒店前厅部等部门传递到客房部的客情预测表内容有:次日及近期一段时间内(如3天、一周等)的住客情况;预计客人抵离情况;团队预订情况;会议预订情况;重大活动安排。

当酒店举办大型会议等活动时,往往需要提前清洁、准备场所,公共洗手间也可能需要固定专门人员,因此此类信息同样也要提前通知到客房部。客情预报通常要求每天下午送到客房部,以便客房部有时间估算第二天需要调用多少服务人员,进行预排班。

2. 确定每天用工人数

每天用工人数的确定,应该根据预测的客情、工作计划及员工工作定额进行科学计算。为方便操作,客房部管理人员可预先制作一份客情与人员需求人数对照表。如在考虑客房清扫员时,由于客房出租率直接决定工作量的多少,可预先制作一张客房出租率与所需清扫员的对照表(见表6-4),还可预先排出员工在未来一段时间内(如15天内)的各班次(见表6-5),然后每天再根据当天的客情对人员安排作一些微调。

表6-4 客房出租率与客房清扫员人数、工作时数对照表

出租率(%)	房间数(间)	清扫员人数(人)	每天工作时数(小时)	每月工作时数(小时)	每4周工作时数(小时)
100					
99					
98					
97					
96					
95					
94					
……					
0					

表6-5 客房部员工排班表

日期 班次 姓名	1	2	3	4	5	6	7	8	9	10	11	12	13	14	15
王××	A	A	A	A	A	#	#	A	A	A	A	A	#	#	A
李××	#	#	A	A	A	A	A	#	#	A	A	A	A	A	#
张××	#	B	B	B	B	B	B	#	B	B	B	B	B	#	#
陈××	T	T	T	T	T	T	#	T	T	T	T	T	#	#	T

备注:A——白班,B——中班,T——替班,#——休息

二、应急情况的处理

由于客情预测工作很难做到与实际情况完全一致,所以难免会出现人员安排过多或过少的情况。服务员多出时,可以安排客房专项清洁保养工作,也可以安排一部分员工提前下班,对部门来说,压力不大。压力大的情形往往是服务员不足,尤其是在住店客人突增或集中退房时,常出现房间来不及清扫、人力明显不足的情况。这时,通常可采取以下几种方式应急:

1. 适当增加员工的工作量

采用这种方法,需要控制好增加的房间数,以免员工过度劳累,降低工作质量。为提高员工积极性,酒店可考虑以下两种补偿方式供员工选择:一是增加调休的机会,二是增加报酬。

2. 临时抽调后台区域的服务人员和基层管理人员

如果临时抽调的人员都曾接受过客房清洁整理的基本训练,并掌握这一技能,将会有效地缓解人力紧张的压力,不会出现手忙脚乱或帮倒忙的混乱现象。这就要求客房部平日注重多面手的培养,尤其是小型酒店,更要注意培养多面手,做到一专多能。

3. 通知相关人员

碰到紧急情况时,可与相关人员取得联系,征得他们同意的情况下,要求其来上班。为方便联系,客房部事先应保留部门所有人员住址及电话号码的记录,否则很难保证及时通知到相关人员。

4. 跨部门进行劳动力的合理调配

如果内部调配仍无法解决问题,客房部可通过酒店人力资源部跨部门调配人员。为了保证调配人员来了就能投入工作,酒店要加强交叉培训,这既有利于酒店临时性的人力调配,又有利于调动员工积极性和酒店的人员调整。

学生实训

员工排班

实训地点:实训宾馆。

实训要求:

1. 小组设定实训宾馆某一个月的客房出租率。
2. 根据实训宾馆的用工情况及设定的客房出租率,预排员工班次。
3. 讨论交流各个小组员工班次的科学性与合理性。

模块二 客房部的业务协调

任务导入

合作双赢——客房部的业务协调

1. 以小组为单位,收集酒店部际协调方面的资料、案例。

2. 整理出客房部与酒店其他部门的业务协调工作。

3. 以"合作双赢——客房部的业务协调"为题目制作PPT课件，小组成员演示，教师点评，讲解知识点。

工作任务四　客房部与相关部门的业务协调

酒店是由多个部门组成的一个有机整体，其运行与管理的整体性、系统性和协作性很强。酒店经营管理目标的实现，有赖于所有部门及全体员工的通力协作和共同努力。对于各个部门而言，它们都是酒店的一部分，虽然各有任务和目标，但都不是独立的。要完成其任务、实现其目标，部门之间就必须相互支持、密切配合。

客房部管辖业务范围广，与酒店各个部门都有业务联系，因此客房部在日常运行管理中必须高度重视部际关系。

基础知识

一、与前厅部的业务协调

客房部和前厅部是两个业务联系最频繁、关系最密切的部门。从经营角度讲，客房部是客房产品的生产部门，前厅部是客房产品的销售部门。两个部门之间能否密切配合，直接影响酒店客房的生产与销售。为便于统一管理、沟通合作，很多酒店已不再分设客房部和前厅部，而是由这两个部门组成房务部。

客房部与前厅部之间的业务关系主要有：

1. 客房部及时提供保质保量的客房供前厅部销售

为提高客房的出租率，加速客房的周转，客房部须合理安排清洁整理房间的顺序。在住客率较高时，要优先清洁整理走客房、预订房和控制房，尽可能考虑前厅客房销售和安排客房的需要。

2. 相互通报和核对客房状况，保证客房状况的一致性和准确性

对前厅部来说，要销售客房，并能快速、准确为入住客人安排客房，就必须准确了解每一间客房当时的实际状况，否则就会出现差错。对客房部而言，要合理安排客房清洁整理工作、保证对客服务的质量，同样也必须准确了解每间客房的状况。所以，前厅部和客房部每天都须适时通报和核对客房状况。

3. 相互通报客情信息

（1）前厅部在客房销售和接待服务过程中，对客房及客人的信息了解和掌握比较及时、全面，这些信息不仅有利于前厅部本身的工作，也有利于其他部门的工作，因此，前厅部应将这些信息及时通报给各有关部门。

前厅部通报给客房部的信息主要包括：当日客房出租率，次日及未来某一时期的客房预订情况，重大接待活动及重要接待任务，预期离店、抵店客人情况，客人的信息资料等。

（2）客房部与客人直接接触的机会较多，对客人的具体情况及要求了解也比较全面、准确。客房部不仅在自己的工作中要很好地利用这些信息，而且还应将这些信息及时通报给

前厅部。前厅部根据这些信息为住客提供针对性服务,并将这些信息整理后记入客史档案。

4. 客房部为前厅部的对客服务工作提供方便和协助,如行李服务、留言服务、邮件服务、叫醒服务等工作。

5. 两个部门与工程部等部门共同安排客房大清洁和大维修工作。

6. 两个部门之间进行人员的交叉培训,了解熟悉对方部门业务。

二、与工程部的业务协调

客房部与工程部的关系非常密切。这两个部门能否很好地协调与配合,直接影响到客房部日常运转的效率和效果,也影响到酒店的日常运营工作。

客房部与工程部之间的业务关系主要有:

1. 相互配合,共同做好客房维修保养工作

(1) 客房部负责对其所辖区域设施、设备进行检查,发现工程维修问题及时报修。

(2) 工程部接到客房部报告后,须及时安排维修,确保质量,严格控制费用。

(3) 客房部员工协助配合工程维修人员维修,并对维修结果进行检查验收。

(4) 工程部须对全酒店包括客房部所管辖的设施、设备进行常规的维修和保养,以保证其处于正常完好的状态。

(5) 共同制定维修保养的制度和程序,明确双方的责任、权力和奖惩措施。

2. 部门之间进行交叉培训

(1) 工程部对客房部员工进行维修保养方面的专门培训,使其能正确使用有关设施、设备,检查设施、设备和进行简单的保养维修。

(2) 客房部对工程部有关员工进行客房部业务的培训,使其了解客房部的业务和运转情况,从而提高协作配合的自觉性和责任感。

3. 共同审核有关维修保养的费用

维修保养必然要发生费用,这些费用由谁承担,是否合理,相关部门须共同审核。

三、与餐饮部的业务协调

(1) 客房部为餐饮部的经营场所提供清洁保养服务。

(2) 客房部为餐饮部洗烫、修补布草及员工制服。

(3) 共同配合做好酒店大型活动的接待服务工作。

(4) 共同配合做好客房小酒吧的管理、贵宾房的布置、房内送餐服务等工作。如客房小酒吧一些即将过期的饮料、食品,需由餐饮部负责调换。

(5) 部门之间进行交叉培训。

四、与采供部的业务协调

(1) 客房部根据需要提出物资申购报告,然后将报告送财务等部门审核,再由酒店有关领导审批。

(2) 采供部根据经审批的物资申购报告,经办落实具体的采购事宜。

(3) 客房部参与对购进物资的检查验收,把好质量和价格关。

（4）相互通报市场及产品信息。

五、与财务部的业务协调

（1）财务部指导和帮助客房部做预算，并监控客房部预算的执行情况。
（2）财务部指导、协助并监督客房部做好物资管理工作。
（3）客房部协助财务部做好账单核对、客人结账服务和员工薪金支付等工作。

六、与安全部的业务协调

（1）安全部对客房部员工进行安全保卫的专门培训，增强客房部员工的安全保卫意识和做好安全保卫工作的能力。
（2）安全部指导帮助客房部制订安全计划和安全保卫工作制度。
（3）客房部积极参与和配合安全部组织的消防演习等活动。
（4）客房部和安全部相互配合做好客房安全事故的预防与处理工作。

七、与人力资源部的业务协调

（1）人力资源部审核客房部的人员编制。
（2）相互配合做好客房部的员工招聘工作。
（3）人力资源部指导、帮助、监督客房部做好员工培训工作。
（4）人力资源部对客房部的劳动人事管理有监督权。
（5）人力资源部负责审核客房部的薪金发放方案。
（6）人力资源部协助客房部进行临时性的人力调配。

工作任务五 部际协调常见问题及解决方法

日常工作中，部门协调中经常会出现这样那样的问题，如责权范围不明确，互相扯皮推诿；服务意识不到位、本位主义严重；缺乏沟通培训等。妥善处理好这些问题可以提高部际协调效果，提高部门运行效率。

实践操作

一、分析原因

酒店部际协调问题产生的原因主要有以下几类：

1. 责权不明确

部际协调出现问题的一个主要原因是部门职责、权力范围不明确，有交叉重叠的现象。一旦出现问题就会互相扯皮，推卸责任。如客房部与工程部在客房维修保养上问题较多，出现问题后客房部往往投诉工程部维修不及时、维修质量不过关。而工程部则会反戈一击：是你们客房部员工使用不当，造成维修量的加大，两个部门互相责备埋怨。

【案例 6-6】

谁的责任？

某酒店，总经理带了几个客户到小包厢用餐，发现包厢里的地毯非常脏，顺口就批评餐厅经理。餐厅经理感到非常委屈，认为餐厅只是负责每天常规的吸尘工作，地毯清洁是客房部 PA 组的事情，PA 组未将地毯洗干净，与餐厅无关。而 PA 组主管则声称，他们只是每月定期清洗一次地毯，开餐时地毯污染了餐厅没有及时处理，时间久了地毯上的污迹成了顽渍，所以无法清洗干净，责任在餐厅，与 PA 组不相干。

思考：从这个案例中，我们可以得到什么启示？

2. 服务意识不到位

部际协调出现问题第二个主要原因，往往是服务意识不到位。如当天预离店的住客，到了酒店规定的退房时间后，如果没有办理续住手续，房卡通常就失效了。有时客人打不开门，不明就里，就会询问客房服务员。服务员如果简单回答：不知道，你到总台问问。客人又到总台询问，给客人造成不便，影响对客服务质量。

3. 沟通技巧欠缺

由于是同级关系，跨部门的协调工作，沟通技巧尤为重要，员工缺乏相应的沟通技巧，就会影响到沟通效果。如本项目案例 6-7 中，客房部与前厅部员工语言沟通都有问题，所以引发矛盾。

二、解决方法

1. 明确责权范围

（1）互不交叉

要理顺部际关系，首先必须要划定部门职责、权力范围，部门与部门的责权互不交叉重叠。如客房部与工程部联系较多，矛盾摩擦也较多，要做好部际协调工作，必须先明确在客房维修保养同一件事情上双方的责任和权力，划定责权范围，各司其职（见表 6-6）。

表 6-6 客房维修保养责权范围

客房部		工程部	
责　任	权　力	责　任	权　力
1. 正确使用、妥善保管、尽力维护	1. 投诉权	1. 培训客房部员工正确使用及保养设备设施	投诉权
2. 及时发现并报告维修问题	2. 验收维修质量	2. 及时、节俭、高质量地完成各项维修保养工作	
3. 配合工程部进行维修	3. 审核维修费用	3. 定期检查客房设备设施，保证其处于正常完好的状态	

（2）互相衔接

部门与部门之间有许多工作是相互关联的，有一个互相衔接的问题，现代管理要求上下工序必须一道一道无缝衔接，不能留有两不管的地带。酒店每一块地方、每一件物品、每一项工作包括临时产生的工作都应有相关部门负责，不能出现任何空白。

如很多酒店规定，餐厅地毯由客房部 PA 组负责定期清洗，餐厅负责每天吸尘。但营业期间地毯的维护工作、地毯被污染后的应急处理,应由哪个部门负责,往往没有明确划定,留下了空白地带。

解决问题的方法是填补空白,如上例中应在部门相应职责范围明确规定:餐厅营业期间地毯的维护由餐饮部负责,如地毯不小心被污染了,应先由餐厅进行临时处理,防止污迹扩散,并及时与PA组取得联系。餐厅营业结束后,由PA组安排人员进行清洁。PA组还需负责对餐厅部员工进行清洁保养业务培训指导。

2. 强化服务意识

在酒店服务与管理存在无数的"顾客关系供应链"(见图6-3),谁是顾客呢?任何接受服务的人都称为顾客。通常将顾客分为外部顾客与内部顾客。外部顾客即宾客,内部顾客就是你的下级、上级、同事(包括其他个部门的同事)。

图6-3 顾客关系供应链

在顾客关系供应链上,可以看到有许多服务环节,每一个环节都是上一个环节的服务对象,每一个环节都应将下一个环节的同事视为内部宾客提供最优质的服务,这样一环连一环到最终的环节——外部顾客,才有可能使外部顾客享受到最优质的服务。任何一个环节出了差错,都会影响到对客服务质量。酒店服务与管理是一个整体,出现问题要善于补台、补位,尽可能不要将问题暴露在客人面前。尤其是二线的部门(班组)如PA组、洗衣场、管事部、人力资源部、采供部等部门(班组)必须强化服务意识,牢牢树立"后台为前台"的意识并付诸实际工作中。

海尔公司员工画过这样一张漫画,题为《市场是每个人的上级》,画面上的一位员工是个"双面人",他"一面"严肃地对上一个环节说:决不接收带缺陷的产品;另"一面"则很谦恭地征求下一个环节:您满意吗?北京五星级酒店昆仑酒店在后台都贴有一条醒目的口号:"宁可自己千辛万苦,不让一线一时为难。"它很好地诠释了"后台为前台"的服务意识、团队精神。

3. 制定协调制度

跨部门的工作如何协调,酒店应建立相应的协调制度,按一定的规范操作。如客房报修涉及客房部与工程部两个部门,如何进行协调?参见表6-7。

表6-7 客房报修制度

涉及人员	做法及要求
1. 客房服务员	每天清扫客房时,检查客房设备设施,发现问题及时报告客房中心
2. 客房中心联络员	客房中心接到报修要求后,如属急修,先电话报修后补维修单。正常维修则填写维修通知单,每天上下午各报一次
3. 调度中心调度员	急修接到报修申请后安排维修工5分钟内到达维修现场,正常维修30分钟内维修工维修现场
4. 维修工	在规定时间内到达维修现场维修
5. 客房服务员	配合维修工做好维修工作,住客房维修,服务员须跟班维修
6. 楼层领班	验收合格后在维修单上签名

4. 加强员工培训

部际沟通由于是同级关系,不存在谁指挥谁、谁服从谁的上下级关系链,所以沟通技巧尤为重要。客房部与其他部门如何沟通、采用何种方式沟通、出现问题如何处理等,都要进行专门培训,特别是交叉培训。

交叉培训是指员工在对自己从事的岗位工作熟练掌握的基础上,培训学习其他相关部门及岗位的业务。通俗地讲是一个部门的人员到另一个部门接受培训。经过交叉培训的员工可以在短时间内了解整个酒店的运行流程,有利于促进部门之间的协调,有利于员工提高工作积极性。

交叉培训应在酒店各个层次进行,上到中层管理人员,下到一般员工。交叉培训可以跨部门进行,也可以在部门内部进行。跨部门如客房部与工程部,客房部培训学习客房设施设备的保养常识及客房设备用品小修小补的技能;工程部则交叉培训在客房维修时的注意事项及遇见客人时的礼节礼貌。部门内部的交叉培训指在部门内不同班组、岗位之间进行交叉培训,如客房部楼层班组与洗衣房、PA 组。

【案例 6-7】

10 分钟一间走客房

某新开业酒店,正值 5 月份旅游旺季,客房供不应求,前一个团队才退房,客房还未能清扫出来,后一个团队已进店,在大堂等着进房。总台接待处很是焦急,多次催促客房,客房部给催急了,说话也有些呛了,两个部门产生了矛盾:

接待员:你们客房动作怎么那么慢,到现在还不报 OK 房?

客房中心员工:你们催命鬼一样的催,我们给你们催死了!你们来干干看!

接待员:有什么了不起的,一间房 10 分钟不就搞定了。

客房中心员工:你在讲笑话!

点评:员工不了解、不熟悉其他部门(岗位)业务,往往不会换位思考,习惯站在自己的角度看问题。有专家将换位思考比作是人际关系的白金法则,其实,部际协调很多问题如果能换个角度,站在对方去思考、看待,很多问题就可迎刃而解了。

5. 疏通沟通渠道

通则不痛,痛则不通,沟通渠道是否畅通在沟通中作用非常大。可以说沟通渠道的畅通与否,在很大程度上决定了沟通的成败。酒店内部沟通的渠道通常有两种,即正式渠道和非正式渠道。

(1) 正式渠道

正式渠道比较正规、严肃,如部门协调会、电话、报表、备忘录、内部通表启等。好记性不如烂笔头,部门协调会应留有会议记录,电话应有电话记录本,如客房部客房中心接听记录(见表 6-8)。随着网络的发展,大部分酒店都用 QQ 工作群、微信工作群进行沟通,高效快捷,如客房工程报修,可以通过现场拍摄需要维修之处,再用手机发送到工作群。

表 6-8　客房中心接听记录表

来电时间	来电部门（人）	来电内容	处理时间	去电部门（受话人）	记录员	备注

(2) 非正式渠道

非正式渠道沟通相对比较宽松，如在餐桌上、通过部门联谊活动、平时的交流等。有些问题可能在非正式渠道中更容易沟通解决。客房部平时应与其他相关部门保持密切联系，充分利用非正式渠道发展良好的部际关系。近年来，一些酒店为了更好地为客人服务，打造高效团队，在酒店内部推出了"服务联动制"。

【案例 6-8】

服务联动提升宾客满意度

服务联动制是指服务区域内，各部门各岗位通过一定的联系方式（如微信联动群、QQ联动群），进行相互协调合作响应，各服务环节的互动交流、联动协作，以提升服务效率的机制。

南京某五星级酒店通过微信工作群，在酒店内部推行"服务联动制"，快速沟通、高效服务。如总台员工发现客人是自驾游，主动询问客人车牌号，在微信工作群留言，联动保安部停车场员工主动为客人擦洗车辆；楼层管家发现客人房内晾晒湿衣服，主动将湿衣服拿至洗衣场烘干；发现客人离店退房早，来不及用早餐，联动餐厅准备早餐饭盒，并在客人结账离店时，送给客人。这种联动服务常常能给客人带来意外惊喜，并在网评中给予表扬，很多客人对酒店的服务予以高度评价，称其为"超五星的服务"。

点评： 服务联动机制的实现，需要增强酒店各部门、岗位之间的团队合作意识，并以案例分析等多种形式将团队合作意识转变为各部门、岗位配合行为。就发生在身边的具体服务事件分析、讲解岗位之间如何默契配合，统一沟通方式、术语，进行岗位联动机制演练，使该服务体系多岗联动的服务形式规范化、常态化。

6. 尽量避免矛盾上交

部门之间有了问题矛盾，尽可能自行解决。动辄上交矛盾，将对方推到被告席上，不利于部际之间的沟通协调。所以请记住：能自己沟通的事情尽可能自己沟通，能解决的问题尽可能自己解决。与其他部门自行沟通三次不成功，再上交问题。

7. 充分发挥管理人员的作用

所谓上行下效，部门管理者在部际沟通中起着相当重要的作用，客房部管理者在平时沟通中应积极主动、真诚相待,学会换位思考,主动配合,做到"自己的事情自己做,别人的事情帮着做"。

如某酒店新招收了一批实习生,其中8个实习生被分配在餐厅实习,但是餐饮部可以提供给实习生的工作制服只有一套,而定制新的制服最少需要半个月时间。面对这个难题,客房部经理主动提出洗衣场增开夜班,安排人手为8个实习生提供24小时洗衣快速通道,保证当天换洗的衣服当天洗净,不影响实习生的工作。客房部这种积极配合、主动服务的团队精神得到了酒店其他部门的一致认可。

学生实训

实训地点：实训宾馆。
实训要求：
1. 分析实训宾馆部际协调出现的问题并提出整改措施。
2. 拟定一份客房部与其他部门交叉培训方案。

项目小结

客房部的人力资源管理工作主要包括编制定员、员工招聘、员工培训、劳动力调配、员工的考核评估、员工激励等内容。客房部管理者必须重视切实抓好每一个环节的工作,吸引和保存一支优秀的员工队伍。

现代酒店大部分工作都与其他部门工作有联系,只有与其他部门建立良好的合作关系,才能顺利完成工作任务。在处理部际关系过程中,要有全局观念和服务意识,发扬团队精神,加强沟通、相互理解、主动配合。

项目测评

一、课后练习
1. 客房部人力资源管理的意义何在？当前客房人力资源管理工作有哪些困难？
2. 详述客房部编制定员的原则、步骤和方法。
3. 客房部与前厅部、工程部有哪些业务协调？
4. 部际协调经常会出现哪些问题？如何处理？
5. 你是如何理解"顾客关系供应链"的？根据你所在的岗位制定一个"顾客关系供应链"并作分析。

二、课内/外实训
1. 设计一份《客房服务员岗前培训计划》。
2. 自定主题,编写一份教案,并进行模拟教学。

三、拓展练习
1. 走访酒店,了解目前酒店客房部劳动用工制度的改革情况及劳动力成本控制的主要做法。
2. 怎样才能把客房部建立成为一个"学习型的组织"？

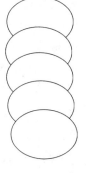

项目七 客房部质量管理

> **学习目标**
> - 充分认识质量管理的重要性
> - 掌握客房部质量管理的方法
> - 能制定客房部相关质量标准
> - 能检查分析客房部质量问题

质量是酒店的生命,美国著名的质量管理专家朱兰博士曾经预言:21世纪将是质量的时代,质量将成为占领市场的有效武器,成为社会发展的强大动力。酒店取得成功的关键是什么?是能生产、提供持续符合宾客要求的高质量产品和服务。客房是酒店生产的主要产品,加强质量管理,为宾客提供高质量的客房产品和服务,是客房管理的主要任务之一。

模块一 质量管理的原则与制度

任务导入

制定客房质量管理方案

1. 以小组为单位收集有关酒店质量管理的制度与方法。
2. 分组为实训宾馆拟一份客房质量管理方案。制作PPT,每组选派代表课堂进行演示。
3. 师生共同讨论小组实训宾馆客房质量管理方案的可行性。

基础知识

一、质量管理原则

1. 以人为本

质量掌握在员工手中,人是企业最宝贵的财富。"以人为本"的管理是指在生产经营管理过程中要以人为管理工作的出发点和中心,围绕着激发和调动人的积极性、主动性、创造性展开工作。强调对人性的理解,树立以员工为中心的管理理念,以实现人的全面发展为目标。酒店是一个劳动密集型的服务行业,做好员工的管理在酒店经营管理中显得尤为重要。管理者应从薪酬制度、用人机制、授权、培训等方面强化"以人为本",充分调动员工工作积极性与创造性。

【案例7-1】

礼仪行动　星光璀璨

2015年,南京中心大酒店荣获中国饭店至高荣誉"中国饭店金星奖"。酒店从2008年7月开始一直在打造自己的服务品牌——"礼仪行动",酒店"礼仪行动"区别于一般的酒店服务改进运动,是将其定位为"核心管理软件",为它制定了一套完整的体系,由核心价值、行动范畴、具体条目、衡量标准和激励机制等组成。

礼仪行动的核心价值是以礼仪行动以及礼仪大使评选,带动"一流酒店、一流人才、一流薪酬"的建设,从而提升酒店的品牌价值和在行业中的地位。其最大特点就是能调动全体员工的工作热情,变被动为主动,不断为客人或下道工序带来惊喜,从而达到服务制胜的目标。

酒店建立了将礼仪行动与员工职业生涯发展紧密结合的激励机制。员工参与"礼仪行动",可以从精神上、薪酬上、职位上得到收获。精神上:能获得"礼仪大使"的称号,并能从"一星级礼仪大使"一直晋升到"五星级礼仪大使";薪酬上:"礼仪大使"享受津贴,并逐级增加工资,"五星礼仪大使"享受部门经理助理工资待遇;职位上:"礼仪大使"是酒店选拔管理人员优先考虑的对象。

礼仪行动极大调动了员工工作积极性、主动性,赢得了客人的高度赞扬。一位客人在携程网上留言:"我发现这个酒店的每一位员工都在为酒店的荣誉工作。"

点评:"以人为本"不仅仅是一句口号,更需要落到实处。

2. 预防为主

酒店对质量的控制通常通过三个主要途径:

① 事先控制,防患于未然;

② 事中控制,走动管理、巡视检查,加强对过程的控制;

③ 事后控制,事后检查,发现问题改进补救。

客房部管理范围大,人员分散,很难进行现场控制,管理者往往侧重在对产品结果的检查、事后补救上,检查—返工—再检查,效率低、效果差。有些服务员养成依赖性,在质量问题上依赖领班主管的检查。而另外由于酒店产品的特殊性,生产与消费过程同步,往往管理人员还没有检查,或者查出了问题,还未来得及补救,客人已经进房投诉了。另外,客房清洁保养工作有不少是隐蔽工程,很难靠检查去控制质量,很大程度上要依赖于服务员的自觉性和自律性。

"质量并不是靠'检查'而得出的",好的质量是设计和培训出来的,对质量的控制"预防胜于治疗"。贯彻预防为主的质量管理理念就是要重视事先控制,科学设计工作流程,加强员工培训,预测问题并采取积极有效的防范措施。

(1) 科学设计工作流程

一家企业真正核心的内容是流程。所谓流程就是为宾客提供优质服务的程序,即先做什么,后做什么。酒店工作流程一旦确立,通常就不会有人再去考究其是否正确,而往往问题就出在流程本身,所以应该通过流程的改造去改进质量。下面举垃圾处理的例子来说明流程设计的重要性。

【案例 7-2】

垃圾处理有学问

酒店每天产生许多垃圾,有些客人或员工也会将有用之物误当垃圾处理掉,待当事人想起来时,垃圾已运送到酒店垃圾处理厂,想要查找非常困难。有家酒店,一次接到一位住客从店外打来的求助电话,称他误将一份有用的资料扔到了房间垃圾桶,请酒店帮助查找。这时已是下午4时,客人的房间早已清扫整理过,垃圾已运送到酒店垃圾处理厂。于是,这家酒店发动员工,在堆成小山似的垃圾堆中左一袋右一袋地翻找,最后,终于找到了客人房间的垃圾袋,找出那份资料,送还了客人。此类事情,见诸报道的不止一例。

这种急客人所急的精神诚然可嘉,但酒店付出的人力太大,效率太低,且翻找效果不好。这里介绍一下香港四星级酒店京华国际酒店垃圾处理的做法。

这家酒店共有487间客房,每层楼32间,分A、B两段,由两个清扫员负责,做完客房后将垃圾集中在一个垃圾袋中,里面放一条说明,如负责18楼A段的,纸条上写明18FA。公共区域服务员统一将每一楼层的两袋垃圾装到一个大垃圾袋中,再在袋上用防水笔注明是某一楼层。酒店其他部门、地点的垃圾同样按此方法注明。一旦需要翻找,范围大大缩小,只要找出某楼层某段垃圾即可。

点评:流程上的一个小小举措,举手之劳,但一旦需要翻找,工作效率就大大得到了提高。

(2) 加强员工培训

优秀产品是优秀员工制造的,现代酒店业的竞争,其本质就是酒店员工素质的竞争,而员工素质的高低又很大程度上取决于酒店对员工培训的重视。客房部必须高度重视、认真做好员工的培训工作。客房部必须对所有员工进行质量管理培训,不合格绝不允许上岗。

【案例 7-3】

东京迪斯尼乐园员工培训案例

东京迪斯尼扫地的员工,培训扫地要花3天时间。第一天上午培训如何扫地,下午学照相。扫地有3种扫把:一种是用来扒树叶的;一种是用来刮纸屑的;一种是用来掸灰尘的。怎样扫树叶,才不会让树叶飞起来?怎样刮纸屑,才能把纸屑刮得很好?怎样掸灰,才不会让灰尘飘起来?这些看似简单的动作却都应严格培训。第二天上午学怎么给小孩子包尿布,下午学辨识方向。如果在迪斯尼里面,碰到这样的员工,游客会觉得很舒服,下次会再来迪斯尼,也就是所谓的引客回头。

讨论:这个案例给你什么样的启发?

(3) 预测问题并采取积极有效的防范措施

在管理上"防患于未然"比"亡羊补牢"要更经济、更有效。客房部管理人员最好能每月预测次月在清洁保养和对客服务中可能出现的问题。其方法是查阅前两年的资料,找出同期所发生的问题。此外,根据次月的客情预测及本酒店所要开展的活动,再结合其他各方面的情况,分析可能出现的问题。

例如:在春节来临前,管理者应估计到春节期间员工要过节,人手不够,班次难排将是可能出现的一个问题,另一个可能出现的问题是春节期间家庭旅游者较多,要求加床的客人将会增多;在夏季来临前,要预计到天气变热对客房服务的要求,如蚊虫的预防等。针对可能出现的问题,部门管理人员研究出对策,并采取具体的措施。一般来说,预测的问题不宜太多,以每月2~4个问题为宜。客房部管理人员如能始终坚持这种预测方法,必定能收到事半功倍的效果。

3. 持续改进

持续改进意味着每一天都使事情变得更好,意味着逐渐消除所提供的产品、服务中的错误与缺陷。持续改进首先须分析客房工作中存在着哪些问题,然后制订改进计划,再试用与测试各种改进方案,而后将各部分集成为标准的操作规程,这样,一个循环周期结束。持续改进就是要求一个循环接着一个循环地展开。

持续改进的具体措施有:

(1) 首先对所有员工进行质量管理培训并考核,不合格绝不允许上岗。

(2) 每位员工都对自查和被查出的问题进行归类分析,制订改进计划。部门也需制订相应的计划,实施改进计划,并将改进结果以操作规程形式确定下来。

(3) 将持续改进内化为员工积极主动愿意做的事,即与员工的自身利益建立关系。

(4) 加大免检力度,逐渐将大量的检查改为抽查,增强员工的参与性与主动性。

二、质量管理制度

客房部管理人员在贯彻"预防为主"的质量管理原则时,必须重视相关制度的建设,使部门质量管理工作做到有章可循。客房部质量管理制度主要有:员工规范操作制度、质量分析管理制度、特殊情况处理等。

1. 员工规范操作制度

(1) 客房日常清洁保养制度,包括进房制度、各类客房清洁整理制度等。

(2) 客房计划卫生制度。

(3) 客房杀菌消毒制度。

(4) 查房制度。

(5) 对客服务操作规范。

2. 员工管理制度

(1) 员工安全生产制度。

(2) 客房部考勤制度。

(3) 员工培训、考核、评估制度。

(4) 奖惩制度。

3. 质量分析制度

(1) 质量信息录入制度

客房部对当日发生的质量事故、服务案例、安全巡检及质量情况必须在次日中午12:00时之前内录入电脑。

随着越来越多的消费者通过网络选择酒店、预订房间,酒店业已经不约而同地意识到网络口碑对其塑造品牌的重要性,也已经开始纷纷探索在线点评的大数据到底如何能为酒店经营管理创造更多的收益。客房管理中同样要注重本酒店及竞争对手网评,建立相应的网评信息收集、汇总、分析制度。

（2）质量分析报告制度

客房部每月对发生的质量问题进行汇总统计、分类解析，并形成质量分析报告。

（3）典型案例通报制度

对客房部重要的典型意义的事件、案例应进行核实调查，并制作成典型案例内部通报。

（4）质量档案管理制度

质量档案是酒店改善服务、提高水平的一项重要的基础工作。客房部应建立和完善档案管理制度，实行专人专管定期检查制度。

三、质量管理标准

客房部制定质量标准时需注意结合本酒店的情况，需具可操作性，能定量的标准尽可能量化，便于员工对标准的掌握和日常检查考核。

（1）定量标准

定量标准指能够以一定形式的计量单位直接计量的标准，分实物标准、时间标准等，定量标准便于考量及比较，是控制标准的主要表现形式（见表7-1）。

（2）定性标准

定性标准指难以用计量单位直接计量的标准。此类标准主要用于有关服务质量、清洁保养质量、员工工作表现等方面，这些方面的标准一般能够做出定性的描述，但都难以定量化，如客房清洁保养质量标准（见表7-2、7-3）。

表7-1 某饭店客房工作时效标准

区 域	检查项目	项目标准
客房中心	电话铃响	电话铃响3声内接听
	查询客人数据	30秒内完成
	内部信息传达	在20秒内通知相应楼层及有关人员
楼层	接到VIP到达通知，电梯口迎接客人	3分钟内到电梯口
	整理床铺（单人床）	3分钟
	中式大床（单人床）	4分钟
	客人借用物品（日用品、插线板、充电器等）	5分钟之内送到客人房间
	送欢迎茶	5分钟之内
	为客人办理加床服务	15分钟之内完成
	查退房报前台	3分钟/间
PA部	接到紧急通知	在5分钟之内到达现场
	电梯保洁	5分钟1台
	清洁地毯（轻度污染）	5分钟/平方米
	清洁地毯（重度污染）	15分钟/平方米

学生实训

实训地点：实训宾馆。

实训要求：

1. 了解实训宾馆客房部质量管理制度。
2. 分组查找相关资料，选择1～2家酒店客房部进行调研。

3. 整理一套完整的客房部质量管理制度。

模块二 客房部质量管理

任务导入

客房质量问题分析

1. 以小组为单位收集客房质量问题及案例,并进行归类、分析问题产生的原因。收集渠道:(1)酒店或专业网站宾客评价;(2)通过网络收集宾客对客房产品的投诉案例;(3)设计宾客满意度调研表,进行调研。

2. 制作PPT,每组选派代表课堂进行演示。

3. 师生共同完成:(1)将个小组收集的客房质量问题及案例进行分类,(2)讨论解决问题的方法。

工作任务一 客房清洁保养质量管理

美国拉斯维加斯米高美(MGM)大酒店的一位客房部经理曾经这样说过:"客房是酒店的心脏。除非客房的装修完好、空气新鲜、家具什物一尘不染,否则你将无法让客人再次光顾。"客房清洁保养质量工作的好坏直接影响客人对酒店产品的满意程度以及酒店的形象和经济效益。

实践操作

客房清洁保养工作涉及面广,工作繁杂琐碎,要求高,质量不容易控制。客房部各级人员需运用现代质量管理理念,采用科学管理手段,切实做好此项工作。

一、制定相关标准

进行质量管理,就必须制定相应的标准,采用标准化的管理保证客房产品和服务的稳定性。

1. 操作标准

与客房清洁保养有关的操作标准有多方面的内容,它们都以酒店的经营方针和市场行情为依据。

(1)进房次数

进房次数指服务员每天对客房进行清扫整理的次数,是客房服务规格高低的重要标志之一。目前大部分高星级酒店实行一天两次进房的做法,即全面清扫整理和做夜床。有些高档酒店采用一天数次进房的做法,也就是只要客人动用过客房,服务员在认为方便的时候就进房进行清扫整理。国外有些酒店只是在客人要求整理时,服务员才进房清扫。这些酒店通常在房内床头柜上放置提示牌,提示牌的大体内容是:

尊敬的宾客,为了不打扰您的休息,我们尽量减少进房次数。若您需要服务,请将"请清扫房间"牌挂在门外,或电话通知,号码为××,我们将随时为您提供服务。

一般来说,进房次数多,不仅能提高客房清洁卫生的水准,还能提高客房服务的规格。但是,这并非说进房次数越多越好。因为进房次数是与成本费用成正比的,也与客人被打扰的几率成正比。因此,酒店在确定进房次数时,要综合考虑各种因素,包括本酒店的档次、住客的习惯和需求、成本费用标准等。当然,具体执行时还要有一定的灵活性,通常只要客人需要,就应尽力予以满足。

(2) 操作程序

为使客房各项工作有条不紊地进行,避免操作过程中对物品的浪费和服务员时间、体力的浪费,安全操作,保证工作质量,管理人员应制定一整套操作程序。操作程序最好用表格方式表述,明确每项工作如何做,如走客房的清洁整理程序、开夜床程序项目二、项目三相关内容)。制定操作程序时应研究每一个操作动作,力求科学合理,省时省力,快速高效,安全经济,便于员工操作,达到最佳工作标准。操作程序中通常应有以下内容:操作步骤、操作要领、质量标准。操作程序最好用表格的形式表述,具体可参见技能篇客房清洁整理等相关内容。

制定操作程序标准后,应采用有效的方式帮助员工熟悉和掌握,如将操作要领和标准制成图片或光盘张贴或播放,制成图表、文字说明,人手一份。供培训和日常工作对照检查。通过多种方法使员工养成遵守操作标准的良好习惯。

(3) 布置规格

各种类型的客房配置哪些设备用品、数量多少及摆放位置、形式等,都应有明确要求,以确保酒店同一种类型的客房规格一致、标准统一。客房布置总体要求:美观、实用、简洁、方便客人使用及员工操作。为便于员工掌握,可将各类客房布置规格制成图片、图表及文字说明(参见图7-1),张贴在楼层工作间和客房中心。有条件的酒店可准备样板房,供员工培训、观摩学习用。

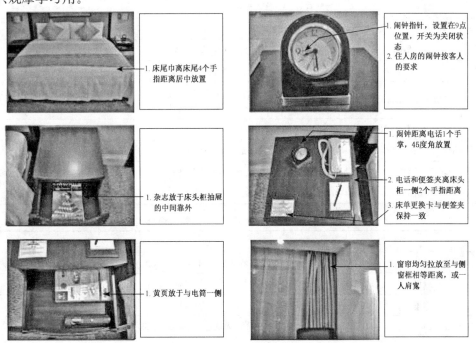

图 7-1 客房布置规格

(4) 费用控制

为有效地控制客房费用,获得理想的经济效益,酒店应根据客房档次、房价等情况,制定客房费用标准。通常,客房档次高,费用标准相应高;反之则低。

2. 时效标准

为保证应有的工作效率和合理的劳动消耗,客房部管理人员应制定客房清洁保养工作的时效标准,如清扫整理一间走客房、铺一张床的时间等,可参见表7-1相关内容。

3. 质量标准

质量标准是指客房清洁保养工作要求达到的效果,其总体要求是体现酒店及客房的档次和服务的规格,满足客人的需求。具体的标准可分三大类:感官标准、生化标准和微小气候标准。

(1) 感官标准

感官标准指酒店员工及客人通过视觉、触觉等感觉器官直接感受到的标准。客房感官标准总体要求:视觉上要求清洁整齐,用手擦拭要求一尘不染,空气清新无异味,室内无噪音污染。

表7-2 客房(卧室)清洁保养质量标准

项 目	质 量 标 准
房门	完好、有效、自动闭合,无破损,无灰尘,无污渍
地面	完整,无破损、无变色、无变形、无污渍、无异味
窗户、窗帘	玻璃明亮、无破损、无污渍、无脱落、无灰尘
墙面	无破损、无裂痕、无脱落、无灰尘、无水迹、无蛛网
天花(包括空调排风口)	无破损、无裂痕、无脱落;无灰尘、无水迹、无蛛网、无污渍
家具	稳固、完好,无变形、无破损、无烫痕、无脱漆、无灰尘、无污渍
灯具	完好、有效、无灰尘、无污渍
布草	床单、枕头、被子等配置规范、清洁,无毛发、无污渍
电器及插座	电视、电话、冰箱等完好、有效、安全,无灰尘、无污渍
绿色植物、艺术品	绿色植物、艺术品完整、无褪色、无脱落、无灰尘、无污渍
客房内印刷品	印刷品(服务指南、电视节目单、安全出口指示图等)规范、完好、方便取用,字迹图案清晰、无皱折、无涂抹、无灰尘、无污渍
床头(控制)柜	完好、有效、安全,无灰尘、无污渍
贵重物品保险箱	方便使用、完好有效,无灰尘、无污渍
客房电话机	完好、有效、无灰尘、无污渍,便笺和笔备齐
客用品	茶杯、服务指南等摆放规范、方便使用、完好、无灰尘、无污渍

表7-3 客房(卫生间)清洁保养质量标准

项 目	质 量 标 准
门	卫生间门、锁安全、有效,门框、门面无破损、无灰尘、无污渍
地面	地面平坦、无破损、无灰尘、无污渍、排水畅通
墙壁	平整、无破损、无脱落、无灰尘、无污渍
天花板	无破损、无裂痕、无脱落、无灰尘、无水迹、无蛛网、无污渍
卫生洁具	面盆、浴缸、淋浴区洁净、无毛发、无灰尘、无污渍

续表 7-3

项 目	质 量 标 准
五金器件	水龙头、淋浴喷头等五金件无污渍、无滴漏、擦拭光亮
卫生间下水	下水通畅、无明显噪音
排风系统	排风系统完好,运行时无明显噪音
灯具	完好、有效、无灰尘、无污渍
电器及插座	电话、吹风机等完好、有效、安全,无灰尘、无污渍
布草	浴巾、脸巾等配置规范、清洁,无毛发、无污渍
客用品	口杯、洗漱用品等摆放规范、方便使用,完好、无灰尘、无污渍

当然,客人与员工、员工与员工之间的标准很难完全一致。要掌握好质量标准,就须多了解客人的要求,并以客人要求为出发点,总结规律性的标准。有专家从客人的角度,提出了酒店质量的四个黄金标准。

黄金标准一:凡是客人看到的必须是整洁美观的。

黄金标准二:凡是客人接触使用的必须是清洁卫生的。

黄金标准三:凡是客房提供给客人使用的设备用品必须是安全有效的。

黄金标准四:凡是酒店员工对待客人必须是亲切礼貌的。

(2) 生化标准

客房的清洁卫生质量仅用感官标准来衡量是不够的。例如,一只光亮的杯子是否清洁卫生呢?无法加以肯定,还必须用生化标准来衡量。

生化标准与感官标准不同,它所包括的内容通常是不能被人的感觉器官直接感知的,需要利用某些专门的仪器设备和技术手段才能测试和评价。生化标准的核心要求是客房内的微生物指标不得超过规定要求,具体有如下要求:

① 茶水具、卫生间洗涤消毒标准

a. 茶水具:每平方厘米的细菌总数不得超过 5 个。

b. 脸盆、浴缸、拖鞋:每平方厘米的细菌总数不得超过 500 个。

c. 卫生间不得查出大肠杆菌群。

② 空气卫生质量标准

a. 一氧化碳含量每立方米不得超过 10 mg。

b. 二氧化碳含量每立方米不得超过 0.07%。

c. 细菌总数每立方米不得超过 2 000 个。

d. 可吸入颗粒物每立方米不得超过 0.15 mg。

e. 氧气含量应不低于 21%。

(3) 微小气候标准

客房微小气候标准要求客房内的温度、湿度、采光照明、噪音及风速等符合人体的最佳适宜度。

客房微小气候标准:

① 夏天:室内适宜温度为 22~24 ℃,相对湿度为 50%,适宜风速为 0.1~0.15 m/s。

② 冬天:室内适宜温度为 20~22 ℃,相对湿度为 40%,适宜风速不得大于 0.25 m/s。

③ 其他季节:室内适宜温度为 23~25℃,相对湿度为 45%,适宜风速为 0.15~0.2 m/s。
采光照明质量标准:
① 客房室内照明度为 50~100 勒克司。
② 楼梯、楼道照明度不得低于 25 勒克司。
环境噪声允许值:
客房室内噪声允许值不得超过 45 分贝。

采用中央空调系统的酒店对客房内的温度、湿度、噪音、新风量、气流速度等均有较严格的规定,能较全面地满足人体对于舒适和卫生的要求。有的酒店还为空调器配有杀菌灯、空气净化器和空气负离子发生器,使客房的清洁卫生质量更符合生化标准。

二、建立检查制度

有了标准,只是使客房清洁保养工作有了规范和目标,但并不能保证客房清洁保养工作就一定能达到这些标准,因为并非所有的服务员在任何时候都具有执行标准的态度和能力。因此,建立相应的检查制度,加强督促指导就显得非常必要和重要。

1. 检查的体系

客房部的内部主要采用四级检查制度,即服务员自查、领班普查、主管抽查和经理查房。

(1) 服务员自查

服务员自查要求服务员每整理完一间客房,要对客房的清洁卫生状况、物品的摆放和设备家具是否需要维修等进行检查。

服务员自查的重点是客房设施设备是否完好、有效,客用品是否按规定的标准、数量摆放。自查的方式是边擦拭灰尘边检查。此外,在清扫完房间、准备离房前,还应对整个房间进行一次回顾式检查。

推行员工自查制度的作用是:加强员工责任心,减少依赖思想;提高做房合格率;减轻领班查房工作量;增进工作环境的和谐与协调。

(2) 领班普查

领班检查是服务员自查后的第一关,常常也是最后一道关,因为领班负责 OK 房的报告,总台据此将该客房向客人出租。

领班查房不仅可以拾遗补漏,控制客房卫生质量,确保每间客房都属于可供出租的合格产品,还可以起到现场监督作用和对服务员(特别是新员工)的在职培训作用。领班查房时,对服务员清扫客房的漏项、错误和卫生不达标情况,应开出返工单,要求其返工。

领班查房的数量因酒店建筑结构(每层楼客房数)、客房检查项目的多少以及酒店规定的领班职责范围的不同而有所不同。早班领班原则上应对其所负责的全部房间进行普查,但对优秀员工所负责清扫的房间可以只进行抽查,甚至"免检",以示鞭策、鼓励和信任。

(3) 主管抽查

主管是客房清洁卫生任务的主要指挥者,加强服务现场的督导和检查是楼层主管的主要职责之一。主管主要检查领班实际完成的查房数量和质量,抽查领班查过的房间,以观察其是否贯彻了上级的管理意图以及领班掌握检查标准和项目的宽严尺度是否得当。主管在抽查客房卫生的同时,还应对客房公共区域的清洁状况、员工的劳动纪律、礼节礼貌、服务规范等进行检查,确保所管辖区域的工作运转。

主管检查的重点是:VIP房、维修房,使其尽快投入使用;抽查长住房、住客房和大清洁的客房。

(4) 经理查房

经理查房是了解工作现状、控制服务质量最为可靠而有效的方法。对客房部经理来说,通过查房可以加强与基层员工的联系,更多地了解客人的意见,改善管理和服务品质。经理抽查房间应每天保持一定的数量,应特别注意对VIP客房的检查。

客房部经理每年至少应进行两次对客房家具设备状况的检查。美国旧金山凯悦摄政酒店的总经理每周要会同其客房部经理、房务总监和总工程师抽查20间客房,这一工作每次至少要花两个小时。这样,发现问题可及时得到解决,而且还有利于制订或改进有关清洁保养、更新改造的工作计划。

客房部的逐级检查制度应一级比一级严,部门经理的查房标准高,要求严,所以亦被称为"白手套"式的检查。经理的检查宜不定期不定时,检查的重点是房间清洁卫生的整体效果、服务员工作的整体水平如何以及是否体现了酒店的管理意图。

除了部门内部的检查,还有店级检查体系。店级检查的形式多样,主要有质检部检查、总经理检查、联合检查、邀请店外同行明察暗访。这种检查看问题比较客观,更容易跳出部门检查的固定工作框架,能发现一些客房部自身不易察觉的问题,可以帮助客房部改进工作。

2. 检查的方法

为提高客房检查的效率,保证客房检查的效果,酒店各级人员查房时应通过看、摸、试、听、嗅等方法对客房进行全方位的检查。

(1) 看:看是检查客房的主要方法。查房时,要查看客房是否清洁卫生,客房物品是否配备齐全并按规定摆放,客房设备是否处于正常完好状态,客房整体效果是否整洁美观。

(2) 摸:(擦拭)查房时,对客房有些不易查看或难以查看清楚的地方,如踢脚线、边角旮旯等,需用手擦拭,检查是否干净。

(3) 试:客房设施设备运转是否正常、良好,除查看外还需试用,如试用客房电话机、水龙头放水、试用电视机等。

(4) 听:客房室内噪音是否在允许范围内,日常检查主要靠听来判断,无法判断的再借助于相关仪器检测。另外,检查客房设施设备,在看、试的同时,还需用耳听是否有异常声响,如卫生间水龙头是否有滴、漏水声,空调噪音是否过大等。

(5) 嗅:客房内是否有异味、空气是否清新,需要靠嗅觉来判断。

3. 检查的程序内容和标准

查房时须按一定程序进行,查房的基本程序是:按顺时针或逆时针方向,循序进行,依次检查,避免疏漏,提高速度。客房检查的标准应根据客房清洁保养的质量标准,进行分解、细化。

表 7-4　客房日常检查程序

操作步骤	操作要领	质量标准
1. 进入房间	按进房程序进入房间	规范操作
2. 检查房门	(1) 房门是否完好 (2) 房号牌是否端正、清洁、完好 (3) 门铃和门锁、指示灯是否使用正常 (4) 安全疏散图是否清洁完好	清洁、完好有效
3. 检查灯具	打开所有电灯开关,查看电灯是否正常工作	完好有效
4. 检查衣橱	(1) 壁橱是否完好 (2) 开关是否灵便 (3) 照明是否正常,物品是否配备齐全且按规格摆放	完好有效,物品齐全
5. 检查吧台及小冰箱	(1) 吧台是否清洁无尘、无渍 (2) 物品配备是否齐全且按规定摆放 (3) 小冰箱是否使用正常、清洁无尘	完好有效,物品齐全
6. 检查家具	写字台、行李柜、电视机等家具是否清洁完好,所有物品是否配备齐全且按规格摆放	清洁、完好有效、物品齐全
7. 检查电视机	电视机是否无尘、使用正常且调至规定的频道、音量	清洁、完好有效
8. 检查垃圾桶	垃圾桶内外是否清洁,垃圾袋是否已更换	清洁
9. 检查落地灯	落地灯是否使用正常,清洁完好	完好有效
10. 检查窗帘	拉动窗帘绳,检查窗帘是否活动自如、清洁完好	完好有效
11. 检查茶几	茶几及物品摆放是否规范、清洁整齐	清洁整齐
12. 查床铺	(1) 床铺是否符合标准 (2) 床底是否有杂物和客人遗落的物品	床铺美观整洁
13. 检查床头柜	(1) 床头柜上物品摆放是否规范,是否无尘、无渍 (2) 电话功能是否正常	清洁、完好有效
14. 检查空调	空调是否使用正常	处于正常状态
15. 查看墙壁与天花板	墙壁与天花板是否洁净、无破损	清洁、完好
16. 检查卫生间	(1) 卫生间门是否清洁完好 (2) 大理石台面及镜面是否清洁无污迹,物品配备是否齐全、摆放规范 (3) 恭桶是否清洁,使用是否正常 (4) 浴缸、皂缸、瓷壁是否清洁无渍 (5) 各类毛巾是否齐全且按要求叠放 (6) 垃圾桶内外是否清洁,且已更换垃圾袋 (7) 人体秤是否清洁、完好,称量是否准确 (8) 地面、墙面、天花是否洁净 (9) 环视一周卫生间,确信无漏查项后退出,门虚掩	确保卫生间清洁无异味,设备完好有效,用品齐全
17. 记录	记下发现的问题	及时记录
18. 关门离房	轻轻将门关上	关门后注意回推一下,确保房门锁上
19. 填写相关报表	按要求逐项填好(见表 7-5 及表 7-6)	及时认真填写

检查客房是客房部各级管理人员的日常工作,尤其是领班,一个早班班次一般需检查60～80间客房,查房量大,查房时要认真仔细,不能有疏漏。

【案例 7-4】

客房内少厕纸

在某饭店,李女士办理入住登记后回到自己的512客房,因旅途时间较长,她一放下行李随即就去卫生间,待她使用恭桶后却发现在卫生间找不到厕纸,非常狼狈,投诉后要求退房,饭店如何道歉都无法挽留李女士。

经查,512房是当天的走客房,服务员清扫时忘记补充厕纸了,而领班当天查房不仔细,没有检查出来,直接报了总台OK房,导致问题的发生。

点评:领班查房是客房检查的第一关,往往也是最后一关,领班必须加强责任心,认真检查,尤其是走客房,不能遗漏任何一处地方、任何一件物品。

表 7-5 楼层领班查房工作单

楼层 __5__　　服务员_____　　领班_____　　日期_____

房号	状况	人数	时间 入	时间 出	卧室检查记录	卫生间检查记录	1. 特殊客人 贵宾:508房　518房
01	LSG	1					
02	VD						
03	OCC	2					2. 长/常住客人 510房
04	VC						
05	VC						
06	OOO						
07	OCC	2					3. 当日做房总数 床位数
08	VIP	1					
09	OCC	1					
10	E/D	2					
11	OCC	2					
12	OCC	1					4. 需要解决的问题
15	OCC	2					
16	OCC	2					
17							
18							
19							
20							

表 7-6 质量改进单

楼层_____   日期_____   服务员姓名_____

请完成下列工作：

完成后请交还，谢谢！

检查者（签名）_____

---

4. 推行免检制度

管理的最高境界是没有管理。近几年来，随着酒店改革力度的加大，人员编制的紧缩，在一些管理比较成熟、员工素质比较高的酒店，客房部尝试推行免检制度。具体的做法是对一部分资深的员工（通常任客房清扫员两年以上）进行考评，根据考评的结果评出免检员工，对其所做的客房采取抽查的方式，抽查其中的1～2间，其余客房免检。客房免检制度的推行，一方面可以增强员工的参与感和积极性、精简管理人员，另一方面加速了客房的周转，免检员工清洁整理的走客房，服务员可以直接报总台OK房，减少了工作流程，提高了客房的周转率。

对免检员工的激励，酒店通常采用两种方法：一是物质激励，即在每月的工作中加适当的津贴；二是适当减少免检员工每天的做房量，如广州某五星级酒店，普通客房清扫员白班一个班次的工作定额为14间客房（折成标准间计算），而免检员工定额为12间。

三、严格考核

对客楼层员工及其工作进行严格的考核，是客房清洁保养质量管理的又一重要措施。考核的结果要尽量量化，并将考核结果与绩效工资挂钩。考核的标准是 $100-1 \leqslant 0$，即有一项过失，该工作项目就不合格。这就要求员工每项工作都达到标准。考核公开、公平、公正，考核的结果要及时公布、定期汇总、落实兑现。负责考核的人员需大公无私，高度负责。

表 7-7 为某酒店客房清扫员绩效考核表，供学习参考。

表 7-7 客房清扫员绩效考核表

岗位：客房服务员　　　　被考核人：　　　　　　　考核日期：　　　年　　　月

项目	序号	考核项目	基准目标	分值100分	达成情况	考核分数
工作业绩（50%）	1	房间清扫任务完成率	100%完成	10		
	2	房间清扫合格率	100%完成	10		
	3	成本控制率	大于95%	6		
	4	客用酒水、商品检查、补充	每日检查	6		
	5	报表登记	准确、及时、完整	6		
	6	卫生洁具消毒合格率	100%	6		
	7	客人投诉率	小于1%/月	6		
工作态度（25%）	1	出勤纪律	无迟到、早退、请假、病假、离岗、串岗、旷工现象	6		
	2	仪容仪表	严格遵守酒店仪容仪表要求，完全符合本酒店标准	7		
	3	礼节礼仪	严格遵守酒店礼节礼仪规范，没有出现不礼貌行为	6		
	4	工作效率	工作按时保质保量完成，且从无怨言、牢骚	6		
工作能力（25%）	1	主动性	总是能够积极主动、精神饱满地去工作	6		
	2	学习能力	积极参加酒店培训学习，学以致用	6		
	3	团队协作	尊重上级，和同事关系融洽、互帮互助	6		
	4	业务技能	熟练掌握岗位业务技能知识，符合或超越岗位职责标准	7		
			总计考核得分			

被考核人签名：　　　　　　　　　　　　　　考核人签名：

四、实行表格化管理

在客房清洁保养管理过程中要重视表格的作用。这些表格在日常信息沟通、工作计划、任务分配、工作汇报、业务考核、总结分析等工作中作用重大。当然，要发挥好这些表格的作用，首先必须合理地设计表格，其次是能够规范地使用和保管表格。

各家酒店等级、规模以及管理的风格不同，表格的设计也不尽相同，但都应遵循以下几个原则：够用、适用、实用、方便填写统计。所谓够用，指表格的种类及栏目内容能够满足酒店、部门日常工作运转的需要；适用，即适合本酒店使用；实用，即指各种表格要具有某种特点和功能，那些可有可无的报表及栏目应尽量剔除，以减轻员工的负担。另外，设计表格时还需考虑尽可能为员工填写及有关人员统计提供方便。

客房清洁保养工作的各种表格是对客房服务和管理活动各种原始数据和事实的忠实记录。客房部应培训员工正确使用，规范填写有关表格；定期进行整理、统计、分析，一般每月统计一次，每年做一次汇总。通过比较、分析，发现问题、找出原因、制定措施，以改进、提高客房管理水平。各类表格须妥善保管，通常由客房中心负责归档存放，一般的工作表格通常保管1年，以备查阅。

客房清洁保养工作常用的表格有："客房服务员工作报表""客房状态报表""楼层领班工作单""客房服务员工作考核表""综合查房表"等。

五、加强计划控制

客房部的管理主要是通过各种制度和计划,将客房服务工作科学地组织起来,完成预定的目标。因此,客房部在日常工作中,要根据具体情况制订出各种计划。常见的计划有:资金投入计划、客房产品质量计划、客房清洁保养工作日常计划、客房计划卫生、客房设备维修计划、客房更新改造计划、员工培训计划、环境保护与安全生产计划等。计划控制是将计划的实际执行结果和计划本身做对比检查,发现差异、分析原因,采取相应的措施,以保证计划的顺利完成,达到清洁保养的质量要求。计划控制主要应做好以下工作:

1. 明确标准

在一定的时限内,任何计划都必须具有明确的标准。例如员工培训计划中新员工培训标准为:经过3个月的岗前培训,客房楼层新员工合格率需达到95%。在产品质量计划中,明确规定本年度客房清洁保养检查合格率不得低于93%,宾客满意度达到97%以上。

2. 反馈、分析偏差

客房部应定期检查客房清洁保养计划的落实完成情况,并将检查结果及时与计划标准作比较,发现偏差,要查找原因,分析是偶然的还是必然的,以便及时采取有效措施加以纠正或调整。

3. 调整计划

俗话说,计划赶不上变化,特别是长期计划,由于时间跨度大,不确定因素多,更容易出现计划与实际情况不相符的情况。客房部应及时纠正误差,调整有关计划,从而保证客房清洁保养工作的顺利进行。

学生实训

一、检查一间走客房

实训地点:实训宾馆。

实训内容:

1. 每一小组检查同一间走客房,组员分别将检查出的问题记录下来进行比较。
2. 学习填写《楼层领班查房工作单》及《质量改进单》。
3. 互相交流查房的体会与技巧。

二、实训宾馆跟班见习

实训宾馆分组跟班(楼层领班)见习,记录见习体会,填写《见习日志》。

工作任务二　客房对客服务质量管理

实践操作

客房对客服务工作项目多,随机服务性强,不同的客人评价标准不一。客房部各级人员需深入研究客人的需求,控制对客服务质量,给客人营造一个温馨的"家外之家""第二办公室"。

一、建立服务信息体系

服务信息体系是做好对客服务工作的风向标。有句俗话说:要想钓到鱼,首先要问问鱼儿爱吃什么。服务不是蒙了眼睛蛮干,而是要去了解宾客内心的真正需求信息。积极主动地收集客人信息,建立全方位的服务信息体系,是提高客人满意度、提升服务品质的关键所在。

1. 客人需求信息的收集

宾客需求信息的收集通常有以下几个途径:

(1) 网络点评

随着互联网的快速发展和移动互联时代的到来,越来越多的消费者通过网络获取信息、发表评论。互联网和移动互联网的快速发展极大地提高了口碑信息传播的速度和广度,同时也使口碑的影响力成倍增长,在线口碑也越来越受到企业和消费者的重视。各酒店越来越重视网络点评,发现自身不足并及时改进服务质量以满足宾客需求,进行良好的口碑营销。

(2) "宾客意见书"

"宾客意见书"是被酒店广泛采用的一种获得信息的方式。具体做法是将设计好问题的意见征求表放于客房内或其他营业场所易于被客人取到之处,由客人填写,投入酒店的意见箱内或交至大堂副理处。

(3) 专项调查

专项调查是针对客人的一种专门调查,以有的放矢收集某些信息。如"长住客人需求征求表""客房质量意见表""客人对房间打扫的特别要求"。专项调查一般事先设计好调查表,放置在客人容易看到之处,如床头柜、餐桌等。这种专项调查更有针对性,更能获取客人对某一服务的需求。下面是某五星级酒店对商务客人客房物品细节调查结果。

【案例 7-5】
商务客房物品设置

商务客人对客房的 VIP 赠送的水果的态度是 65% 的客人持无所谓态度,30% 的客人看到有水果会有一种满意的感觉,但随后发现有部分水果须处理后才能食用,尤其是这些商务客人经过一天公务之后返回酒店发现无法立即食用这些水果时,随即改变了态度转为不满。另有 5% 的人对于水果品种、搭配一开始就不满意。

如今的商务客人显现出一个显著特点,即这个群体越来越年轻化,也喜欢追求时尚,追求品位,追求温馨享受。统计表明,90% 的商务客人关注客房是否具备满足现代商务客人的多功能特点,是否可以在客房内足不出户就能满足其商务活动的要求。客房灯光也是一个重要考核因素,客房内需要有一块光线充足的区域以供商务客人办公或阅读。几乎每位受访的商务散客都对酒店客房内布草有要求,希望可以拥有全棉织品,织品、巾类的纤维支数要高,这样会感觉舒适,大多数人喜欢用被子,而反感毛毯。80% 的商务客人对客房内摆放水果、矿泉水这一类物品认为是应该的,但对于摆放的食品有不同意见,多数人并不喜欢也没有时间将水果削皮、洗净后再吃,他们宁愿酒店提供给他们的是巧克力、精致小点心或饼干、盒装牛奶,甚至还有口香糖。他们更喜欢浴室内有一支玫瑰花,尤其是女性商务客人。

点评:这样的调查资料可以给酒店管理者不少启示。

(4) 员工意见反馈

一线员工是与宾客接触最多、对宾客的需求及满意情况最为了解的人,他们的信息来源最丰富、最快捷、最直接、最可靠。国际上流行的、行之有效的员工信息反馈系统(Employee Feedback System)充分反映了国际酒店对员工信息的重视程度。一位基层的员工肯定比管理者更经常地听到类似这样的信息:"你们的毛巾太硬了,用得非常不舒服""房间空气不好"。员工往往会听到许多的信息、想法与建议,如能通过科学的渠道加以收集、反馈,其效果将是十分显著的。

管理者需要培训员工学会收集信息,对信息有敏感性。另外酒店也需要从制度上提供保证,建立一个快速反馈机制。保证员工广泛收集意见并及时反馈,使之成为员工工作的一个组成部分。

(5) 现场访问

现场访问是抓住与客人会面的短暂机会,尽可能多地获取宾客的意见、看法。现场访问是酒店业获得宾客意见的一种最重要的方法。一名成熟的管理者应善于抓住并创造机会,对宾客进行现场访问调查。事实上,现场访问可以利用的机会很多,如对 VIP 客人在迎来送往中的现场访问,客房部管理人员每天选择几间客房带上名片、鲜花对住客进行拜访等。

现场访问掌握得好,是一种沟通感情的方法,如掌握得不好,则对客人无疑是一种打扰。因此,客房部管理者一定要掌握好"度"的问题,要注意区分时间、场合、气氛、对象是否适合进行现场访问,并要把握好谈话的时间与分寸。

2. 酒店信息的传递

客人在酒店消费需要知晓很多的信息,酒店在传递信息时要做到以下几点:

(1) 主动告知

许多酒店对客服务中有这样的要求:有问必答、百问不烦、百答不厌。其实有问必答并非是优质服务的表现,与客人相关的信息,酒店应主动地告知客人。因为让客人提问本身就给客人带来了麻烦。

如酒店的结账退房时间是中午 12 时,过了这个时间,如果当天预离店的客人还未退房,回房时会发现房卡打不开房门了,一些客人不清楚其中的缘由,就会问客房服务员,并叫服务员为他开门,而服务员还须向总台核实该客人的身份,客人等得不耐烦,也影响了客房服务员的工作。其实,对此类客房,到了酒店规定的退房时间,可以在门把上挂个告示,提醒客人已到退房时间,如果需要续住,可与总台联系。

(2) 有亲和力

不论是口头还是书面传递的信息,在表达上都应注意要有亲和力,拉近与客人的距离。下面是浙江某酒店客房内的欢迎卡及浴袍提示卡的内容,前者视客人为亲人令人感动,后者语言表达极为婉转。

项目七 客房部质量管理

二、优化服务流程

服务流程是指宾客享受到的、由酒店在每个步骤和环节上为宾客所提供的一系列服务的总和。这些步骤和环节有些宾客能感知到,有些宾客感知不到。根据宾客是否直接参与流程,可以将一个服务流程分成两个部分:一部分是宾客亲身参与的流程即外部流程(前台部分),另一部分是与宾客分离的流程即内部流程(后台部分)。后台工作的好坏,会对服务质量产生间接的影响。因此,要提高服务质量,就必须研究服务流程的每个步骤、每个细节。要提高服务质量,就必须研究工作流程的每个步骤、每个细节。如走客房的查房可能是国内酒店所特有的服务流程,这个流程客人并不能感知到,客人能感知的就是退房速度,他的要求是便捷和高效,因为客人赶着要出发。酒店如果能改进查房流程,实现快速查房,就能明显提升宾客的满意程度。部分酒店在充分信任宾客的基础上,设计出免查房工作流程,即酒店给部门一定额度的免查房损失授权,前台员工在客人退房时,充分相信客人的申报,即予以结账,这样一来就缩短了楼层服务员查房的时间,提高了客人的满意度。

下面是迪斯尼排队流程的设计个案,从中我们可以学习如何设定科学的流程,从而有效提高服务质量。

【案例 7-6】

迪斯尼排队流程

众所周知,迪斯尼是世界上非常有名的一个娱乐综合性公司,这个公司近几年发展迅猛,产品众多。迪斯尼最具代表性的产品莫过于它的主题公园,每年都有大量的游人前往。

但是,当人们到了主题公园的时候,最令其厌烦的事情莫过于排队等待了。在人们最想玩的项目面前,队伍排得最长,这些队伍能为迪斯尼带来巨大的利润。可是,排队会影响人的心情,如果等待时间过长,许多人就会选择放弃。为了更好地为游客服务,迪斯尼对自己的服务流程做出了一系列调整,甚至对自己的岗位设计都采取了变通的方式。

起初,迪斯尼设计了小丑这个岗位。当人们排着长队心情烦躁的时候,队伍的旁边就会蹦出一个小丑,他为游人提供各种滑稽的表演。小丑的出现,在一定程度上改善了游人焦急等待的心情,尤其可以吸引小朋友的注意力。

但是,一直看小丑表演也会心生厌烦。于是,迪斯尼又设计了第二个岗位。这个岗位的产生来源于对宾客需求进行的深层次的分析。迪斯尼充分利用宾客排队等待的这段时间,为宾客办理各种需要事项,比如预订酒店、安排后续的旅行路线、预订机票等等,这个岗位可以被称作"杂事处理岗"。这些问题的有效解决,在很大程度上缓解了游人的焦急情绪。

经过观察,迪斯尼又发现,排队等待的人群中最烦恼的就是站在队伍最后的那个人。为了解决这个问题,迪斯尼确定了这样一个程序,即每过5分钟广播一次最后一名游客到达售票处还需要的时间,人最害怕的就是没有确定感,一旦有了确定性,最后一名游客的心情也就平和了许多。

讨论:这个案例给你什么样的启发?

三、制定相关标准

1. 服务程序标准

服务程序标准如送茶水服务程序、擦鞋服务程序(可参见本教材项目三相关内容)等,即在服务操作上先做什么、后做什么。该标准是保证服务全面、准确及流畅的前提条件。

2. 服务效率标准

服务效率标准指对客服务的时效标准(可参见本教材表7-1相关内容),如接到客人要求送茶水电话后,3分钟之内将沏好的茶水送至客房。服务效率标准是保证客人能得到及时、快捷、有效服务的前提条件,也是客房服务质量的保证。此项标准的制定,需根据各个酒店的具体情况制定,还要有专业管理人员的参与。

3. 服务设施、用品标准

服务设施、用品标准是酒店为客人所提供的设施、用品的质量、数量标准。这项标准是控制硬件影响服务质量的有效方法,是从质量、数量、状态三个方面去制定的标准。例如,在质量上四星级酒店要求每间客房备冰桶一只,并配冰夹;状态上要求提供24小时的冷热水服务。

4. 服务状态标准

服务状态标准是对服务人员言行举止的标准。如原喜达屋酒店集团明星服务标准(Star Service Standard)为:

Smile & Greet——微笑与问候

定义:每次遇见客人或同事时,微笑并给予恰当、真诚的问候。

Talk & List——交谈与倾听

定义:以友善、热忱和礼貌的语气与客人或同事交谈,并注意倾听。

Answer & Anticipate——回答与预计

定义:迅速有效地回答客人或同事的问题,并预计他们的需求;或主动为其找出答案。

Resolve——解决问题

定义:运用明星补救系统解决客人或同事的问题。

5. 服务技能标准

服务技能标准是对客房服务人员应达到的服务操作水平所制定的标准,如铺床标准、走客房清扫整理标准、开夜床标准等。只有熟练掌握服务技能,才能提供优质的服务。

6. 服务规格标准

服务规格标准是针对不同类型宾客制定的不同规格标准。如在贵宾的房间放置鲜花、水果,根据贵宾的不同级别还需布置其他物品,根据长住客人的客史档案记录布置房间等。

7. 服务质量检查和事故处理标准

服务质量检查和事故处理标准是对上述各项标准贯彻执行情况的检查标准,也是衡量客房服务质量是否有效的尺度。此标准重点由两方面内容构成:一是对员工的奖惩标准,二是对宾客补偿及挽回影响的具体措施。

四、提高员工素质

1. 培养服务意识

服务意识是员工应该具备的基本素质之一,同时也是提高服务质量的根本保证。客房部要通过各种方式,培养员工良好的服务意识。

【案例 7-7】

别忘了电脑存盘

王先生带着手提电脑入住某酒店的 805 房间,他每天都有大量的文件需要处理。一天晚餐前,王先生打完一个文件后,没有关闭电脑便去餐厅用餐。当他用餐完毕返回房间后发现夜床已经做好,他在插牌取电处插入的卡片仍在原处。在他的床头柜上有一张留言单,上面写着:"尊敬的先生,请您将电脑上的文件及时存盘,以免我们做夜床时关闭电源给您带来不便。"下面的落款是客房服务员小韩。王先生看完后心里很感动,认为酒店的服务能全面考虑宾客的需要,处处从客人的角度考虑问题。

在离店时,王先生特意找到客房服务员小韩,向她表示谢意;也特地向大堂副理感谢酒店的优质服务。

点评:本例中的小韩能够从客人角度出发,在发现客人的手提电脑没有关闭的情况下,能及时给客人留言,提醒客人存盘,说明小韩服务意识较强,对酒店服务的内涵有深刻的理解。

2. 提高服务技能

服务技能和操作规程是提高客房服务质量和工作效率的重要保障,客房部可以通过强化训练、组织竞赛等多种手段来提高员工的服务技能。

五、加强关键时刻(服务接触点)的管理

酒店业的一个基本特征是员工及酒店其他资源和宾客之间发生服务接触。服务提供和消费过程通常是同时发生的,即员工提供服务给宾客的时刻,也正是宾客消费服务的时刻,员工以及酒店资源和宾客之间发生的这种接触时刻就是酒店服务过程 MOT(Moments of Truth)。

"Moments of Truth"这一词语是由北欧航空公司前总裁詹·卡尔森创造的。卡尔森在 1981 年进入北欧航空公司担任总裁的时候,该公司已连续亏损且金额庞大,然而不到一年的时间,卡尔森就使该公司扭亏转盈。卡尔森认为,关键时刻就是宾客与北欧航空公司的职员面对面相互交流的时刻,放大之,就是指客户与企业的各种资源发生接触的那一刻,这个时刻决定了企业未来的成败。MOT 理论被西方学者认为是提高服务质量的有效办法,主要是针对营利性企业的研究而提出的,当然也同样适用于作为服务业代表的酒店企业。

酒店的关键时刻是指在特定的时间和特定的地点,员工借助这个机会向宾客展示酒店

服务,以获取宾客的满意。在这个关键时刻,服务人员的服务技巧、态度和宾客的期望、感知共同构成了服务的传递过程。MOT决定了宾客头脑中对服务质量优劣的评价。管理好这些关键时刻,必定会为酒店带来良好的口碑,创造出更大的效益。

1. 关注服务接触点

美国酒店伙伴管理公司根据卡尔森的MOT观点,研究确定了宾客逗留酒店期间通常会有39个关键时刻,酒店需训练员工对关键服务点的程序和诀窍的掌握运用。酒店不仅要重视关键点,训练员工对关键服务点的程序和诀窍的掌握运用,而且要鼓励员工多创造一些新的关键点,比如客房服务中一句亲切的问候、一杯香浓的红茶等等。客房部每个员工都要把每个接触都看作是一次服务机会,为客人创造良好的服务体验,使客人有物超所值的感觉。

2. 态度与效率并重

一般宾客对效率的要求是很高的,酒店在注重服务效率的同时必须关注服务态度。态度决定一切,友好、热情、积极的态度才能让宾客感觉到被尊重,良好的态度会让宾客心情舒畅。态度中最重要的是"关心",在对客服务的接触过程中,应注意察言观色,了解宾客的需求,并及时予以帮助。如果一位自驾车的宾客需要一张当地地图,客房服务员不仅送来了,还为客人提供了行车路线的参考意见,这样的服务接触必然会令客人满意。

3. 提供个性化服务

规范化的服务是保证客房服务质量的基本要求,但不应仅仅满足于此,因为每一位客人都是不同的,都有自己的个性与特色,必须为其提供相应的个性化服务,才能使客人满意并给予惊喜。

4. 实行走动管理

酒店提供服务的同时,整个服务过程是呈现在宾客面前的,在服务接触中,可能会由于种种原因导致关键时刻失控,引起宾客对酒店服务的不满甚至投诉。目前国内酒店业普遍对员工"授权"不够,员工在遇到宾客对服务不满及投诉时,往往第一反应就是上报,但这中间就会出现一个时间差,宾客在心情不愉快的情况下,再经过时间差可能会对酒店产生更大不满。管理人员应加强走动管理,特别是上午客人退房的高峰时段、下午客人登记入住进房时段,工作相对紧张,容易出现问题。加强走动管理,可以及时发现问题,处理投诉或安抚客人。

如果酒店把与客人的每次接触都看作关键时刻,员工具有"随时都是MOT"的高度紧张感,提高服务质量、提升宾客的满意度是自然而然的事情。

六、重视服务细节

酒店服务质量的高低取决于细节服务的程度,只有将服务的细节做到位,客人才能感觉到服务的存在,酒店才能实现体验营销。在事无巨细的管理中,细微之处才能显示出管理的水平,才能将自己与其他酒店区别开。

一流的酒店,都非常注重服务的细节。时时、处处、事事从客人角度考虑,为客人提供方便。如在浦东香格里拉酒店客房窗边的小桌上,都摆放着一架望远镜,这是为了让客人更好地欣赏对岸外滩景色而准备的。望远镜的旁边还有一张示意图,上面印的正是对岸的风景。酒店管理者说:酒店90%的客人都是从国外来的,他们不了解上海,站在这扇窗户面前,他们一定很想知道自己看到的究竟是什么建筑。在这张图上,我们把每栋建筑都标上名字,并在背后附上每栋建筑的历史的说明。这个小小的细节正是香格里拉酒店引以为荣的殷勤好客的香格里拉情的表现之一。

细节服务需要员工用心工作,主动发现客人的需求,将服务做到极致,做在客人开口之前,能感动客人。

【案例 7-8】
"4106"与"4160"房

某酒店4092房为本田公司客人的房间,某天楼层领班查房时发现梳妆台上有一张通讯录(因便于同事间相互联系,客人自己制作了一个近段时间在酒店住宿人员的通讯录),上面清晰地写着"4106,佐佰",这让她吓了一跳。她知道4106房住的是 Mr Johnson(不是日本人),根本不是"佐佰"在住,她想万一4092房客人找不到自己的同事且又打扰到其他房间的客人,岂不是很着急又可能造成4106房客人的不满。于是她就在服务中心帮4092房的客人在电脑上找"佐佰"这个人,终于找到了原是4160房。这让她松了一口气,她马上找来一张留言纸,给4092房客人留言说明。

问题:这个案例给你什么启示?

七、处理质量问题

1. 质量问题类型

(1) 硬件设施不达标准

客人都会有一种等值消费心理,即花了多少钱就应该得到相等的硬件和软件服务,而对房间设施设备的等值评估是最基本的。如果所住的房间家具、设施陈旧甚至损坏,影响到使用,一定会引起客人的不满。

(2) 客房清洁卫生不达标准

据相关统计资料显示,客房部有关清洁卫生问题的投诉占了总投诉的30%左右。尤其是主要接待外宾的酒店,客人对卫生方面的要求相当高。房间整理、卫生标准稍有偏差都会引起客人不满。

(3) 服务员不礼貌

客人都有受到尊重的心理需求,尤其是当他花了钱的时候,如让他感到自己不受重视,抱怨乃至申诉便在所难免。

(4) 客人物品丢失或被盗

这实际上是一个客房安全管理的问题。物品丢失或被盗,无论该物品的贵重程度如何,对客人来说都是不愉快的,影响很坏。

(5) 服务员动用客人物品

客房服务员在服务工作中有意、无意地挪动或使用了客人物品,都会令客人反感,尤其是一些生活上非常仔细的客人。

(6) 客房物品被带走或损坏要求客人赔偿引起的投诉

客人因多种原因有意、无意带走或损坏了房间的固定物品,酒店要求客人赔偿,为此而引出的投诉纠纷也是很多的,尤其在一些中低档酒店。

(7) 洗衣服务的投诉

包括:送洗的客衣丢失、客衣洗破、客衣口袋内的贵重物品丢失等。

(8) 客人休息时受到干扰

客房主要是供客人休息的,服务员工作中的说笑声过高,房间隔音效果不好,相邻客房互相干扰等,都是此类投诉的根源。

2. 质量问题处理

客房部应根据本酒店的具体情况,将收集到的服务质量问题按其特点分成不同类别,统计归档。在归类的基础上,再根据投诉的频率找出本部门的主要问题。一些酒店还用图表将主要问题直观地表现出来。此外,还有必要对问题出现的时间性进行分析,以找出不同时间阶段的主要问题。

如南京某会议型酒店,客房部对客房中心客人服务需求的统计情况进行了分析,发现客人要求开门要求次数较多,占整个客房服务需求的20%。经过与工程部的沟通,发现是磁卡门锁老化消磁,导致房卡失灵,给客人使用带来了不便,同时也增加了客房服务员的工作量。所以客房部向酒店提交更换磁卡门锁的报告,以彻底解决此问题。

3. 加强员工培训

客房部应针对质量问题有计划地进行培训。在培训中,管理人员应注重对典型案例的分析,通过分析提高员工的质量意识及解决问题的能力。

4. 与员工工作表现评估挂钩

服务质量的问题将在评估分中相对占较大比重。例如,客人投诉服务员服务态度不好,那么在考察该员工工作表现时,对服务态度一项的评估分将有很大影响。采取这样的措施后,员工就会特别注意改善对客服务态度,宾客对这方面的投诉势必会减少。

5. 加强硬件维护保养,改变不合理设计

有统计资料显示,客人对酒店设施设备的投诉占相当大的比重。我国很多酒店的设施、设备已经陈旧,需要更新换代。但就宾客的投诉而言,大多数投诉是针对酒店的维修保养不善而提出的。因此,酒店应将重点放在建立完善的维修保养计划和计划的实施上。

6. 研究客人需求

客人之所以提出投诉是由于他们的某些需求没有得到满足。客人的最基本需求是食物和住所,一旦这些需求被满足,人们便开始寻求更高层次需求的满足,这些需求包括安全和被接受等方面。通常来到一个新环境,宾客对"安全"和"被接受"的需求尤为强烈。如果这些需求没有得到满足,他们就很可能会变得焦虑、忧郁,从而很难接待。

不同类型的客人有着不同的需求,客房部应认真地加以研究。商务客人与度假客人的需求各有不同。在同类客人中还有着年龄、个性不同的问题。此外,还应研究宾客的特殊需求,如残疾人的需求、机组人员的需求、家庭旅游者的需求、女性客人的需求等,做好针对性服务。

7. 设计投诉处理程序

很多客人会向酒店一线服务人员直接提出投诉。因此,培训员工处理投诉的技巧可以避免更多、更严厉的投诉。客房部管理人员应为员工设计处理投诉的程序并就此进行培训。角色扮演能够帮助员工较好地掌握处理投诉的程序和技巧,在进行培训时,一个员工可以扮演遇到麻烦而投诉的客人,另一个员工扮演受理投诉的服务人员,表演结束后,双方再交换角色进行。其他员工则注意观察他们的表演,并对他们的处理方法加以评估。

模块三　客房产品在线口碑提升

任务导入

客房产品在线口碑分析

1. 分组分别收集本地两家高星级携程网好评及差评各100条,进行分类比较。
2. 通过数据比对、定量与定性分析,比较两家酒店(客房)好评与差评所在,提出小组意见。
3. 制作PPT,每组选代表课堂演示。

基础知识

一、在线口碑的重要性

有调查显示94%的旅行者会看在线评论。近九成旅行者表示在线评论对他们选择酒店很重要;75%的旅行者表示不会订差评酒店。如果酒店房价一样,旅行者选择好评酒店的可能性要高2~8倍。

近年来,国内各大旅游网站都推出了酒店预订平台,平台上的酒店点评为顾客的酒店选择提供了相关信息,也为顾客提供了一个相互交流的平台。人们往往十分重视来自曾经住过该酒店的客人的意见,因为与广告相比,这种来自第三方的信息显得更为公正,可信度也更高;而且客人之间往往更加了解各自的需求,能够提供更具针对性、更为有用的信息。同时,越来越多的酒店星评员表示在进行酒店星级复核的时候会参考客人网评信息,核实情况是否属实。

【案例7-9】

网络点评

"酒店环境不错,服务很好,就是位置有点偏僻";"环境舒适,干净卫生,酒店人员服务态度也蛮不错,有机会到这个地区来还会选择住这里";"地理位置非常便利,住宿条件一般,服务态度很好";"酒店环境不错,卫生条件不理想,望改进";"酒店有数字客房,设备很先进,很人性,不愧是五星级,下次还会选择!"……

——摘自酒店在线预订平台客人网评

点评:互联网时代的消费模式已不是传统的单向消费,分享、互动成为新潮流,现代人在使用电子商务时,越来越在乎产品的口碑和别人的评价,用户评价这一角色显得越来越重要。

二、客房产品在线口碑提升策略

互联网和移动互联时代在线口碑的宣传和引导作用日益凸显,使得各酒店企业越来越重视酒店的网络在线口碑,发现自身不足并及时改进服务质量以满足顾客需求,进行良好的口碑营销。客房是酒店的核心产品,如何增强客人住店的体验性,更好呈现客房产品的亮点、卖点,引导客人在网络分享、好评,打造酒店核心产品口碑,挖掘网络数据价值,是互联网+时代管理人员亟须提升的一项能力。

1. 提高服务质量,做好细节服务

(1) 安全

所有客人都重视安全问题,所有巡检制度日常客房安全维护、保安值班、消控值班都要落实到位,这也是管理上的真功夫,酒店务必在安全角度杜绝一切差评!

(2) 卫生

没有好的管理制度和好的管理人员必将会出现漏洞,每个漏洞都有可能是差评的来源。如果客房内所有细节特别是卫生都做得很好必将带来好评,而且是大量好评。

(3) 网络

免费且高速的WIFI网络绝对是现今酒店不可或缺的标配,网络是酒店差评的重灾区和好评的聚集地。

(4) 服务

这里只聚焦两点:微笑和响应速度。微笑是一个博得好评的大杀器,甜美的微笑和温柔的服务态度是解决所有投诉的利器。此外就是客房服务响应速度,包括递送客房物品、解决客人求助、处理客人投诉、结账退房效率这几个关键点的把控。

2. 关注客人网评,改进服务质量

大数据时代在线预订平台除了可以让客人评论,更是将客人评价的信息进行分类汇总。以携程网为例,当你选定某家酒店,首页就会出现酒店的得分,包括住客点评总数及推荐率(图7-2)。当你点击"查看全部点评",就可以逐条查看。在这里,可以看到四个分项(位置、设施、服务、卫生)的得分,以及住客对该酒店的印象(按点评数量进行先后排名)(图7-3)。这既有利于客人在线选择酒店,同时酒店也能够清楚地了解到客人对于自身的印象,找到优点尤其是不足,从而改进和提升服务质量。针对客房产品而言,其中的"设施""服务""卫生"项得分中均会涉及,住客印象中的"服务""房间"两条也能找到相应内容。

图7-2 (网评页面1)　　　　图7-3 (网评页面2)

3. 引导客人好评

通过对酒店客户的行为进行定量分析后发现,酒店增加宾客评论的方法当中最为有效的方法就是为员工提供名片,且上面写着"欢迎分享您的评论",鼓励宾客分享评论的内容。如果酒店员工一直都报以微笑,绝大部分住客酒店都会是一次愉快的经历。在愉快的经历最后由员工告诉客人:好评有礼、好评有积分、好评有谢谢!好评是您对我工作最大的支持!住客基本不会拒绝一次赠人玫瑰、手留余香的机会。

客人住酒店在客房逗留的时间是最多的,酒店客房中的一些细节往往成为酒店点评中的亮点,下面是一些最容易被分享的客房细节:欢迎卡片、个性化的夜床服务、客房内赠品、床头音响、名牌沐浴备品、助眠饮品(牛奶、豆浆、麦片)等等,亲子客房内的儿童拖鞋、儿童牙具、小黄鸭等儿童玩具。客房部可以从酒店点评中挖掘消费者在酒店最在意、最动心、最值得拍照分享的体验。亮点不用多,重要之处是让客人感受到温暖、贴心,以引导客人点评,提高网络口碑。

4. 重视客人评论并回复

很多酒店在仔细认真地阅览客人对酒店褒贬不一的评价,但是对于评价的回复却甚少。有研究显示,对用户评论的答复将能使客人更积极地推荐该酒店,从而使酒店的回报能增加20%或者更高,由此带来的口碑效应给酒店带来了大约占40%或是更多的客人。因此,对用户评价的回复非常关键。主要意义有以下三点:①降低差评对其他旅行者的影响;②赢得互联网用户,让他们觉得这家酒店很重视客户的意见;③赢得粉丝,将新客变老客,老客再带新客。

5. 认真分析,不断改进,增强客人满意度

用户评论揭示和反映了酒店情况,给酒店提供了改进服务的机会,有些意见更是为酒店提升客人满意度和自身品牌形象起到很大的推动作用。所以,做好评论的收集和反馈显得尤其重要。分析客户评论可对消费者需求、与竞争对手的差距等都有深入的认识,为将来酒店的服务、投资、决策等都提供了方向指导。如客人对"智慧e房"很感兴趣,酒店管理者则应考虑是否在客房智能化建设上多投入一些资金。

【小资料7-1】

"微服务"——开启酒店服务新方式

科技改变生活,也将催生客人多种相关需求。今后,可能客人动动手指就能满足一切需求。酒店提供的不再是如家般的体验感受,而是比家还要舒适、安全、便捷、有特色的"喜出望外"的服务。随着科技的发展和应用,酒店的传统服务方式和经营理念将面临着一系列的挑战。

目前,不少酒店纷纷开启"微服务",通过微信这个平台更好地与客人沟通,及时获取客人的反馈、想法、诉求,不断改善、提升自己的服务。"微服务"也极大地解放了酒店的人力资源,革新了酒店传统的服务理念,对酒店和客人而言,都是一种技术推动着的进步。

客人一抵店拿起手机扫描一下酒店"微服务"二维码,即可随时发出需求指令,通过酒店微信上的微服务平台可以体验或达到他所需服务的目的,以往用房间电话打到前台或客房服务中心的方式将被微信页面的几个按键所取代。比如房内点餐、洗衣服务、叫醒服务等等,1分钟内就会有服务人员在"微服务"平台上联系客人提供服务;客人需要退房也可以事先在"微服务"约定,简化退房环节;不需要找酒店服务人员询问周边的景点、土特产店、美食餐饮等信息,这些信息咨询类服务都可以通过酒店的微服务平台完成;客人对酒店服务不满意,也可以在微服务平台上申诉,一切的功能实现只需要几个按键而已。

学生实训

一、客房服务流程分析及优化

实训地点：实训宾馆。

实训要求：

分组调研实训宾馆客房服务流程，进行优化整合。

二、住客投诉处理

实训地点：实训宾馆或教室。

实训要求：

分组进行角色扮演，处理客人对客房服务方面的投诉。

项目小结

质量是企业生命所在，掌握现代酒店质量管理原则，贯彻以人为本、预防为主的方针，采取科学的方法，是提高客房质量的关键所在。

项目测评

一、课后练习

1. 质量管理需遵循哪些原则？
2. 如何有效控制客房清洁保养工作质量？
3. 如何提高客房对客服务的质量？
4. 如何提高客房产品在线口碑？

二、课内／外实训

1. 分小组进行实地调研，每一个小组研究一家酒店的客房服务流程，提出改进的意见。
2. 楼层领班见习：实训宾馆见习楼层领班一日工作，整理出领班一日工作内容及工作重点。

三、拓展练习

通过实地调研、查阅网评等方式，分组收集酒店客房部出现的质量问题，进行归类，分析原因，提出整改建议。

项目八 客房部费用控制

学习目标

- 熟悉预算的种类及预算编制的方法。
- 了解预算控制的主要环节以及预算控制的手段与方法。
- 了解客房常用设备的种类、用途及质量要求。
- 熟悉客房设备的使用与保养方法。
- 掌握客房设备用品的管理管理方法。

客房部是酒店的消耗部门,在日常运行与管理过程中,要消耗大量的人力、物力、能源等,客房部必须加强预算控制,做好客房设备用品的管理,严格控制费用,在保证客房产品质量的前提下,为酒店创造更好的经济效益。

模块一 客房部预算编制

任务导入

我是一个好当家(1)

1. 分组通过自学、网络查找资料、实地调研,了解客房部预算的内容,预算制定的方法。设计客房部预算表格及预算项目。
2. 分析两份不同星级酒店客房部预算表,比较其异同之处并写出分析报告。

作为经营部门,客房部经营管理的最终目的就是要实现一定的经济效益。科学编制、严格执行和控制预算,能使客房部经营过程中的各项费用开支得到有效的控制,最大限度地保证客房部利润目标的实现。但预算的编制与控制又是一项比较复杂的工作,加强预算管理意识、掌握预算编制与控制方法,并用这些理论与方法指导实际工作是本模块的重点。

工作任务一 编制预算

基础知识

一、什么是预算

预算就是以货币形式反映出来的计划,是企业对将来某经营周期内的经营活动和经济效益所做出的详细的、综合的计划。客房部预算就是以货币形式做出的客房部一定周期内经营活动和经济效益的详细的综合性计划。

二、预算的意义

客房部经营活动的最终目的是实现一定的利润，提高客房部乃至整个酒店的经济效益。为了保证利润目标的实现，客房部应加强对其经营活动的预算管理，编制客房部预算是确保客房部经营活动正常进行以及对客房经营的成本、费用实施控制的重要手段。

三、客房预算的依据

客房部预算是控制客房设备用品、控制营业成本、提高设备完好率和加强客房部管理的重要依据。制定客房部预算的主要依据是：客房出租率、客房部的各项支出和用品消耗量等历史资料、日常工作记录等。

实践操作

编制预算时应先了解相关的资料、确定预算内容，然后逐项进行预算。

一、了解相关资料

1. 客房出租率

客房出租率是客房部预算最重要的依据。客房出租率的高低决定着客房营业用品的需求量、员工的使用数量以及客房设备的损耗情况等，对客房的开支起着决定性的作用，因此，客房部必须根据酒店经营业务总计划、前厅部预测的未来一段时间内客房出租率情况来制定预算。

2. 历史资料

客房部的各项支出和用品消耗量等历史资料，对客房部预算的编制极具参考价值。它不仅能够提供营业的一般状况，通过对比分析还能够对未来的发展趋势有明确的认识。因此可根据客房部往年实际消耗的历史资料，在一般状况的基础上，考虑本年度特殊安排，如本地区是否有重大的节庆活动等并适当调整，即可制定出较为准确的预算。

3. 日常工作记录

客房部各项有关员工操作、物品消耗和储存、设备维修保养记录等，都是制定客房部预算重要的参考依据。因此应参考员工操作状况、设备维修保养情况以及物品储存的准确数据修正预算。

4. 检查库存

检查各类物品库存量，现有库存客房部经理要做到心中有数。

5. 制定预算

了解酒店近期规划是否有更新改造或某类产品的改型，并根据规划制定预算。

6. 了解价格

了解供应商各种物品原料的价格，以及价格上涨指数。

二、确定预算的主要内容

1. 工资预算

客房部应根据人力资源部制定的人员编制，在确定员工使用数量的基础上，适当考虑物价上涨、出租率提高、需要补齐人员等因素,确定员工的工资预算。

2. 布草预算

包括床单、枕套、被套、浴巾、面巾、方巾、地巾、浴衣、被芯及其他织物,应根据其需要补充或更新的数量以及市场价计算出计划金额。

3. 制服预算

包括全体员工制服更新购置及增加员工补发制服数量,结合市场价格计算出计划金额。

4. 营业用供应品预算

包括客用物品、清洁剂、洗涤剂等用品。这些应根据客房出租率、物品消耗或损耗情况等进行计算。

5. 客房设备预算

包括客房设备的保养、维修与更新费用,这是客房部预算的大项。客房部应根据酒店的更新改造计划以及客房设备的实际状况,制定出有关客房更新改造的费用预算。

6. 其他预算

包括临时工工资、员工培训费、邮电通讯费、办公用具、印刷品、奖金及劳保用品等。

三、编制预算

编制客房部预算时,应优先考虑在预算期中必须购置或更新、改造的项目,再考虑增加营业项目所需要的投入;同时必须严格按照客房部实际状况和经营需要实事求是地来确定。在编制预算时还应与相关部门如人力资源部、前厅部、工程部等部门充分沟通,认真听取相关部门的意见和建议,以协商确定客房部的开支款项,表8-1为某星级酒店客房部年度预算表,供参考学习。

表8-1 客房部年度预算表

编号	项目	1月	2月	3月	4月	5月	…	12月	合计	百分比
	工资									
	社会保险费									
	住房公积金									
	劳务费									
	福利费									
	包括:工作餐									
	劳动保护费									
	制服费									
	办公费									
	邮寄费									
	通讯费									
	交通差旅费									
	清洁卫生费									
	物料消耗									

续表 8-1

编号	项目	1月	2月	3月	4月	5月	…	12月	合计	百分比
	包括：布草									
	餐具									
	清洁用品									
	印刷品									
	客用消耗品									
	用具									
	其他									
	交际应酬费									
	考察交流费									
	汽车费用									
	洗涤费									
	收视费									
	销售佣金									
	水费									
	电费									
	燃气费									
	网费									
	宣传推广费									
	装饰费用									
	其他									
	费用合计									

学生实训

实训宾馆客房部预算方案

实训地点：实训宾馆。

实训要求：

1. 以小组为单位，对实训宾馆经营状况进行实地调研，了解实训宾馆本年度预算及近两年客房部费用情况。

2. 为实训宾馆编制次年的客房部预算方案。

工作任务二　预算控制

对客房部预算加以控制，是确保实际开支与营业预算中的预计开支相一致的重要手段。

实践操作

客房部预算控制的主要环节如下：

一、分解每月指标

客房部工作随机性大、事务繁杂，一年中每个月的经营活动都随着客情的变化而变化，对物资用品的消耗量也各不相同。因此在年度总预算报批同意后，部门必须结合淡、旺季及设备维修更新情况，将年度预算分解到每月，并与奖惩挂钩，责权利相统一，更好地控制预算。

二、执行预算

每月预算的确定，需落实到客房部各个环节，要求各级员工认真遵照执行，并且可通过制定相应的工作规程、制度来实现。具体方法如下：

1. 做好各项记录

客房部应对物品的使用情况、库存状况进行详细记录。

2. 制定有效的工作日程表

客房部应根据预测客房的出租情况对每周工作日程安排做调整，以确保服务质量。

3. 加强培训与监督

客房部管理者应严格监督员工操作过程中对标准的执行情况，发现问题及时进行培训、纠正。

4. 加强采购环节的控制

绝大多数酒店物资采购都由使用部门提出申购单，经批准后，由采购部统一采购，采购进来的客房物资客房部需对数量、质量进行严格验收。

三、检查控制

预算是控制部门运作过程的有效工具。酒店财务部每月均会制作一份反映各项开支费用的经营状况表，此表的形式与预算表相似。实际发生费用栏目与预计发生费用栏目相对应，便于客房管理人员将两栏目费用进行比较，随时掌握部门的经营状况。

1. 进行比较

控制客房部的费用意味着将实际发生费用与预计发生费用进行比较，然后对其差异进行分析，再采取相应的措施。在进行费用比较时，客房部经理应先看预计的客房出租率是否实现。如果出租率低于预计数，那么实际发生费用就该相应地低于预计发生费用。同样，如果出租率高于预计数，客房部的成本也该相应提高。

2. 分析经营情况

每月对部门的经营情况进行分析并采取相应的措施是客房部经理的一项重要工作。无论费用增加或减少，它都应与出租率的变化成适当的比例。实际发生费用与预计发生费用有一些差异属正常现象，但如果差异很大就应作认真调查，找出差异的原因。如果费用大大超过预算，客房部经理需根据原因找到解决问题的具体措施，使部门的费用支出回到预算上。如：人员排班是否需要进行调整、工作程序是否需要修改、所用的物品是否需更换厂家等。即使发现部门的费用远远低于预算，客房部经理也应查出其原因，也许部门没有达到酒店的服务标准。无论如何，只要有与预算有较大出入的情况发生，客房部就应认真对待，查找原因，向酒店管理层作出说明。

表8-2为一份客房部经营预算表，该表反映了在制作次年预算时当年的预算和实际发生的费用情况，两者比较有助于客房部判断前一年计划的可行性，从而对次年的情况预测得更加准确。预算的每个项目需要编号，全酒店使用统一编号有利于沟通，也能在很大程度上节省时间。表中的百分比可以使管理者对各项费用占总收入的比例一目了然。一般来说，该百分比应相应稳定，因为当出租率上升、营业收入增加时，支出也相应上升，其百分比应基本保持不变。

表8-2 客房部经营预算表

日期

编号	项目	当年		当年		次年		备注
		实际(元)	%	计划(元)	%	预算(元)	%	

经营状况表在形式上与经营预算表大体相同。经营状况表反映了在某段时间内经营的实际结果，即在此期间内所获得的营业收入和所发生的费用支出。经营预算与经营状况表的不同点在于前者反映了对将来某一段时间的经营状况的预测，而后者是这种预测的结果。

表8-3为一份经营状况表样本。该表反映了当月各项费用支出的实际发生额、预算额以及当年的累计额。通过对当月预算与当月实际发生额的比较，客房部可以基本了解部门当月的经营是否按预计的计划进行。由于物品的采购不一定按月计算，其他一些费用的发生也不一定以月为单位，所以当月发生的费用并不能完全反映经营的实际情况，还需要对当年的累计额进行分析。

对经营状况表的分析是客房部经理每月的一项重要工作。实际发生情况与计划的出入主要表现在百分比上，对于百分比有较大出入的项目需认真研究，分析的目的是要求部门经理采取相应的措施，使部门的经营回到预算上，从而达到控制的效果。一些酒店要求部门经理对此作出口头和书面的解释。一些酒店要求将经营状况表做成EXCEL表，用柱形图表来表示，更为直观与清楚。

表 8-3　客房部月度经营状况表

年　　月

编号	项目	本月实际(元)	%	本月预算(元)	%	本年预算累计(元)	%	本年实际累计(元)	%

学生实训

实训地点：实训宾馆。

实训要求：

1. 以小组为单位，对实训宾馆经营状况进行实地调研。
2. 制作客房部月度经营状况表及相应图表，分析客房部经营情况，写出分析报告。

模块二　客房设备用品管理

任务导入

我是一个好当家(2)

1. 分组通过自学、网络查找资料、实地调研，了解酒店客房节能降耗的措施及成效。
2. 以小组为单位到当地酒店设备用品商店进行调研，整理一套酒店客房设备用品的种类、品牌、售价等资料。

工作任务三　客房设备管理

客房设备用品是保证客房部正常运转必不可少的物质条件，选好、配好、用好、管好客房设备用品对保证客房产品质量、提高宾客对客房的满意度、创造良好的经济效益都具有重要意义。

基础知识

一、客房设备的配备

客房设备的配备不仅是简单的客房家具布置和设备安装问题。实际上,设备配置的种类、质量会直接影响客房的功能、档次和特色。因此,酒店必须从产品设计的角度来配备客房设备,配备时具体应考虑以下几方面的问题。

1. 客房档次

酒店需依据经济合理的原则,选择配备与客房档次相适应的设备。档次高的客房,配置设备的种类多,规格也高。如卫生间卫生洁具,普通档次的客房一般配备"三大件",即淋浴间、洗脸盆、恭桶,而豪华客房卫生间往往配有"四大件"(三大件加净身器),甚至五大件(四大件加淋浴间),浴缸内还带有能产生漩涡的水疗装置。有些高档客房,房内配有胶囊咖啡机。卫生间除配有电话分机外,还增设小电视机和音响,方便客人随时观看电视节目、收听广播。

2. 客房种类

一家酒店通常会设计若干不同类型的客房。各类客房的使用功能不同,客房设备配置的要求也不同。如商务房,客房内应配置一张双人床、一套舒适的办公桌椅和现代化的办公设备(或者为客人使用自备的办公设备提供方便)。而公寓房则应考虑家庭居住的需要,可配备小型的厨房、简单的厨具,如电磁炉、微波炉等。

3. 使用对象

不同的使用对象,对客房有着不同的消费需求。酒店应重视研究各类目标市场消费群体的特点及他们对客房的特殊需求,有针对性地配置各类客房设备,最大限度地满足客人的需求。如供女性商务客人用的女性客房,房内应配备梳妆镜、梳妆台。长住客物品较多,客房内应加配储物柜或书橱。有些客人对健身设施要求较高,客房内可配备一些简单的健身器材,如跑步机、哑铃等。

4. 经营思想

酒店管理者的经营思想是配备客房设备的主要依据之一。如果管理者主要从节约能源方面考虑,有些客房设备如电热淋浴器虽然使用方便,但耗电量较大,就不宜选用。经济型酒店客房大都选用分体式空调,以节约能源。有些酒店标准双人房两床中间配置活动的床头柜或不设床头柜,两张床铺可分可合,便于销售。

5. 竞争对手

"知己知彼,百战不殆"。酒店应了解主要竞争对手客房设备配备的种类、规格、档次等情况。为保持在竞争中的优势,客房设备配备应适度超前,在竞争对手中处于较为有利的地位,做到"人无我有,人有我优,人优我特",打出品牌,创出特色,吸引客人。如一些高档酒店在商务客房内配置自动熨裤架,给客人提供了方便。

二、客房设备的选择

客房设备的质量直接影响住客的满意率及设备的使用效果和使用寿命。选择客房设

备时,应考虑以下因素:

1. 实用、牢固

客房内所配置的设备必须实用。每一件设备都有其特定的功能,都必须满足客人的实际需要,并且使用方便。此外,客房设备使用率较高,使用对象更换频繁,所以应选择操作简便、坚固耐用的设备。

2. 舒适、方便

舒适、方便是客人对客房设备的共性要求,如许多酒店将客房的沙发换成沙发躺椅,即一张沙发、一张座凳,合起来用是躺椅,分开后,可供两人使用。电吹风尽量不固定在墙上,因为线太短,客人使用极为不便。电话机最好是移动电话,方便客人在房间各处使用。此外,客房设备需方便客人操作,如传统的床头电源控制柜,客人操作不便。一些酒店的窗帘采用电动控制开关,客人使用极为方便,手一按即可开合窗帘。

3. 美观、协调

客人在客房内逗留的时间较长,客房设备应在实用、牢固的基础上讲求美观、协调,使客人在使用过程中得到某种享受。首先,设备外观要好看,给客人以美感;其次,设备的规格、造型、色彩、质地、档次等必须与客房整体布置相协调;第三,同一客房内的设备需配套协调,给客人以和谐、舒适之感。

4. 安全

安全是住客的基本要求。客房内所有设备都必须有很高的安全系数,在布置安装时需采取相应的预防性措施。如电器设备的自我保护装置、家具饰物的防火阻燃性等,甚至包括防滑、防静电、防碰撞、防噪音污染等要求。

5. 节能、环保

节能和环保是选择客房设备时必须考虑的因素,随着人们节能和环保意识的增强、科学技术水平的提高,新的节能和环保产品不断涌现。酒店在配置客房设备时,应优先选择利于节能和环保的产品,如节能灯、节能恭桶,以减少消耗、降低成本,为保护环境作出贡献。

6. 便于清洁、维修保养

客房设备每天需要清洁,另外无论设备质量多高、多么坚实耐用,都需要维修保养。因此,在选择客房设备时,必须充分考虑这方面的因素。客房设备本身的材料、构造应便于清洁和维修保养。另外,客房设备的布置安装也要便于维修保养。如木制家具线条要流畅,不宜有过多的装饰花纹。又如水晶吊灯清洁和维修非常困难,就不适宜用在客房。

7. 售后服务

设备供应商有无售后服务、售后服务质量如何是选择客房设备必须考虑的因素。酒店应尽可能多了解一些设备供应商的信誉、售后服务等情况,在购买设备时须与供货商签订相关协议,要求其提供相应的售后服务。

三、客房设备的更新改造

客房的更新改造主要出于两个方面的原因:一是酒店建造使用时间已很长,客房装潢和设备都已陈旧老化,继续使用不仅不能保持其水准,而且维护费甚高;二是酒店业竞争日趋激烈,宾客需求不断变化。目前,客房更新改造的周期有缩短的趋势。相当一部分酒店在刚开业时就将客房的更新改造列入议事日程,将其作为酒店周而复始、不间断进行的工作,以保持产品的常新,保持酒店的硬件处于领先地位。

客房设备的更新改造计划往往有以下规律。

1. 常规修整

此项工作一般每年至少进行一次,内容主要有:

(1) 地毯、饰物的清洗。

(2) 墙面清洗和粉饰。

(3) 常规检查和保养。

(4) 家具的修饰。

(5) 窗帘的洗涤。

(6) 油漆的更新。

2. 部分更新

客房使用达5年时,应实行更新计划,包括:

(1) 更换地毯。

(2) 更换墙纸。

(3) 沙发布、靠垫等装饰品的更新。

(4) 窗帘、帷幔的更换。

3. 全面更新

这种更新往往10年左右进行一次。它要求对客房的陈设、布置和格调等进行全面彻底的改变。其项目包括:

(1) 橱柜、桌子的更新。

(2) 弹簧床垫和床架的更新。

(3) 坐椅、床头板的更新。

(4) 灯具、镜子和画框等装饰品的更新。

(5) 地毯的更新。

(6) 墙纸或油漆的更新。

(7) 卫生间设备的更新,包括墙面和地面材料、灯具和水暖器件等。

客房设备更新尤其是全面更新改造前,酒店一定要做广泛的市场调研,了解国内外同行业的情况,根据酒店自身的经济实力,既不能贪大求全,又要有一定的远见性、超前性;要合理调整客房设备,注意增添一些方便客人享用的新功能、新科技设备;要有新观念、新思维,敢于突破传统习惯,形成自己的特色。

【小资料8-1】

四季酒店设施与用品人性化

现代优质服务首先必须有现代科技和一流设备为支撑。上海四季酒店在这方面的人性化设计及投入令人佩服。

先从客房的门说起,门中有钢板,门的三面有橡皮条镶嵌,像冰箱一样密封。门的下面是大理石条,当门关闭时,底部的橡皮自动顶下,房门就全部密封。在正常情况下,绝对隔音,遇到火灾、烟雾(火灾时死亡最多的是烟雾窒息)进不了房,门可抗烧6小时之久。即使如此安全的门,但打开电视机,首先介绍的不是酒店的豪华舒适,而仍是酒店的安全指南,"四季"对客人安全的重视,令人钦佩。

进门不插节能匙卡,这是"四季"的观点,用房卡兼电源开关,给客人带来不便,尤其是忘了拿东西返回时,更麻烦。当然,这一点,每个人心里都很明白,在我们的家里,是不用插卡来控制电源的。所以四季的理念是:像家庭一样,门口即是能触摸到的开关。至于节能,那是酒店的分内工作,不能让客人去做,更不能给客人带来不便。

按下开关,首先亮的是顶灯,显然这是任何家居必要而又简单的照明。然而,绝大多数酒店(包括国外高级酒店)就是不装,这是人性化的一大缺憾。

客房顶灯很重要。要知道,房内安装再多其他灯,都只解决了局部照明,而顶灯是用来解决整体照明的。这个浅显的家居常识,为什么我们酒店的设计者、管理者和行业指导者多少年来一直视而不见,置若罔闻呢?

四季的床堪称是极品,包括弹簧、填充料等里里外外用100多种原材料精制而成的,人体任何部位的沉降力它都能支托到。而且"四季"的床全球一致,住纽约、伦敦、东京,与住上海的四季酒店,床垫的质感和软硬性完全一样,连床上布草也完全采用相同的200支棉织品。若客人对床垫另有要求,可以另换;如枕头的高低软硬不合适,也立即更换,并联网储入客史档案。床尾的垫凳可以翻起,搁放大箱子,让客人把衣物细软摊在床上,从容地整理入箱。

保险箱就放在电视机下,取放东西不弯腰。更关键的在于保险箱的尺寸。在现代社会,客人都刷卡消费,因此,保险箱存放现金的功能大大弱化了。对住"四季"的客人来说,其随身的手提电脑十分重要,里面有许多机密。因此,四季酒店的客房保险箱是专门为存放手提电脑设计制作的,又深又宽,可放进各种型号的手提电脑。

卫生间十分宽敞,有10平方米,墙面不用大理石,而是贴暖色调的墙纸,因为客人在卫生间时穿得单薄或赤身,大理石会产生阴冷的质感。当然,不必担心墙纸会被弄坏,这里用的是世界上最好的防水、防潮、防霉的高强度墙纸,展现一份柔和和温馨的气息。

干湿分开自不待言,就是淋浴间那扇门也有讲究,门可里向外向两面开,当开到大于30度角时,开到哪个位置就停在哪儿;而小于30度角时,就自动关上,其考虑就是避免角度大时的冲击力撞痛或绊伤客人。水龙头装在客人在淋浴间外手伸即可得到的位置,这样客人可以先开启龙头,把管道中存留的凉水先放掉而不溅到身上。

卫生间的门与门框之间有三块小不点儿的橡皮,关门时既没了声响,又保证长久不破损。从这不到一块钱的三块小橡皮中,足见"四季"的细腻匠心。

宽带设施是高星级酒店必备的,在"四季"则更合理方便,拉开电话机下的翻板即可使用,密码就是房号,万能转换插座就放在抽屉里,不必打电话找客房中心。

实践操作

客房设备管理是客房管理的重要内容,加强对客房设备的管理,有利于保证客房产品质量、延长设备的使用寿命、减少设备维修更新的资金投入。

一、客房设备的资产管理

客房设备大都属于酒店的固定资产,所以设备管理首先应做好资产管理工作。

1. 建立账卡

购进客房设备后,客房管理人员必须严格查验,建立设备登记档案,将需用的设备按进货时的发票编号、分类、注册,记下品种、规格、型号、数量、价值以及分配到何部门、何班组。每个使用单位(一般以一个或若干个班组为一个单位)将所管理的设备登记在小组设备账卡上(见表8-4)。

表8-4　客房设备账卡

班组_____

类别	名称	编号	规格	数量	领出	结存	建账日期	经手人

客房设备还需建立相应的档案卡,建卡时要做到账卡相符,即档案卡登记设备的品种、数量要与小组账本相符,以便核对控制。客房设备在使用过程中发生维修、变动、损坏等情况,都应在档案卡片及相关账册上做好登记,设备的使用状况也要做好记录,以便设备维修部门全面掌握。建立客房设备档案时,需按一定的分类法进行分类编号,每件设备都有分类号,以便管理(见表8-5)。

表8-5　客房设备档案卡

项目	购买日期	供应商	价格
型号		编号	

出外维修情况

日期	价格	维修项目	修理方式

2. 建立客房设备的历史档案

为全面掌握客房设备的使用情况、加强对客房设备的管理,除了建立设备账卡外,还应建立客房设备的历史档案。所有客房包括公共区域的设备,均须设有历史档案,主要内容有:设备的种类和数量、装修或启用日期、规格特征和历次维修保养记录等。

(1) 客房装饰一览表(见表8-6)

该表要求将客房家具、地毯、织物、电器、建筑装饰及卫生洁具等分类记录,并注明其规格特征、制造商、使用日期等,每一间客房一张表格。

表 8-6　客房装饰一览表

区域_____　房号_____　类型_____　面积_____

设备类别	项目	数量	规格	制造商	色彩	单价	使用日期	维修保养记录	更新改造	备注
家具	床垫床架									
	床头板									
	床头柜									
地毯织物										
电器										
建筑材料										
卫生间										

(2) 楼层设计图

楼层设计图可表明酒店共有多少类型的客房,客房确切的分布情况和功能设计等。

(3) 织物样品

墙纸、床罩、窗帘、地毯等各种装饰织物的样品都应作为存档资料。如果由于原来选用的材料短缺,采用了其他材料作为代用品,则应保留一份这种替代品的样品存档。

(4) 照片资料

每一种类型的客房都应保留有如下资料图片:床和床头柜的布置、座椅安排格局,写字台、行李柜布置,卫生间地面和墙面、水暖器件和电器等,套房的起居室和餐厅、厨房等。

(5) 客房号码

根据客房的类别和装饰特点,分别列出客房号码的清单。

以上这些资料做好后,还应根据新的变化予以补充和更新,否则将逐渐失去意义。

3. 建立工作计划表

客房部经理办公室应设有一份工作计划表,列上那些需要安排特别工作的房号或区域,如大维修或更换物件、重新装修等。待所列工作完成后则登录到档案记录中,再更换新的内容。这一工作计划表可以提醒客房部管理者,不要忘记那些需要特别关照的工作。

4. 建立机器设备档案

机器设备档案应按要求逐项填写(见表 8-7),其作用有:说明设备的使用寿命,强调对设备进行保养的重要性,指示使用者何时应计划购买新的设备。此外,每件设备都应为其划分使用区域,并应在必要时作上适当的永久性辨认标记。

表 8-7 机器设备档案

设备名称:	使用寿命:
生产厂家:	供货商:
编 号:	部门编号:
购买日期:	价 格:
保修日期:	存放地点:
领 用 日:	

配件:	购买日期:	价格:

备件及维修购买件:	购买日期:	价格:

二、客房设备的日常管理

1. 归口管理,明确责任

客房部对设备应进行归口管理,建立完善的责任制度,充分调动员工积极性,管理好、使用好、维护好设备。

客房服务员在清扫客房时必须重视检查客房设备这个环节。如灯具是否明亮,电视机是否清晰、频道是否调好,电话是否畅通,卫生间龙头出水是否顺畅,地漏排水是否流畅,换气扇是否非常,冰箱是否漏水,电子门锁是否需换电池等,这些是显而易见的,服务员需及时检查报修。此外凡发现设备损坏,零配件脱落应拾起来保管好等维修人员修理时用,如面盆塞子、金属盖板、毛巾杆的装饰螺帽、抽屉拉手、柜门铰链、喷头扳把、窗帘挂扣,总之一个零件、一个螺帽钉都不能丢失。只有这样才能迅速恢复原样不使设备残缺不齐,保持设备的完好率。

【案例 8-1】

一 封 传 真

下午五点,入住某四星级宾馆 1105 房的卢先生,急匆匆地跑到商务中心要求发送一份文件。商务中心员工小李感到纳闷,于是问道:"先生,您的房间里有传真机呀,看您这么急,为什么还跑下来呢?"客人气不打一处来地说:"我就是看这个房间有办公设备才入住的,谁知今天领导要我发一份急需用的文件,传真机却怎么试也没用,可把我急死了,这么高档的酒店,设备总不能是个摆设吧?"

小李想尽力平息客人的怒气,于是对卢先生说道:"您现在的心情我非常理解,因为我也是做这一行的,也曾有过这种经历,我对此深表同情。首先我代表酒店向您表示道歉!但谁都知道名车开久了也有抛锚的时候,我们绝对不是故意坐视不管,给您造成不便我们也很难过,但谁也舍不得让它成为摆设的,您说对吗?我非常感谢您给我们的提醒,我马上通知网管去维修,并会将此事报告我的上司,让大家对此引起足够的重视。保证给您一个满意的答复,您看好吗?"说完小李向客人表示了谢意,随即电话通知了网络维修工,并将此事报告了经理。卢先生看着小李做完这一切,满意地点头离去了。

点评：本案中小李无意中的一句问话，碰撞出了一个客房部平时经常忽略的问题，那就是对传真机这样的高档设备，有些酒店客房虽然配备了，但在维修保养上却不太重视。因为客户群等原因，一些客房传真机长时间没人动用过，而服务员做房间也会疏漏，于是便造成了像本案例中卢先生所遇的麻烦。其实，只要酒店建立起完善的日常检修制度并加大执行力，此类问题完全可以避免。

2. 建立日常保养制度

客房部应根据房间家具设备的使用特性，制定客房设备的保养周期和保养质量要求，并严格执行。如房间铜器每天用擦铜剂擦拭一次，家具每月用家具蜡保养一次，电冰箱每周除霜一次等。

为保证客房设备运行良好、及时发现隐患，对各类客房设备还应制定定期检查制度，责任到人。如有些酒店采用万能工的方式，定期对客房进行检查和计划维修，发现问题及时处理，见表8-8。

表8-8 万能工工作范围（客房区域）

检修项目	检修内容	转修内容
上水系统	管道井支管以后阀门、减压阀、Y型过滤器、混合器、压力表、连接软管、水嘴及滤网、喷头管、马桶上下水阀、房间分节门及以下各节门	墙体内部、各分节门以上故障及改造工程
下水系统	地面以上部分及非主干管的疏通	墙体内部、地面以下部分
卫生洁具	马桶、面盆、浴缸、卫生间五金件，打胶	浴缸、恭桶更换
家具	（小范围的）补油漆、补壁纸胶、桌椅拼合紧固、各五金件紧固和更换	全面油漆
墙面、墙纸、天花	补洞、补漆、补胶、墙纸修补、天花修补	整面墙纸更换和天花更新
地脚线、镜线	修补、补漆和固定	更换
灯具	检修、更换备件	
开关、插座	检修更换	
电视、电话、音响	检修、调整	更换
消防	检查、清洁	更换、调试
门及门上五金	检查修理、补漆、五金件更换	更换门及门框
地毯	固定门口条、修补、开胶修补	更换、绷紧
空调	过滤网检查清洁、凝水盘管疏通、温度检查校正	
备注	工作量超过4小时或特殊经过申请批准的工作	转专业组

3. 及时维修

客房设备一旦出现问题，应及时进行维修，否则小问题易变成大问题，增加维修工作量，缩短设备的使用寿命。客房维修有两种类型：一是小维修，二是大维修。小维修是对设备进行局部的修理或更换部分小零件，恢复其使用性能，在短时间内即可完成；大维修是对设备进行全面的修理，需花费较长时间更换主要部件来恢复其使用功能。

【案例 8-1】

客房维修制度

某酒店客房报修原来采用电话口头报修,楼层客房与工程部维修班组矛盾摩擦比较大,后在两个部门共同协商的基础上,重新制定了相应的沟通协调制度:

1. 重新划定在客房维修保养问题上客房部与工程部的责权范围。
2. 原先的电话报修问题较多,改为书面报修,并制定了报修制度。
3. 根据维修项目的轻重缓急及以往的维修经验,将客房常见维修项目分为三大类,规定所需维修时间。

客房常见维修项目维修时间

维修种类	常见及参照项目	维修时间
A类		10分钟
B类		20分钟
C类		30分钟
备注		

4. 重新设计维修单,在维修单中注明维修所用材料。
5. 制定维修质量标准,控制维修质量。如墙纸维修的质量标准:
（1）若墙体不平,用石膏补平。
（2）旧墙纸如能继续使用,补上即可。
（3）旧墙纸如不能继续使用,从上到下换一张,修补后应无明显痕迹,1.5米以外看不到接口。
6. 建立部门之间交叉培训制度,制订培训计划,加强培训效果跟踪调查。

规定楼层客房班组、PA组、洗衣房员工接受工程部的交叉培训,工程部负责客房维修的班组人员同样需到客房部进行培训学习。

点评:划清界限,才能永保和平。分工是为了部门更好地履行自己的职责、行使自己的权力,但分工不能分了家,各个部门、班组、岗位、员工之间还需强化服务意识。

4. 重视员工培训

客房部相关员工必须参加设备培训,学习和掌握所使用设备的原理、结构、性能、使用、维护、维修及技术安全等方面的知识,强化设备操作技能训练,并严格考核。

【案例 8-2】

人人都是"维修工"

为了更好地做好客房设施设备的维护保养工作,某酒店对客房部员工进行了客房内常见设备问题处理的培训工作,一些"小毛小病"客房服务员可以自行解决。如常见的客房空调效果不佳,客房服务员如果发现是温度不适当或风量调节不当,即可调好风量档次。如果是空调出风口金属风向叶片没整理好,只要服务员垂直水平调整一下叶片问题解决了。水箱漏水的滴答声直接影响到客人的休息,服务员听到水响声就会马上处理,可能是浮球阀的控水位置不当,也可能是盖水皮碗下没有恢复原位,前者服务员可调整水位,后者服务员可将水箱扳把上下抖动复位,其他原因漏水则需要报修。如电器有毛病,服务员就会先检查电源插座是否插入,接通,灯泡有无问题,一般看灯泡是否烧坏,乌丝烧坏可自己动手换上,其他问题必须找电工维修。

点评:客房作为商品出租,不仅要为客人提供舒适优雅的休息环境,还要使客房保持良好的状态,设备设施的完好程度直接影响到酒店的声誉,最终影响到客房出租。客房服务员是做好对客房设备的维护保养首要责任者。培训员工掌握客房内常见设备问题的处理方法,不仅可以使设备问题得到及时解决,减少了维修的成本,同时员工也掌握了一门实用的技能。

【小资料 8-2】
IT 颠覆住店体验

如果你是黄龙饭店的 VIP 客人,在走到离总台 5 米远的地方时,酒店服务员就能识别你是怎样一位客人。进入酒店后,你不用办任何手续就能完成入住,而且客房将自动按照你的习惯进行相关设置,如自动调节光线、温度等,让你能够马上在自己熟悉的舒适空间里工作和休息。这是因为黄龙饭店为酒店的 VIP 客人制定了特殊的智能卡。借助 RFID 的应用,凭借此卡,VIP 顾客一进入酒店即可被系统自动识别。

不管你是不是 VIP 客人,入住后,也不用像以往那样担心酒店客房太多而找不到自己所属的客房,因为出了该楼层电梯,前面就有指示牌根据你的房间号区域亮起来,而且箭头可以不停地闪动,直到把你引导到你所属的客房。客房内的互动电视系统可以自动获取你的入住信息,并且在你进入房间时主动欢迎你入住,系统的背景画面和音乐可以随季节、节日、客人生日及特殊场合而自动更换。如果你恰巧正在沐浴或已就寝,或者在其他不便应答的时候有人按门铃,不必像现在这样走到猫眼去看门外到底是谁,因为门外的图像会主动跳到电视屏幕上,一目了然,然后你才需要决定以什么样的形象去开门。

此外,不管你身处酒店的哪个位置,都会有临近的服务员热情地为你提供你最熟悉而喜爱的服务。因为饭店给所有服务员都配备了 PDA,客户信息会第一时间通过无线传送到 PDA 上。

如果你是来自海外的客人,入住黄龙酒店后,不再为没有本地手机而操心通信不方便。黄龙饭店每个房间的电话分机都具备手机系统的特性,你不但可以手持移动分机终端在酒店内使用,还可以带着它游览西湖,甚至漫游到其他城市。而这些费用会直接记录到客人的客房账单上,不会占用客人时间办理各种复杂的手续。

如果你住在黄龙饭店,还可以通过客房的数字电视直接打印机票登机牌,避免了排队办理手续的琐碎,还减少了在机场逗留的时间。与此同时,你只需要打一个电话到服务中心,所有在酒店的服务问题都能得到解答,而不需要像以往那样要拨打不同的分机号码来获取不同的服务。比如说,如果你想要了解饭店周边景区景点位置,服务中心会以最快的速度将最佳路线图通过酒店系统推荐给你;如果你需要订餐,也是用这个电话。

如果你是一个市场相关人员,黄龙饭店在会议管理上能给你带来很多便利的服务。如果你在黄龙饭店办展会,会议管理系统就会自动统计客人在不同的展区停留的时间。如果你在酒店举办宴会,也不用再手忙脚乱地为宴会宾客领位。宾客在到达大宴会厅门口时,大屏幕会自动显示宴会厅的平面图,宾客所在的餐桌位置会发亮闪烁,这样宾客们就能快速就位。

而黄龙饭店自身也将在绩效管理上运用全新的派工系统。每个客房服务员都配有移动终端设备,客房中心每天将服务任务发到每个终端,员工在接到指令后第一时间回复并在完成服务后直接回复给客房中心。客房部经理可以直接根据系统显示的信息来考评员工服务效率。

> **学生实训**

建 立 账 卡

实训地点：实训宾馆。

实训要求：

在教师指导下，按一定的规范，分小组为实训宾馆客房设备建立账卡。

工作任务四　客房客用物品管理

> **基础知识**

客房客用物品的选购、储存、配置、使用、控制等各环节的工作做得好坏，直接关系到客房的档次高低、宾客的满意程度以及酒店的经济效益。

一、客房客用物品的配备

1. 客房客用物品的种类

客房客用物品的品种较多，通常分为两大类：客用消耗物品和客用固定物品。

（1）客用消耗品

主要是指供客人在住店期间使用消耗，也可在离店时带走的物品。此类用品价格相对较低，易于消耗，所以，也有人称之为客用低值易耗品，如火柴、茶叶、信封、信笺、肥皂等。

（2）客用固定物品

指客房内配置的可连续多次供客人使用、正常情况下短期内不会损坏或消耗的物品。这类用品仅供客人在住店期间使用，不能在离店时带走，如布草、杯具、衣架、文具夹等。

2. 客房客用物品的配置

不同星级、档次类型的客房，客用物品配置的种类、规格是不相同的。酒店应根据自身的情况及有关行业标准，合理进行配置。

二、客房客用物品的选择

客房客用物品种类繁多，选择时主要需考虑以下因素：

1. 宾客至上

客房必须能满足客人日常起居生活的需要，客房客用物品必须充分体现"宾客至上"的原则，做到实用、美观、方便使用。如针线包，可选用已将不同颜色的线穿好在针眼内的，免去客人"穿针引线"之累。

2. 效益为本

在满足客人实际需要品前提下，客房客用物品的配置要以"效益为本"，考虑投入与产出的关系，尽可能选择价廉物美的产品，以降低客房费用。如小闹钟是多数欧美旅客所喜欢的用品，客房内配置小闹钟，一定会受到客人的欢迎，其费用也不高。

3. 利于环保

环境保护已经成了全人类的共同任务，酒店应尽可能选用有利于环保和可再生利用的客房客用物品。如配置固定的可添加液体肥皂的容器，将容器分别安装在洗脸台上方和浴缸上方墙面，客人用多少按压多少，既方便了客人，又减少了浪费。

三、客房客用物品的保管

做好客房客用物品的保管，可以减少物品的损耗，保证周转。良好的库存条件及合理的物流管理程序是搞好客房客用物品保管工作的两个必要条件。

1. 库存条件

（1）库房需保持清洁、整齐、干燥。

（2）货架应采用开放式，货架与货架之间要有一定的间距，以利通风。

（3）进库用品需按性质、特点、类别分别堆放，及时码放。

（4）加强库房安全管理，做到"四防"，即：防火、防盗、防鼠疫虫蛀、防霉变。

2. 物流管理

（1）严格验收。

（2）分类上架摆放。

（3）进出货物及时填写货卡，做到"有货必有卡，卡货必相符"。

（4）遵循"先进先出"的原则，应经常检查在库物品，发现霉变、破损及时填写报损单，报请有关部门审批。

（5）定期盘点，对长期滞存积压的物品需主动上报。

（6）严格掌握在库物品的保质期，对即将到期的货物应提前向上级反映，以免造成不必要的损失。

实践操作

一、客房客用物品的领发

客房客用物品须定期领用发放，做到保证满足客房运转需要，省时省力，减少领发环节及损耗。通常根据楼层小仓库的配备标准和楼层消耗量等，规定领发日和领发时间，一般是一周领发一次。这样不仅使领发工作具有计划性，方便中心库房人员的工作，还能促使楼层工作有条不紊，减少漏洞。在领发之前，楼层服务员应将本楼层小仓库的现存情况统计出来，按楼层小仓库的规定配备标准提出申领计划，填好申领表，由领班签字。中心库房在规定时间根据申领表发放物品，并凭申领表做账。

一些酒店专门配备了布草运送车，洗衣场每天根据楼层开出的布草申领数，将布草配好，放入布草车内，运送到楼层，服务员清洁整理客房时直接从布草车上拿取布草。这种做法减少了干净布草运送到楼层后存放到楼层工作间，再补充到房务工作车的两个环节，提高了工作效率。

二、客房客用物品的消耗控制

1. 制定消耗定额

在实际工作中,客房部应加强对客用物品消耗情况的统计分析,积累经验,从而制定出客用物品的消耗定额,并据此对客用物品进行有效控制。

(1) 客用消耗物品的消耗定额

客用消耗物品通常是按其配备标准配置和补充的。但由于客用消耗物品并非每天都全部消耗掉,因此,对这些物品的实际消耗情况需进行具体的统计分析,从中找出规律。

① 单项客用消耗物品的消耗定额。可以用下列公式计算:

单项客用消耗物品的消耗定额 = 出租客房的间天数 × 每天客房的配置数 × 平均消耗率

$$平均消耗率 = \frac{消耗数量}{配置数量}$$

例:客房内的茶叶,某酒店客房每间(套)客房每天供应 4 包,每间客房每天的平均消耗量为 3 包,平均消耗率为 3/4,即 75%。如果某一楼层本月客房的出租总数为 576 间天,那么该楼层本月茶叶的消耗应为:

$$576 \text{ 间天} \times 4 \text{ 包/间天} \times 75\% = 1\,728 \text{ 包}$$

② 全部消耗用品的定额。可用下列公式计算:

全部客用消耗用品的消耗金额 = 出租客房的间天数
× 每间客房配置客用消耗品的总金额
× 平均消耗率

例:某酒店客房每间(套)全部客用消耗用品的总金额是 8 元,平均消耗率为 60%,某楼层月出租客房的总数为 576 间天,那么该楼层本月客用消耗用品的消耗总金额为:

$$576 \text{ 间天} \times 8 \text{ 元/间天} \times 60\% = 2\,764.80 \text{ 元}$$

(2) 客用固定物品的损耗定额

客用固定物品的损耗定额,应根据各种物品的使用寿命、合理的损耗率及年更新率来确定。这类物品的品种很多,各种用品的使用寿命、损耗率、更新率及使用频率等不同,因此需分别单独制定每一种客用固定物品损耗定额。

例:某酒店客房瓷杯每月损耗率定为 4%,该酒店拥有客房 160 间(套),每间客房平均配备瓷杯 2 只,瓷杯的月损耗为:

$$160 \text{ 间} \times 2 \text{ 只} \times 4\% = 12.8 \text{ 只}$$

需要特别注意的是:在控制客用物品时应做到内外有别,即客人使用的物品,需严格按有关标准配备,该补充的一定要补充,该更新的必须及时更新。内部员工使用的,要厉行节约,能修则修,能补则补,精打细算,在保证对客服务质量的前提下尽可能节约。

2. 制定客用物品的配备标准

制定客用物品的配备标准,是实施客用物品消耗控制的重要措施之一。合理的客用物品配备标准,既能满足对客服务的需要,又不过多占用流动资金,还能避免不必要的损耗。

(1) 客房客用物品的配备标准

客房部应详细规定各种类型、等级的客房客用物品配备数量及摆放位置,并以书面形式固定下来,最好配上图片,供日常发放、检查及培训用。这是控制客用物品消耗及损耗的基础。

(2) 楼层工作间客房客用物品的配备标准

楼层工作间应该配备客房客用物品,以供楼层周转使用。楼层工作间客用消耗物品的配备通常以一周使用量为宜;对其他非消耗品,则应根据各楼层的客房数量及客情等具体情况确定合理的数量标准。配备物品的品种、数量等需用卡或表格标明,并贴在库房内,以供盘点和申领时对照。

(3) 中心库房客房客用物品的配备标准

客房部通常设有中心库房,储备客房部的常用物品。中心库房的客用消耗品储量以一个月的消耗量为标准,其他客用物品的品种和数量则视实际使用和消耗情况及周转频率确定。

3. 加强日常管理

日常管理是客房客用物品控制工作中最容易发生问题的一个环节,也是最重要的一个环节。

(1) 专人领发,专人保管,责任到人

客房客用物品的领发应由专人负责,不能多人经手。如果必须多人经手,就要严格履行有关手续。储存和配置在各处的物品,要由专人保管,做到"谁管谁用,谁用谁管",避免责任不明,互相推诿。

(2) 防止流失

在客房客用物品的日常管理中,要严格控制非正常的消耗,如员工自己使用、送给他人使用、对客人超常规供应等。

(3) 合理使用

员工在工作中要有成本意识,注意回收有价值的物品,并进行再利用。另外,还要防止因使用不当而造成的损耗。

(4) 避免库存积压,防止自然损耗

很多客用物品尤其是客用消耗品都有一定的保质期,如果库存太多、物品积压过期,难免会造成自然损耗。因此,酒店要根据市场货源供需关系确定库存数量,避免物品积压。

4. 完善制度

为了有效地控制客房客用物品的消耗,客房部必须建立一整套制度,规范客用物品的保管、领发、使用和消耗等工作,并根据制度实施管理。

5. 加强统计分析

酒店各楼层客房服务员要对每天的客房客用物品消耗进行统计,由领班进行核实。客房部中心库房须统计每天、每周、每月、每季度、每年度的客用物品消耗量,并结合盘点,了解客用物品的实际消耗情况,并将结果报客房部经理。客房部需对照消耗定额标准及有关制度实施奖惩。只要实际消耗情况与定额标准偏离较大,就必须分析原因,进行整改。

6. 降低消耗,保护环境

在客房客用物品消耗控制过程中,要始终高度重视并切实做好降低消耗和环境保护工作。合理地降低消耗能够有效地控制成本,减轻酒店负担,提高经济效益;做好环境保护工作,对于酒店乃至全人类的生存和发展,都有非常重要的意义。

客房部应采取多种措施,做好降低消耗和环境保护工作,尤其是要大力推行四个"R"的做法。四个"R",是指四个以"R"开头的英文单词:Reduce、Reuse、Recycle 和 Replace,是人们对降低消耗和环境保护工作一些具体做法的高度概括。

(1) 减少(Reduce)

客房部可从以下几个方面着手,尽量少使用对环境有污染的物品,如塑料用品和塑料包装材料。下面介绍和推广一些酒店的做法:

① 减少客房客用物品的配置。减少配置主要指在不影响服务质量的前提下,适当减少一些客用物品的品种、数量,对于一些客人不常用的物品,不作为正常供应品在客房内配置,如果客人需要,可以临时提供。

② 减少客房客用物品的更换。对客房的一些布草用品如床单、被套及毛巾可减少更换次数,大部分酒店在客房和卫生间放置环保卡,用于提示和解释。需要注意的是,许多酒店环保卡字太小,客人有时根本不会留意到,另外环保卡应放置在合适的位置。

③ 减少客用消耗品的包装。客用消耗品的包装盒都不是必需的,如牙膏、木梳的包装盒,过多的包装造成了浪费,客人使用也不方便。如卫生间的客用消耗品可以放在一只专门的洗漱用品盛器内,既不影响美观又可减少包装,同时,还能减少员工整理擦拭这些消耗品的工作量。

④ 调整客房客用物品的发放方法。对连续租用两天以上的客房,在清扫整理时,不一定将客人动用过的消耗物品一概重新更换,而是视情况在保留原有物品的同时再做补充。为避免客人因担心牙刷、拖鞋等物品互相混淆而丢弃的情况,在双住的客房放置两把不同颜色的牙刷、两双有明显区别的拖鞋,甚至浴衣、毛巾、杯具都有颜色区分。这种客用物品的发放方法,既尊重了一部分客人"喜新厌旧"的权利,又顺应了一部分客人节约资源的良好意愿;既降低了消耗,又避免了丢弃这些物品所造成的环境污染。

⑤ 调整客房整理的次数。进房次数多,不仅增加了成本费用,有时还因打扰了客人而引起客人的投诉。酒店可根据客源对象等具体情况适当调整客房整理的次数。目前,在国外一些酒店,晚间做夜床已不是每天必做的工作,而采取事先在客房内放置告示卡的方式,用于提示和解释。告示的内容设计为:尊敬的宾客,为避免影响您的休息,我们不敲门进房做夜床。如您需要夜床服务或其他服务,请致电客房中心,号码为××,我们可随时为您提供服务。

(2) 再利用(Reuse)

客房可以再利用的物品很多,人们对这些物品再利用的方法也很多。

① 注重回收。通常酒店要求员工在日常工作中注重回收那些已经用过,但仍有再利用价值的物品。客房服务员清扫房间时,可以回收报纸、杂志、酒瓶、饮料罐、用剩的牙膏、浴液、洗发液等,有些物品的包装材料和容器等也可以回收。

【案例 8-3】

客房内的环保垃圾桶

美国某双树逸林酒店内的客房配备的垃圾桶是有两个桶组成的(见图 8-2),并且用不同的颜色区分,上面还有文字提示。其中一个桶投放可回收垃圾的,另一边的桶则是投放不可回收垃圾的,就像我们国内许多地方的垃圾桶一样。双树逸林是希尔顿酒店集团旗下的一个品牌,从该酒店客房里这个垃圾桶的设置,就可以看出酒店对于环保的重视。酒店作为当地比较大型的建筑设施,能源消耗比较大,同时酒店在经营管理中产生的废弃物也比较多。

点评:酒店必须加强节能环保,从设施、管理、服务等各个方面采取切实可行的措施,提高酒店的绿色化水平。酒店节能环保也应该从细节做起!

图 8-1　客房环保卡

图 8-2　客房环保垃圾桶

② 合理利用。凡是具有再利用价值的物品,回收后再合理利用,这样做既可以减少物品消耗,又可避免简单地将其作为垃圾处理,造成环境污染。如剩下来的肥皂头、牙膏、浴液、洗发液等,可以用于清洁保养工作。一些物品经过再加工还可以继续使用,如报废的床单可改制成洗衣袋;报废的毛巾可作抹布使用。

(3) 循环(Recycle)

循环使用是减少客用物品消耗,做好环境保护工作的一项重要举措。客房的某些物品如果在材料和设计上做些调整,就可以循环重复使用。如以前很多酒店客房内配置的洗衣袋都是塑料制品,属于一次性消耗品,用过即弃,不仅造成浪费,而且污染环境。现在不少酒店都改用布口袋作为洗衣袋,且设计、制作比较讲究,使之成为经久耐用的环保用品。

(4) 替代(Replace)

酒店应尽可能使用有利于环境保护和可再生利用的产品,以替代一些传统产品,如用纸质包装取代塑料包装。

为减少一次性用品的使用,倡导绿色环保,一些酒店在客房里准备了塑料拖鞋供客人使用。为了减少客人使用的顾虑,酒店在拖鞋上放置一张脚底形消毒提示(图 8-3),很是形象。

图 8-3　已消毒提示卡

需要说明的是客房部在推行四个"R"的过程中,应讲究标准规范,不能降低客房服务及工作的质量标准;尊重有关行业管理的规定和要求;注重宣传解释,以取得理解和支持。

【小资料 8-3】

从客人的利益出发

为保护环境,节省能源,已有许多酒店推出"绿色酒店""绿色客房",在客房内放置"环保提示卡"。这种环保卡的内容大多为:酒店每天为您更换床单枕套,但用来洗涤的清洁剂已在不断地污染我们的江河。为了保护环境,您可自行决定当天是否需要更换床单枕套,如认为无此必要,请于早上将此卡放在枕头上。请您为地球着想,再作选择。

环保卡的效果如何呢?据我们对一些以接待内宾为主的酒店进行了调查,调查结果显示,收效不大。很少有客人主动使用环保卡,有些酒店甚至根本起不到作用,管理人员颇有怨言。

其实,一味埋怨客人素质低、缺乏环保意识,于事无补,酒店无论推出多好的举措,多妙的点子,如果得不到客人的理解和配合,也是做无用功。从实际出发,酒店应根据自身客源对象的实际情况采取切实可行的方法,以获取良好的效果。除了加强环保宣传力度,印制醒目的环保卡,张贴在客房和酒店的公共区域外,还应从客人利益出发,给客人选择的余地。

如可在住宿超过一天的客人房内放置"您需要什么?"的选择卡,提供每天换洗床单枕套等棉织品和每天免费洗一件衬衫的两种选择,由客人自行选取一种。对客人来说,衬衫是经常需要洗涤的,某酒店调查资料显示:绝大部分客人都选择免费洗衬衫。对酒店而言,洗涤一件衬衫的费用要大大低于换洗床单等棉织品的费用。这种选择卡的做法既达到了保护环境、减少消耗的目的,又兼顾了客人的利益,为客人提供了超值服务,这种做法应该说在大多数酒店都是可行的。

学生实训

制定客房客用物品的管理方案

实训地点:实训宾馆。

实训要求:

实训宾馆实地调研,分小组拟定客房各类客用物品的管理方案。

项目小结

客房部费用支出是否合理,直接影响酒店的经济效益。因此,客房部必须合理组织人、财、物,并充分调动员工的主观能动性与积极性,从满足客人需要和服务工作实际出发,严格控制各种用品支出,做好设备、设施的维护保养工作,减少浪费和损失,以取得良好的经营成果。

项目测评

一、课后练习

1. 客房部预算的主要内容有哪些?
2. 客房设备不同周期的更新改造包括哪些项目?
3. 选择客房设备时应考虑哪些因素?

4. 如何做好客房设备的管理工作？
5. 如何做好客房客用物品的管理？
6. 什么是"4R"？"4R"的具体做法有哪些？

二、课内／外实训
1. 分小组，为实训宾馆制定一套客房设备用品的管理制度及方法。
2. 考察本地两家酒店，了解客房部客用物品的控制方法。

三、拓展练习
在教师指导下，为实训宾馆客房部制定次年的部门预算。

项目九 客房部安全管理

> **学习目标**
> - 认识客房部安全管理工作的重要性。
> - 了解客房部安全事故的起因及预防办法。
> - 熟悉安全设施设备的功能与使用方法。
> - 认识安全作业的重要性。

安全是酒店工作的生命线,没有安全就没有旅游业,安全、舒适、方便是客人对客房产品的最基本需求,增强安全意识,提高对安全事故的预防与处理能力,是客房管理的重要内容。

模块一 客房安全设施的配备

任务导入

客房安全工作的认知(1)

1. 分组调研酒店客房安全设施,熟悉酒店客房安全设施。
2. 小组制作成PPT,在课堂介绍。
3. 组织学生酒店实地考察、讲解客房安全设施的配备。

基础知识

安全设施是指一切能够预防、发现违法犯罪活动、保障安全的技术装备,由一系列机械、仪器、仪表、工具等组合而成。配备安全设施是做好客房安全工作的必要条件。

一、客房安全设施配备的原则

客房是为客人提供住宿和各项服务的地方,人、财、物比较集中。而犯罪分子的犯罪活动正朝着智能化、科技化、集团化的方向发展。配备必要的客房安全设施可以有效地预防、发现、控制和打击违法犯罪活动,预防各种灾害事故的发生。

客房安全设施配备要遵循以下原则:

1. 为客人安全服务

客房配备安全设施的主要目的是为了保障客人人身和财物安全。因为客人住店首先关心的是酒店有无现代化报警装置和安全疏散指示标志;其次是客人的行李、贵重物品的保管、寄存设施是否可靠;第三是客人如受侵害,酒店能否及时采取保护措施等等。因此,客房配备安全设备,首先要考虑客人的心理需求,尽可能配备足以保障客人人身和财产安全的先进安全装备,如手提电脑是商务客人必备之物,电脑的安全问题随之而来。为满足客人对电脑的安全需求,许多星级酒店客房都配置了可以存放手提电脑的私人保险箱。

2. 与酒店管理体制相适应

由于各家酒店的规模、建筑结构、功能布局、地理环境等诸多因素各有不同,加上管理体制也有很大区别,因此,客房安全设备的配置应与酒店管理体制相适应,与安全设备的功能和安全保卫力量有机结合。

(1) 安全设备功能齐全,组成整体性安全控制网络如重点部位、关键道口以及安全人员流动巡查的地段等,均配备现代设备,设置控制中心。

(2) 安全设备功能齐全,组成两条中心线安全监控网络,一条以消防中心为主线,另一条以电视监控中心为主线。

(3) 安全设备功能齐全,有整体性的消防自动报警和灭火装置以及区域性的监控网络。

3. 积极预防、保障安全

积极预防是客房安全管理的基点,它要求酒店在配置安全设备时,必须考虑到可能危害客人安全的各种因素和危险易发部位。客房配备了安全设备,在硬件上有了保障安全的条件,但这些设备归根结底还需要人来控制和操作。只有将员工的责任心和安全设备有机结合起来,才能起到积极的作用,达到保障安全的目的。

【案例 9-1】

淋浴间体贴入微的设计

一些酒店淋浴间设计体贴周到,充分考虑了客人使用的安全。

1. 喷头对着墙面,刚打开时,不会有令人感到不适的水喷到客人身上。即便客人晚上用过,喷头朝外,第二天清扫房间的服务员一定会将喷头调转朝向墙面。

2. 喷头有一个调水温的按钮,服务员打扫房间时一定会调到35度,以免客人被过凉或过热的水溅到。

3. 在喷头旁边,都贴有提示字条:"热水50°以上会烫手。"

4. 喷头上的调温阀,想要把水温调到45°以上,必须按住一个按钮才能继续。

点评:客房安全工作必须落实到每个细节。

二、客房安全设施的配备

1. 电视监控系统

电视监控系统是现代管理设施的一个重要组成部分,配置的目的是提高安全效益、优化安全服务、预防安全事故的发生、保障客人的安全。电视监控系统由多台电视屏幕、摄像机、自动或手动图像切换机和录像机组成。安全人员通过屏幕监控酒店各要害部位的情况,如前台收银处、出入口等。电视监控系统主要设置在酒店公共区域、客房走廊和进出口多而又不易控制的地方。

2. 安全报警系统

安全报警系统是酒店防盗、防火安全网络的一个重要环节。防盗重点是对非法进入者进行监督控制,在出现危害客人安全、偷盗财物等情况时,能够及时报警。报警器的种类有微波报警器、被动红外线报警器、主动红外线报警器、开关报警器、超声波报警器和声控报警器。

3. 钥匙系统

周密的钥匙系统是客房最基本的安全设施,电子门锁系统已取代传统的机械门锁,在酒店广泛使用。使用电子门锁的酒店,客人要进入房间不需要一般的钥匙,而是一种内置密码的磁卡,开门时只需将磁卡插入门上的磁卡阅读器,若密码正确就可以打开房门。

电子门锁在酒店客房所显示的优点主要有四个方面:

(1) 便于控制

它可以在酒店需要时令其失效;也可以预设有效使用时间,过时钥匙就无法打开房门。

(2) 具有监控功能

客人和有关工作人员虽都有打开房门的磁卡,但号码不同,因此如果某客房发生失窃,管理人员只要检查门锁系统就可以得到一段时间内所有进入该客房的记录。

(3) 增设服务功能

如果将装在房门上的门锁微处理器连接到主机上,与酒店其他系统配合,将会给酒店的管理及客人带来更多的方便。例如与能源管理系统联网,客人在开门的同时,即可开通室内空调、照明等;如果与电视、电话系统连接起来,服务人员就不能在客房随意打电话,也不可以收看客人付费的电视,因为其磁卡上的密码不同;还可将门锁系统与酒店物业管理系统相连,客人手上的门锁磁卡就像一张信用卡,凭卡就可以在酒店消费。

(4) 不易仿制

除了已开始采用的电子门锁系统外,现在还有一种更先进的生物门锁系统。这种系统是利用人的生理特征,如指纹、头像、声音等,作为开启门锁的信息。由于这些生理特征比密码更具有独特性,因而给客人和酒店带来更大的方便和安全。

4. 消防控制系统

在酒店的客房、走廊等要害部位装置烟感器、温感器等报警器材,由消防控制中心管理。这些地方一旦发生火灾苗头,消防控制柜就会显示火警方位,控制中心值班人员即可采取紧急扑救措施。

消防控制系统主要有:

(1) 烟感报警器。客房内屋顶上一般安装烟感报警器,一旦发生火灾,烟感报警器会自动发出报警信号。

(2) 自动灭火器。一旦发生火灾,自动灭火器安全阀门就会自动开启,水从灭火器内自动喷出进行灭火。

(3) 走廊上各种灭火器、消防栓等防火设施。

5. 其他安全设施

(1) 客房门上装有窥镜,门后装有安全防盗扣或链,张贴安全指示图,标明客人的位置或安全通道方向,安全指示图涂上荧光剂。

(2) 安全通道门上安装有昼夜明亮的红色安全指示灯,一旦发生火灾或由于其他原因使通道灯停电,安全指示灯会立即开通。

（3）房内配有防毒面罩、私人保险箱，卫生间内装有紧急呼叫按钮及拉绳。

模块二 客房楼面安全管理

任务导入

客房安全工作的认知(2)

1. 分组查找资料、调研酒店客房事故案例，并进行分类、汇总。
2. 小组制作成 PPT，在课堂演示。
3. 教师点评、总结，讲解知识点。

工作任务一 客房钥匙的管理

为保证客房安全，严格的钥匙控制措施是必不可少的。客房钥匙丢失、随意发放、私自复制或被偷盗等都会带来各种安全问题。

基础知识

一、客房钥匙的种类

酒店钥匙的种类共可分为：客房钥匙、楼层万能钥匙、客房万能钥匙、公共区域万能钥匙、饭店总钥匙。

1. 客房钥匙

客房钥匙(房卡)只能开启某一个房间，不能互相通用，供住店客人在住宿期间使用，由前厅部接待处管理。

2. 楼层或区域万能钥匙

可以开启某一楼层或某一楼层的某个区域内的所有客房，供客房部主管、领班及服务员工作之用。

3. 客房万能钥匙

可以开启各楼层所有的客房，但不能打开双重锁及实施双重锁，供客房部正、副经理使用。

4. 公共区域万能钥匙

是饭店各营业场所每天使用的工作钥匙，也供公共区域领班、主管安排清洁营业场所时开门之用。此钥匙平时应统一保管在前台收银处的专门钥匙箱内，通常规定指定人员才可领用。

5. 饭店总钥匙

可打开酒店内所有客房的门锁，并且能够实施客房双重锁和能够打开客房双重锁，此钥匙由总经理及值班经理(大堂经理)保管(财务总监保管一把封存备用)，便于总经理检查客房及值班经理在紧急情况下使用此万能钥匙。

客房钥匙的种类较多，使用者不同，需分别管理。

二、万能钥匙的管理

制定完善的规章制度是楼层钥匙管理的重要措施。

1. 统一管理

通常酒店在客房部办公室内设置一个钥匙箱,集中存放楼层或区域万能钥匙及楼层区域万能钥匙、公共区域万能钥匙。钥匙箱由客房部办公室人员负责保管。每次交接班都需盘点清楚,如发现有遗失,必须立即向客房部经理报告。

2. 制定钥匙领用制度

每天上班时,根据工作需要,客房主管、领班及服务员来领用客房钥匙时,客房部中心都应记录下钥匙发放及使用的情况,如领用人、发放人、发放及归还时间等,并由领用人签字。另外还须要求客房服务员在工作记录表上记录下进入与离开每间客房的具体时间。

3. 制定钥匙使用制度

(1) 员工领取钥匙时要在钥匙控制表上签名(见表9-1),不得代他人领用。

(2) 清洁整理房间时,工作钥匙必须随身携带,严禁私自解下、乱丢乱放或把工作钥匙放在工作车上。

(3) 下班或离开酒店必须要将钥匙交回。

(4) 客房服务员在楼面工作时,如遇自称忘记带钥匙的客人要求代为打开房间,应查核其身份或请客人到总台办理相关手续,绝不能随意为其打开房门。

(5) 如果丢失钥匙或门磁卡,必须立即报告上级。

表 9-1 工作钥匙领用表

日期_____

钥匙编号	领用		归还		接收人
	姓名	时间	姓名	时间	

学生实训

实训地点：实训宾馆。

实训要求：

分组为实训宾馆制定一份钥匙管理制度。

工作任务二　客房安全管理

基础知识

一、客房走道安全

大部分酒店都采用了客房中心的服务模式，楼层上的闲杂人员不易控制，所以客房走道安全尤其要引起管理者的重视。

1. 巡视

客房部管理人员、服务人员以及安全部人员对客房走道的巡视是保证客房安全的一个有力措施。在巡视中，应注意在走道上徘徊的外来陌生人、可疑人员。注意客房门是否关上及锁好，如发现某客房的门开着，可敲门询问，如客人在房内，提醒客人注意关好房门；客人不在房内，则进入该客房检查是否有不正常的现象。发现有异常情况及时处理或上报。

2. 安装闭路电视监视系统

装有闭路电视监视系统的酒店，在每个楼层上都装有摄像头，对客房走道上的人员进行监视，发现疑点，可请客房部人员或保安部人员进一步监视，必要时采取行动制止不良或犯罪行为。

3. 注意照明

酒店还应注意客房走道的照明正常及地毯铺设平坦，以保证客人及员工行走的安全。

二、客房内的安全

住酒店，主要是住客房，客房是客人在酒店逗留时间最长的场所，客房内的安全是至关重要的。客房部应从客房设备的配备及工作程序的设计这两个方面来保证客人在客房内的人身及财产安全。

1. 客房安全设备的配备

（1）为防止外来的侵扰，客房门上的安全装置是至关重要的，其中包括能双锁的锁装置、安全链及广角的窥视警眼（无遮挡视角不低于160°）。除正门之外，其他能进入客房的入口处都应能上闩或上锁，这些入口处有阳台门、与邻房相通的门等。

（2）客房内的各种电气设备都应保证安全。卫生间的地面及浴缸都应有防止客人滑倒的措施，客房内的杯具、冰桶及卫生间内提供的漱口杯等都应及时消毒。卫生间的自来水如未达到直接饮用标准，应在水龙头上标上"非饮用水"的标记。客房服务员平时还应定期检查家具，尤其是床与椅子的牢固程度、电器设备的完好程度。

(3) 客房桌面上还应放置有关安全问题的告示或须知,告诉客人如何安全使用客房内的设备与装置、专门用于安全的装置的作用、出现紧急情况时所用的联络电话号码及应采取的行动。

2. 客房工作程序的设计

客房部的员工应遵循有关的工作程序,协助保证客房的安全。

(1) 客房服务员清扫客房时,房门必须是开着的(套房除外),工作车挡在门口,若有人进房,须查核其身份。

(2) 工作钥匙必须随身携带,不能将钥匙随意放在别处。

(3) 清洁整理客房时须检查客房里的各种安全装置,如门锁、门链、警眼等,如有损坏,及时报告客房部。

(4) 客房部员工不应将入住的客人情况向外人泄露。如有不明身份的人来电话询问某个客人的房号时,可请总机将电话接至该客人的房间,而绝不能将房号告诉对方。发现可疑人员及时上报。

【案例 9-2】

访客接待

一天下午,某饭店服务员小王在楼层吸尘,来了一位男子自称是502住客张先生的好朋友,并说张先生现在在外面办事,他与张先生通过电话了,张先生请他在房间等,所以请小王开一下门。小王知道这是违反酒店安全规定的,所以礼貌谢绝了访客要求,请其在大堂等候。此男子很是恼火,一边说小王不通情理一边气冲冲地离开了楼层。不久,张先生和这位访客一起上了楼层,没等小王分辨,张先生一阵责骂后进了客房,而且还将此事投诉到了大堂经理处。

问题:1. 小王这样处理正确吗?
   2. 大堂经理该如何处理此事?

学生实训

实训地点:实训宾馆。

实训要求:

分组调研2~3家酒店客房安全问题,提出整改意见。

模块三 客房安全事故的预防

任务导入

客房安全工作的认知(3)

1. 分组查找资料,调研酒店客房偷盗、火灾方面的案例,并进行分类、汇总。
2. 小组制作成PPT,在课堂演示。

3. 教师讲评、总结,讲解知识点。

客房安全管理重在预防,客房一旦发生了安全事故,对酒店负面影响很大,而且很难补救,因此客房部必须贯彻预防为主的思想,切实做好各项预防工作,尽量避免任何客房安全事故的发生。

工作任务三 防盗

基础知识

一、失窃案件发生的类型

客房是酒店失窃最多的地方,失窃案件发生的类型一般有以下几种:

1. 社会上不法分子混入酒店作案,此类案件占酒店客房失窃的多数。此类案件的做法有:

(1) 冒充酒店的客人,骗取服务员的信任,进入房间作案。

(2) 以会客的身份到房间作案。

2. 宾客中一些不良分子进行作案,窜入别的客人房间作案。

3. 内部员工利用工作之便进行作案。此类案件在酒店中也不容忽视,内部员工如有小偷小摸的习惯或内部管理混乱,就容易发生这种情况。

二、防盗措施

防盗工作是客房服务管理工作的重要环节,客房除了加强员工思想教育、增强责任心外,还应完善内部管理制度和规则,防止案件的发生。

1. 设有楼面服务台的酒店,值台服务员需坚守岗位,掌握客人出入情况,熟悉客人特征、国籍、姓名、性别等情况,非住店客人不得无故进入该楼层。

2. 服务员对住店情况要保密,不向外泄露,以防盗窃者了解客人情况后进行作案。发现可疑情况,立即报告。

3. 完善来访登记制度。来访者到客房会见客人须得到被访者允许后方可进入房间,如客人不在房间,来访者不得进入房间,住的钥匙只能客人本人领取,他人一律不得代为领取。

4. 严格执行表格登记制度。客房服务员清扫整理客房时要认真填写进出客房时间,清扫一个房间开一个房间的房门,严禁先打开多个房门后才逐一清扫。清扫完毕或暂时离开房间要将房门锁上。清扫客房时严禁非本房间的客人进入。

5. 加强钥匙的管理。宾客凭住房卡取钥匙,必要时提醒客人要将房门锁好;服务员清扫时,钥匙须随身携带;实行专人专管收发钥匙工作,履行登记制度,发现钥匙丢失,应迅速采取防范措施。

【案例 9-3】

"客人"要牙刷

一天早晨在某饭店客房 8 楼,客房服务员小李在楼层遇见一位男士,该男士匆忙地要求服务员马上送牙刷到820房间去。服务员答应后马上回工作间取牙刷,然后按照进客房的操作程序进入客房,房内没有客人,就在此时,刚才那位男子来到房间,声称有东西忘记了,并在房间内找了找,随后与小李一起离开房间。看起来这仅仅是平常补充客房消耗品的服务行为,但过了1个小时,820房间的两位客人回房后却发现房间的1台笔记本电脑不见了。原来先前要牙刷的男子是一个盗贼。

点评:从这起偷盗案件来看,盗贼非常熟悉饭店客房部的服务流程,如果直接要求服务员为其打开房门,服务员将按规定程序要求他们出示房卡,询问姓名并与总台核身份。客人需要牙刷,这是一个合理的要求,并且客人并不进房,服务员无须防范;客人返回客房寻找东西,也是合乎常理的事情。盗贼正是利用这种心理上"合乎常理"的惯性思维,使服务员被误导,并认为对方就是此房间的客人,没有对其进行身份核实,一时失去判断力,给了罪犯分子提供一个入室偷盗的机会。

学生实训

实训地点:实训宾馆。

实训要求:

分组考察实训宾馆客房防盗措施,提出小组意见。

工作任务四 防火

酒店火灾的发生率虽然很低,但后果极为严重。它不仅直接威胁酒店内人员的生命和酒店的财产,而且会破坏酒店的声誉。客房人员多,一旦发生火灾,扑救和疏散工作都很难进行,因此,酒店必须制定健全的火灾预防措施,防止火灾的发生。

基础知识

一、客房常见的火灾起因

了解火灾的成因,可以起到防患于未然的作用。
1. 乱扔未熄灭的烟头、火柴棒,引起地毯、沙发、衣服等可燃物起火。
2. 宾客酒后在客房内吸烟,不慎引起被褥或窗帘起火。
3. 宾客睡觉前在床上吸烟不慎,烟头引起可燃物起火。
4. 客房内使用电饭锅、电炉不慎引起火灾。
5. 无限度增加电器设备,引起负荷量超载造成电路短路,引起火灾。
6. 客房内客人所带的易燃、易爆物品引起火灾。
7. 服务员图方便将未熄灭的烟头吸到吸尘袋内引起火灾。
8. 客房内使用电熨斗不慎引起火灾。
9. 客房内台灯、壁灯、立灯等灯罩与灯泡相触或距离太近,引起火灾。
10. 在客房内维修动火,未采取防火措施引起火灾。
11. 在客房内使用化学涂料、油漆等,没有采取防火措施。
12. 可燃气体发生燃料爆炸。

13. 客房电器设备安装不良,绝燃损坏,短路引火。
14. 电冰箱、电视机、电风扇等开启后,使用时间过长,导致元器件发热起火。
15. 防火安全系统不健全等。

二、火灾预防措施

客房部应成立防火组织,由客房部经理担任负责人,结合本部门的运转特点,制定具体的火灾预防措施及处理程序,在其管辖的客房及公共区域内预防火灾、处理火灾事故。

火灾预防措施的主要有:

1. 酒店必须在客房区域配置完整的防火设施设备,包括地毯、家具、墙面、房门等,都应选择具有阻燃性能的材料制作。

2. 客房楼层服务员在发现宾客将易燃、易爆、化学毒剂或放射性物品带进楼层和房间的现象时,应予以劝阻并及时上报。

3. 房内《安全须知》中应有防火要点及需宾客配合的具体要求,在房门后贴有防火疏散图,床头柜醒目位置要摆放"请勿在床上吸烟"卡,提醒宾客注意防火。客房服务员在整理房间时,应注意检查不安全因素。如发现宾客使用明火,须记录房号,及时劝阻宾客并上报。

4. 对房间内配备的电器设备应按规定布置,并随时检查,发现不安全因素如短路、漏电、接触不良、超负荷用电等问题时,除及时采取措施外,需立即通知工程部维修,并报保安部。

5. 安全通道处不准堆放任何杂物,保证通道顺畅。确保电梯口、过道等公共场所有足够的照明亮度,安全出口 24 小时都必须有红色照明指示灯,楼道内应有安全防火灯及疏散指示标志。

6. 客房各区域工作人员应做好客房防火安全的自查工作。

(1) 各区域每天下班前进行防火安全自查,并将检查结果记录下来。

(2) 检查各消防通道是否畅通,通道内是否堆放杂物,如有杂物应立即上报。通知责任人前来解决。

(3) 检查该关闭的灯、门窗、电器设备是否已关闭。

(4) 检查客房及公共区域是否有遗留的火种。

7. 制定客房部各岗位服务员在防火、灭火中的任务和职责,并配合酒店保安部制定火警时应急疏散计划及程序,培训客房部员工掌握灭火设备的使用方法和技能。定期对酒店消防安全进行全面检查,发现问题应及时处理。

三、火灾的应急处理

1. 报警

(1) 保持镇静,不可惊慌失措。

(2) 拨打火警内线指定电话,讲明火警地点(或房号)、火势情况及燃烧物,待消防监控中心确认后方可挂电话。

(3) 用硬物或鞋跟敲破最近的火警玻璃装置,将火警信号传送至消防监控中心。

(4) 呼唤附近同事援助。

2. 灭火

（1）在自身安全情况下，自己或呼唤近距离同事尽快利用就近灭火设备将火扑灭。

（2）若火势猛烈、蔓延迅速，应立即使用消防栓灭火，用栓内卷盘或帆布水带的水枪灭火时，切记开启水龙头。

（3）关闭楼层分区的防火门或防火卷帘门，以起防火分区的作用。

（4）将所有火警现场的门窗关闭，并切断一切电器设备电源。

（5）切勿用水或泡沫灭火器扑灭因漏电引起的火灾。

（6）电器着火，应先关电源，后灭火；气体着火，先关气，后灭火。

3. 疏散

（1）如果火势蔓延，必须协助引导客人撤离火警现场。

（2）迅速检查每间客房，落实人数，协助引导客人撤离火警现场，带到安全的地方集中。

工作任务五　反恐防暴及突发状况处理

21世纪以来，世界范围内恐怖活动频出，对国际社会的和平和安全构成严重的威胁。酒店尤其是一些具有会议承办能力的大型酒店，由于住客多，人流量大往往会成为恐怖分子的攻击目标。因此如何反恐防暴以及对突发情况的处置，也成为酒店安全管理的一项重要任务。

基础知识

一、暴力恐怖事件的预防

1. 客房服务员发现宾客有携带爆炸物、化学毒剂，以及放射性物品时，应及时上报。

2. 发现客房内爆炸物时，不能触动，服务员须及时报警，并迅速撤离。目击者应尽量识记可疑物发现的时间，可疑物的大小、位置、外观、有无人动过等情况，如有可能要对可疑物进行照相或录像，为警方提供有价值的线索。

3. 加强楼层客房巡视，发现问题员工须及时报告保安部，在确保自身的安全情况下，坚决制止有安全隐患的各种行为。

4. 在突发情况下，配合警方及保安部人员做好宾客的撤离疏散工作。

二、暴恐事件的应急处置

1. 抢劫案件应急措施

（1）当客房发生抢劫案件时，如劫匪持有武器（指枪械），在场员工应避免与匪徒发生正面冲突，保持镇静，并观察匪徒的面貌、身型、衣着、发型及口音等任何特征。如劫匪未持有武器且有足够人手可以制服匪徒时，则等待适当机会将之擒获交与警方，但决不可草率从事以免造成不必要的伤亡。

（2）如劫匪乘车逃离现场，应记下其车牌号码、颜色、车款或牌子等，并记清人数。同时可以乘的士或其他交通工具跟踪并用通讯工具向110报告方位和地点，以便警方组织力量设卡拦截。在跟踪的过程中要注意隐蔽，以确保自身安全。

（3）保护好现场,劫匪遗留的凶器、作案工具等不要用手触摸;划出警戒范围,不要让无关人员进入现场。

（4）如现场在交通要道、公共场所等人多拥挤处无法将劫匪留下的证物留在原处的,应一一收捡起来用塑料袋装好,交给警方处理。

（5）访问目击人员,收集发生劫案的情况,提供给公安机关。公安人员未勘查现场或未处理完毕之前,相关人员不要离开。

（6）在场人员不可向无关人员透露任何消息。

2. 绑架人质案件应急措施

（1）当酒店客房发生人质绑架案件时,应立即报告值班经理与保安部。

（2）接报后应急处理小组可在事发楼层设立指挥部,并在第一时间报警。

（3）在警方到达之前应封锁消息,严禁向无关人员透露现场情况,以免引起客人惊慌和群众围观。

（4）尽量满足劫匪的一些合理要求,如送水、送食物,以稳定劫匪的情绪。

（5）保安、工程人员在附近待命,以便配合公安人员的行动,并划出警戒范围。疏散劫匪所在房间上下、左右房的客人,以防劫匪带有爆炸危险物品。

（6）及时收集、准备好客房的登记入住、监控录像、工程图纸等资料,提供给警方。

3. 斗殴案件应急措施

（1）当酒店内发生斗殴事件时,应立即制止劝阻及劝散围观人群。

（2）如双方不听制止,事态继续发展,应迅速报告公安机关及酒店相关部门人员。保安员应迅速到场戒备,防止损坏酒店物品。

（3）如酒店物品有损坏,则应将殴斗者截留,要求赔偿。如有伤者则予以急救后交警方处理。现场须保持原状以便警方勘查,并协助警方辨认滋事者。

（4）如斗殴者乘车逃离,应记下车牌号码、颜色、车型及人数等特征。

（5）协助警方勘查打斗现场,收缴各种打架斗殴工具。

学生实训

火 警 演 练

实训地点：实训宾馆。

实训要求：

在专业人士指导下,进行火警报警、疏散客人的演练。

模块四　客房部安全作业

任务导入

客房安全工作的认知（4）

1. 分组查找资料、调研酒店安全作业方面的案例,并进行分类、汇总。

2. 小组制作成PPT,在课堂演示。
3. 教师讲评、总结,讲解知识点。

客房部管辖范围广,不少地方都是酒店安全防范的重要部位,如洗衣场、布草房。制定操作规范、安全作业,是本模块主要介绍的内容。

工作任务六　洗衣场安全操作

基础知识

洗衣场有许多生产电气设备和洗涤化学用品,在正常使用和遵守操作规程的情况下,一般不会发生安全问题。但若使用不当,就会酿成火灾或爆炸。因此,为了确保洗衣部生产的正常进行,确保企业财产和员工的生命安全,必须采取有效措施,防止安全事故的发生。

一、洗衣场安全规定

(1) 禁止任何人在洗衣场内吸烟。
(2) 任何人未经批准,不得随意挪动消防器材。
(3) 员工应熟悉消防器材摆放位置,会使用灭火器。
(4) 各组领班工作开始前要认真检查工作区域是否存在消防及其他安全隐患,其他各级管理人员也要经常进行消防安全检查,如:电气设备、电源线、管道、消防器材等。
(5) 熨烫组区域除每天清扫表面卫生外,还要定期对不易清扫的地方进行彻底清除,防止尘毛积累过多。全洗衣场也要定期进行大扫除。
(6) 湿洗组每日需清除烘干机接尘器尘毛,经常打扫附近区域卫生。
(7) 严禁将烘干布草长时间留存在烘干机内。晚班烘干的抹布等布草必须经冷风冷却后方可卸车装入布草车里。
(8) 洗衣场内任何油污较重的布草等必须远离热源并及时处理。
(9) 使用电熨斗时须坚持:人离开时,电源也随即切断的原则。
(10) 所有管理人员及员工有责任和义务随时观察和检查电源线路,防止因电源短路引起火灾。
(11) 部门义务消防员需定期(每周)对部门进行消防检查,及时发现问题并采取措施。
(12) 每年要对员工进行安全用电、安全防火再培训。
(13) 及时对新员工进行消防知识及消防器材使用的培训,老员工也需定期进行再培训。
(14) 每个员工应熟悉消防程序,一旦发生火情应按动手动报警器,打电话"0"通知总机,切断必要电源,就近取消防器材及其他物品灭火。
(15) 部门经理对洗衣场消防安全负责。

二、机器操作安全

为保证人身及设备安全,洗衣场员工操作机器时应遵守下列规定:
(1) 接通电源前,须检查电器或机器的电器部位是否有漏电处。

（2）正式工作前应首先试机，确定机器可以正常使用。

（3）机器运行期间人不能离岗，随时注意观察运行情况，防止发生意外情况伤害人身或损坏设备。

（4）使用各类熨烫机时注意力应集中，严格按操作规程操作，防止发生工作事故。

（5）使用电熨斗应做到人离开，电源随即切断，防止发生火灾或其他事故。

（6）工作中如发现机器设备有故障或其他不安全问题，应立即报告。

（7）工作结束，除关闭机器电源开关外，还应切断所有输入电源。所有当天未完成的任何物品，应远离电源、码放整齐、保持清洁通风。

（8）所有机器设备应按规定的操作程序操作和进行维护保养。

【案例9-4】

布草自燃了

9日晚8时左右，某饭店洗衣场一台容量50公斤的烘干机内发生布草自燃事故。事情经过是这样的：

当天17:00时左右，因客情较忙，大量布草洗涤后在洗衣场当班期间没有烘干完毕，其中3台烘干机正在运行。洗衣场王领班在烘干机正在运行状态的情况下，交给当天制服房员工李某代为照看，并交代关机及冷却后取出布草，就离开工作岗位下班。半小时后李某在烘干机温度开始下降时通知工程部停掉蒸汽供给，约18:00时关掉烘干机，切断配电箱中烘干机电源，但没有取出烘干机中的布草，就到制服间收发制服了。

到了20:00时，保安巡逻到设备间时闻到焦煳味，立即呼叫监控室通知工程部值班人员前去共同排查原因，发现是洗衣场一台烘干机内布草起火。随即报警，酒店相关部门到现场进行灭火工作。

点评：事故发生时，此台烘干机已处于断电、断气停止运行状态，可排除机械机电设备故障所引起布草燃烧事故。不遵守安全管理制度及操作规程，是发生这起事故的原因所在。

1. 违反安全管理制度，工作安排不当。王领班将正在运行的设备安排制服房李某代为管理，而李某没有及时将烘干后尚处于高温状态的布草取出，导致了布草自燃。

2. 违反操作规程，烘干机操作说明书规定"工作结束后，必须将烘干机内的衣物取出，每天工作结束后，机内不得有残留织物，否则有引起火灾的危险"。分析起火原因是布草烘干后未及时从烘干机中取出散热，造成烘干机内通风不畅，积热不散，热量内蓄，不同程度改变了布草化学（棉织品内有残留洗涤制剂）、物理性质，造成局部高温，致使布草自燃。

工作任务七　布草房安全操作

基础知识

一、员工安全

培训员工正确使用布草房设备，制定安全操作规范，如搬运重物操作规范；给员工灌输安全生产意识，避免一切不安全事故的发生。

二、设备安全

布草房的设备较多,有关人员必须重视设备的安全管理,要正确使用和保养各种设备,尽量减少设备损坏,以保证布草房工作的正常运行。

三、防盗

布草房为酒店棉织品及员工制服的集中存放处,日常工作中应落实防盗措施,如布草房门窗的防盗;制定有关制度,如交接班制度、定期盘点制度等,加强对内部员工的管理,防止偷盗事件的发生。

四、防火

布草房物品大多是易燃物品,客房部必须采取有效措施,防止火灾事故的发生。要加强对员工防火意识的教育,普及灭火知识与技能的教育与训练,提高火灾发生时的自救能力;制定防火措施;配置防火及灭火设施,并定期检查。

工作任务八 员工日常操作安全

客房部员工在清洁整理客房或进行其他项目的清洁作业过程中,必须注意安全,严格遵守酒店所规定的安全守则,以杜绝安全事故发生。有资料证明,70%的事故都是由于服务员不遵守操作规程,粗心大意,工作不专心、精神不集中造成的,只有30%是因为设备原因所致。因此,客房部所有员工无论进行什么清洁保养工作,都必须提高安全意识,防止事故的发生。

实践操作

一、安全操作要求

1. 员工须具有较强的安全意识,防患于未然。
2. 员工能正确使用电器设备。
3. 有正当的保护措施,如工作手套、衣帽鞋具。
4. 有一系列的应急处理措施,且每个员工都掌握。

二、安全操作注意事项

1. 用双手推车,以防闪腰。
2. 利用梯架清扫高处的积尘。
3. 发现工作地带湿滑,应立即擦干,以防滑倒。
4. 勿使用已损坏的清洁工具,也不能擅自修理,以免发生危险。
5. 举笨重物品时(如抬家具上楼),切勿用腰力,须用脚力,应先蹲下,平直上身,然后举起。
6. 发现走廊或楼梯、工作间照明不良,应立即报告,尽快修理,以免发生事故。

7. 走廊或公共场所放置的工作车、吸尘器、洗地毯机等应尽量放置在过道旁边,注意有否电线绊脚。

8. 家具表面上或地面上如有尖钉,须立即处理。

9. 所有玻璃窗和镜子,如发现破裂,须立即报告,及时更换,未能及时更换的,须用强力胶纸压下以防有划伤人的危险。

10. 发现松动的桌椅,须尽快修理。

11. 不可赤手伸进垃圾桶,须戴手套,并小心操作,以防被玻璃碎片、刀片等刺伤。

12. 使用清洁剂及清洁用品时,需了解其化学属性,戴上胶手套,勿洗到眼睛或腐蚀皮肤。

13. 在使用电器前应检查有无插头松动、电源线裸露等现象。

14. 每日检查电器是否处于正常工作状态,发现问题及时报修。

15. 高空作业时使用安全带或绳子,在潮湿地面作业时使用防滑垫。

16. 搬移重物前做好适当的准备活动,以免肌肉拉伤。

17. 发现任何不安全因素需及时报告,如:地面缺砖或不平整、滑湿的,未经处理的地面,残破、缺边的楼梯,未清理的电源线、工具等任何障碍物。

18. 大块玻璃隔面或大扇门上需贴有明显标志,以免客人或员工不慎撞伤。

三、自我安全防护

服务员在工作中还要有自我防护意识,对客人既要彬彬有礼、热情主动,又要保持一定的距离。如客人要求与服务员合影时应尽量拒绝,实在盛情难却时也要邀请几个同事一起照;当客人纠缠时,服务员不应以任何不耐烦、不礼貌的言行冲撞客人,应想办法摆脱。当班的同事应主动配合,让被纠缠的同事做其他工作,避开客人的纠缠。

【小资料 9-1】
客房部造成事故的主要原因

1. 进房不开灯。
2. 将手伸进纸篓取垃圾。
3. 清洁卫生间时没有注意刮须的刀片。
4. 挂浴帘时不使用梯形凳而站在浴缸的边缘上。
5. 搬动家具时不注意而被尖物刺伤。
6. 没有留意地面上的玻璃碎片。
7. 电器的电源线没有靠墙角放置,进入时被绊倒。
8. 关门时没有握住门把而是扶着门的边缘拉门。
9. 使用清洁剂和消毒剂时,图省事方便而不戴胶皮手套、使用相应的工具,因而造成人体肌肤的损伤。

项目小结

安全工作对于酒店来说是极其重要的,很细小的安全事故都有可能给酒店造成很坏的影响,甚至巨大的损失。客房部又是酒店安全事故的重灾区,因此,客房安全管理工作必须常抓不懈,防患于未然。

项目测评

一、课后练习

1. 客房安全管理工作有什么特点?
2. 为什么说客房部是酒店安全事故的重灾区?
3. 列出常用客房安全设施的种类、用途和使用原理等。
4. 客房安全事故有哪几大类?如何有效进行预防?
5. 客房部安全作业有哪些要求?

二、课内／外实训

1. 实地调研酒店客房安全设施设备的配备与客房安全制度。
2. 通过网络等渠道收集酒店客房安全问题。

三、拓展练习

为实训宾馆制定一份客房楼层安全管理计划书。

参考文献

[1] 支海成. 客房部运行与管理. 北京:旅游教育出版社,2003
[2] 汝勇健. 客房服务员(高级)(第2版). 北京:中国劳动社会保障出版社,2012
[3] 陈乃法. 饭店客房管理. 南京:江苏人民出版社,2000
[4] 汝勇健. 沟通技巧(第2版). 北京:旅游教育出版社,2012
[5] 胡永辉. 金陵饭店工作手册. 南京:译林出版社,1999
[6] 唐志辉. 西方管理在中国的应用. 北京:旅游教育出版社,1997
[7] 杨小鹏. 白天鹅宾馆管理实务. 广州:广东旅游出版社,2006
[8] [美]玛格丽特·M卡帕,[美]阿莱塔·尼奇克等著,潘之东译. 饭店客房管理. 北京:中国旅游出版社,2002
[9] [美]罗伯特·J马丁(Robert J. Martin)著,袁秋萍等译. 现代美国饭店客房管理. 长沙:湖南科学技术出版社,2001
[10] [美]麦德林·斯柯内德等著,冯潮艺、程凌梅译. 专业管家. 大连:大连理工大学出版社,2002
[11] 区志钋. 现代饭店洗衣部管理与洗衣技术. 广州:广东旅游出版社,2000
[12] 魏洁文. 客房服务与管理实训教程. 北京:科学出版社,2008
[13] 范运铭. 客房服务与管理案例选析(第二版). 北京:旅游教育出版社,2005
[14] 编写组. 旅游饭店星级的划分与评定释义. 北京:中国旅游出版社,2010
[15] [美]伊萨多·夏普,赵何娟译. 四季酒店云端筑梦. 海口:南海出版社,2011
[16] 刘伟. 前厅与客房服务(第三版). 北京:高等教育出版社,2015
[17] http://yuchangguo.blog.sohu.com/entry/
[18] http://www.9first.com/l
[19] 酒店管理——最佳东方/http://guanli.veryeast.cn
[20] 职业餐饮网 餐饮168/http://www.canyin168.com